KB160949

지방의회론

내일을여는지식 / 정치 22

LOCAL COUNCIL

지방의회론

• 진두생 지음 •

KSI 한국학술정보㈜

　과거에는 국회, 행정부 중심으로 국정이 운영되어 왔으나, 현대 다원주의 시대에 있어서는 그 지방의 현실을 상대적으로 잘 파악하고 있고, 고객지향적인 행정을 펼칠 수 있는 지방의회와 지방자치단체의 장으로 구성되어 있는 지방정부의 필요성이 높게 나타나고 있다.

　특히 중앙정부의 국회와 같은 역할을 담당하는 지방의회는 지방정부의 한 몫을 점하고 있는데, 이는 지역주민에 의하여 선출된 의원을 구성원으로 하여 성립하는 합의제 기관으로서, 그 역할은 지방의회의 유형에 따라 차이가 있을 수는 있으나, 한국의 지방의회는 기관대립형으로 대표기관·의결기관·입법기관·집행감시기관 등의 성격을 갖는다.

　본 기관은 지방자치단체장의 권한독점을 분산시키고, 지역사업을 정밀하게 견제하며, 지역현실과 합치되도록 지향시킨다는 점 등에서, 그 중요성이 높아져 가고 있는 것이 현실이다. 특히 한국의 지방의원은 무보수명예직이었다가 2006년부터 유급제가 되면서 과거보다는 전문성 등이 높아져 하드웨어 및 소프트웨어적 시스템이 그만큼 정밀한 기관으로서의 위치를 점하고 있다는 점에서, 이에 대한 체계적인 접근은 필수적이라고 할 수 있는 것이다.

　이에 따라 본서는 5편으로 구성되는데, 제1편 지방의회의 개론에서는 지방의회의 의의, 유형, 그리고 역사 등 일반적인 사항을 담았으며, 제2편 지방의회의 조직론에서는 지방의원, 의장·부의장 등의 의장단, 상임위원회 등의 위원회, 그리고 사무처·사무국 등의 사무조직 등을 조명하였다. 그리고 제3편 지방의회의 운영론에서는 조례제정권, 예산·결산권, 감사·조사권, 청원심사권, 그리고 의견표명권 등 지방의회의 권한과 회의의 원칙, 구분, 소집 등 지방의회의 운영 등을 담았고, 제4편 지방의회의 비교론에서는 미국, 일본, 영국, 프랑스, 그리고 독일의 지방의회 특성을 살펴봄으로써, 한국의 지방의회와 비교를 지향하였다. 마지막으로 제5편 지방의회의 연구론에서는 기존 지방의회 관련 연구를 근거로 하여 이를 담아 제 시사점을 도출하였다.

이렇게 볼 때, 본서는 지방의회에 대한 교과서적인 성격뿐만 아니라 연구서적 성격도 동시에 지니고 있다는 점에서 입체적인 접근이 가능하여 본 분야에 대한 이해를 높이는 데 조금이나마 유용하리라 생각된다.

아울러, 이 책이 나오기까지 애써 주신 한국학술정보(주)의 대표이사님을 비롯한 임직원 여러분들께 감사의 마음을 드린다.

시민의 전당 서울특별시의회 운영위원장 집무실에서
2010년 2월
진두생

목 차

제4편
지방의회의 비교론 | 211

부록

지방의회 관련 자료 | 293

제1편

지방의회의 개론

본 편에서는 지방의회와 관련하여 의의, 유형, 그리고 역사 등 일반적인 사항으로 접근하고자 한다(김동훈, 2002; 문병기, 2008; 최요환, 1990; 최인기·이봉섭, 1993).

제1장 지방의회의 의의

1. 지방의회(council of local government)의 개념

의회제도는 고대에서부터 있었던 것으로 알려지고 있으나 이것이 점차 발전하여 근대적인 의회가 된 것은 아니다. 근대적인 의회제도는 영국의 의회제도가 그 근원이 되고 있으며 영국의 의회제도는 중세의 서유럽 제국에서 발달한 등족회의에서 유래하고 있다. 이 등족회의는 귀족, 승려 및 시민 등이 각각의 신분에서 대표자를 선출하여 구성되었으며, 국왕에 대하여 독립된 위치에 서서 국왕의 행위에 대하여 여러 가지 자문을 하거나 제한을 가하였다. 당초의 등족회의는 어디까지나 각 신분의 대표자로 구성되어 있었기 때문에 일반 민중의 이익을 대표하는 것은 아니고 특권계급적인 성격을 갖고 있었으나 이것이 점차 영국을 중심으로 국민대표의 의회로 발전하여 근대적 의회제도가 된 것이다.

이 등족회의는 다른 유럽 제국에서는 절대군주의 출현에 따라 17세기경에 소멸하였으나 다만, 영국에 있어서는 등족회의(parliament)가 중단되지 않고 존속하면서 점차로 근대적 의회로 발전하였으며 이 영국의 근대의회제도가 18세기 이후 세계 각국에 도입되어 19세기에는 '의회의 세기'라고 할 만큼 의회 중심의 정치가 발전하였다.

의회정치의 황금 시기는 19세기였다고 하지만 오늘날에도 의회는 중앙정부 및 지방정부를 막론하고 민주정치의 중심지이고 1번지 역할을 담당하고 있다.

의회는 크게 국가의 의회인 국회와 지방정부의 의회인 지방의회로 구분된다.

국회는 국가에 따라 그 종류와 구성요소를 다소 달리하고 있으나 일반적으로 국민의 대표로 구성되며 지방의회는 주민의 대표로 구성된다. 그러나 지방의회의 경우는 지방이란 용어가 지역적 특색 또는 다양성을 내포하고 있는 것처럼 지방의회의 구성형태, 그리고 기능 및 역할에 있어 국회보다도 다양성을 나타내고 있다.

2. 근대의회의 본질

민주정치란 근본적으로 국가 또는 지방정부를 구성하는 각 개인이 인간으로서 상호 간에 자주, 자유, 평등하다는 것이며 따라서 정치는 이와 같은 각 개인의 평등하고 자유로운 의지의 표명에 의하여 행하여져야 한다는 가정 위에 있는 것이다. 그러나 넓은 지역과 다수의 인구를 갖고 있는 근대국가 및 지방정부에서 각 개인의 직접적인 의지의 표명에 의하여 정치를 행하는 것은 사실상 불가능하기 때문에 거기에 대표의 원칙이 인정되어 각 개인은 신분, 계급, 직업, 교육 등의 차이에도 불구하고(단, 연령의 제한은 불가피하다.) 평등하게 선거권이 부여되어 그 선거에 의하여 대표자를 의회에 보내고 그들의 대표자를 통하여 간접적으로 정치상의 의지를 표명하도록 하고 있다. 그리고 각 대표자 상호 간의 상이한 의지는 토의와 타협·동의를 포함하는 다수결의 원칙에 의하여 하나의 의지로 통합되어 이 통합된 의지에 의하여 정치가 행해지도록 되어 있다. 이것이 대의제 또는 의회주의인 것이고, 또한 여기에 의회의 존재의의가 있는 것이다.

따라서 근대국가에 있어 의회란 대표의 개념을 기초 및 원칙으로 하고 국민 또는 주민의 공선에 의하여 선출된 의원을 구성원으로 하는 회의체이며, 국가 또는 지방정부의 중요한 의사를 결정하는 의사기관을 의미한다. 특히, 지방의회의 경우는 정부의 기관구성의 형태 및 방법에 따라 지방의회가 의사기관인 동시에 집행기관을 겸하는 경우도 있다.

의회는 그 본질 또는 기본적 성격으로 볼 때 다음과 같은 적어도 세 가지의 기본적 요소가 충족되어야만 한다.

첫째, 국민 또는 주민이 공선한 대표자인 의원을 기본적인 구성요소로 한 합의체여야 한다. 이것은 의회가 '대표'의 이념을 기초로 하는 이상 당연한 원리인 것이다. '대표성'을 성립시키기 위한 제도, 절차로서 국민 또는 주민에 의한 의회의 구성원을 선출하는 선거가 필요하게 된다. 이 선거에 의하여 의원은 국민 또는 주민의 대표자로서의 자격을 얻게 되는 것이다. 의회 제도의 본질로 볼 때 그 구성원이 반드시 전원이 선거에 의하여 선출된 의원이어야 하는 것은 아니라 하더라도 적어도 국민 또는 주민에 의하여 직접 선거된 의원이 의회의 주된 구성원이 되어야 한다. 따라서 정부 또는 지방 정부의 장에 의하여 임명되거나 기타 방법에 의하여 선임된 구성원만으로 조직된 합의체는 여기서 말하는 근대적 의회라고 할 수 없다.

둘째, 의회는 국가 또는 지방정부의 기본적이고 중요한 모든 의사를 결정하는 기관이 아니면 안 된다. 따라서 단지 집행기관의 자문에 응하여 의견을 진술하거나 집행기관에 참고사항을 제공하는 것이 아니라 의회의 의사결정이 바로 국가 또는 지방정부의 의사로 성립되어야 한다. 즉 의회의 의사결정이 아니면 국가 또는 지방정부의 의사와 행위가 유효하게 성립될 수 없어야 한다. 전통적으로 의회에서 의결해야만 하는 가장 중요한 사항은 입법과 예산의 심의·의결이었다. 따라서 입법과 예산은 의회의 의결 없이는 제정 및 성립될 수 없다는 것이다.

셋째, 의회는 의사를 결정하는 과정이 합리적이고 민주적이어야 한다는 것이다. 여기서 합리적이고 민주적이라 하는 것은 회의는 공개적이어야 하며 원칙적으로 모든 의원들에게 토론의 자유와 기회의 형평성이 보장되고 의사의 결정은 다수결의 원칙이 적용되어야 한다.

3. 의회와 의원의 대표성

의회가 국가 또는 지방정부의 의사를 결정하는 대의기관으로 인정되기 위해서는 앞에서 설명한 바와 같이 기본적으로 그 의회가 국민 또는 주민의 대표로 구성되어야 한다.

그런데 의원의 대표성에 대해서는 그동안 몇 가지의 논쟁점이 있어 왔다.

첫째, 여기서 대표라고 하는 것은 전 국민 또는 전 주민의 대표, 즉 신탁에 근거하여 국가 또는 주민 전체 이익을 위하여 국가 및 지방정부의 의사결정을 할 수 있다는 것이고, '대리'와는 달라서 투표자 혹은 일정의 지역, 신분, 이익 등을 대변해야 하는 것과 같은 것은 아니다. 현대사회에 있어서 국가 또는 주민의 이익도 복잡 다양해져서 소위 대표라고 하는 것이 성립될 수 없고, 단지 법률상의 의제(fiction)에 지나지 않는다고 하는 견해도 있으나, 하나의 국가 및 지방정부가 존재하고 그것이 분열하지 않고 건전하게 기능하기 위해서 대표의 개념은 역시 성립한다고 해야 할 것이고 대표라고 하는 것은 추구되지 않으면 안 될 것이다.

의회 및 의원의 대표성에 대하여 영국의 정치가 Edmond Burke(1729 – 1797)는 1774년 그의 선거구인 브리스톤(Briston)의 유권자들에게 행한 연설 중에 다음과 같이 말한 바가 있다. "의회는 상호 대립하는 이해관계자들이 파견한 사적들의 집회가 아니다. 또한 대리자 및 변호자로서 다른 대리자 및 변호자들에 대하여 그들을 선출한 이해관계자들의 이익을 대변하고 유지하는 것은 물론 아니고 하나의 이익과 전체의 이익을 함께 포함하고 있으면서 이들을 조화시키는 국민적 집회이다. 따라서 여기에서는 지방적 목적, 지방적 편견이 아니라, 전체의 일반적 이성으로부터 나오는 일반적 선이 교도(矯導)해야만 한다. 유권자 여러분이 의원을 선거하였을 때 그는 브리스톤(Briston)의 의원이 아니라 의회의 의원이 되는 것이다."

이와 같이 다만 의원을 선거하기 위한 수단과 방법으로서 편의상 불가피하게 몇 개의 선거구로 나누어 각각 의원을 선거하도록 하고 있으나 일단 당선된 의원은 어느 선거구에 당선되었든 간에 또는 어떤 사회계층으로부터 선출되었든 간에 그 선거구 또는 그 계층의 대표가 아니라 전국, 전 국민의 대표인 것이다. 마찬가지로 지방의원의 경우에도 선거구 또는 어느 사회계층의 대표가 아니라 해당 지방정부와 해당 주민 전체의 대표인 것이다. 이런 점에서 중세유럽의 등족회의와 다른 것이다.

그럼에도 불구하고 현실적으로 의원들은 선거구의 대표, 대기업가의 대표, 노동자의 대표, 농민의 대표 등을 공언하고 또한 각각 그들이 대표하는 집단이나 선거구의 이익을 위해서 행동하는 경향이 많이 있다. 어느 면에서는 의원들이 의원직을 유지하기 위한 선거구의 관리 및 지지기반을 다지는 방법으로 부득이하게 그렇게 행동하는 것이 현실이다.

따라서 일본, 미국 등의 지방정부에서는 의원의 선거구 대표성에서 발생하는 집단이기주의를 제도적으로 극복하기 위하여 도시정부 및 읍, 면 등의 구역의 규모가 너무 크지 않은 지방정부에서는 선거구를 여러 개로 구획하지 않고 전체를 한 구역으로 하는 대선거구제를 채택하고 있다.

한편, 현대산업사회의 성립은 동시에 사회 각 분야의 이해를 다원적으로 분화·대립시키게 됨으로써 전통적인 지역공동체의 붕괴를 초래하게 하였고 이러한 이해의 분화·대립을 통합시키는 과제가 바로 현대의회의 중요한 기능인 것이다. 이러한 통합기능 때문에 오히려 의회가 필요한 것이고 대표의 개념이 정립되지 않을 수 없다.

현대 산업사회에 있어 국민 각자는 가령 인간으로서 동등하고 국가와 지방정부를 유지하려는 정신에서도 동일하다. 이 점에서는 한 사람의 의원이 전 국민 또는 전 주민을 대표할 수 있다고 하지만 다른 한편으로 정치, 경제, 사회, 산업, 교육 등의 문제 및 그 대책에 있어서 계층과, 직업, 그리고 지방 간에 의견과 이해의 현저한 차이가 있을 때에는 한 사람의 의원이 전 국민을 대표한다고 하는 것은 현실적으로 불가능한 일이다. 이런 경우에 한 사람의 의원이 대표할 수 있는 것은 대체로 의견과 이해관계를 같이하는 계층과, 직업 또는 지방인 것이다.

그렇기 때문에 의회는 일면(一面) 전체로서의 국민을 또 한편으로는 국민의 계층과, 직업, 그리고 지방 등을 대표하는 사람들이 집합하여 그들의 의견과 희망, 그리고 요구 등을 정치적으로 통합·처리하는 기관이라고 할 수 있다. 이와 같이 대표자 또는 의원은 일체적 의사와 분화적 의사를 통합하는 역할을 하는 자일 것이다. 오랜 기간 의원은 국민(주민)의 대표냐 선거구의 대표냐 하는 것이 논쟁의 큰 과제였으나 정치적 면으로 보아 의원은 현실적으로 이 양 직분을 동시에 갖고 있으면서 이들을 하나로 통합하는 기능을 해야 하는 것이다. A. L. Lowell이 말한 바와 같이 대표자는 "그 선거구의 복지에 모순된다고 하여 국민 전체의 복지를 무시하고, 일면 전 국민의 복지에 상반된다고 하여 그 선거구의 복지를 무시하여도 좋다고 주장할 수 없는" 지위에 있다. 이 점에 있어서 Lowell은 이것을 '이종의 의무', '이종의 기능'을 행한다고 하였으나 오히려 의원 또는 대표자는 이 이종의 의무와 기능을 하나로 통합하는 역할을 수행할 수 있어야 한다.

둘째, 루소(Jean Jacques Rousseau)는 인민의 의사가 대의될 수 있다는 것에 대하여 회의를 표시하였다. 루소는 몇 사람의 대표에게 주권을 위임하는 것은 곧 주권의 상실을 결과한다고 경고하였다. 그는 설사 선거는 자유롭고 공정하게 행하여진다고 하더라도 선출된 사람은 곧 지배자가 되거나 심지어 폭군이 되는 경향이 있으므로 투표가 끝나는 즉시 인민은 다시 노예가 된다고 지적한 것은 오랫동안 잘 인용되고 잘 알려진 이야기다.

그러나 의회의 역할 또는 의회정치에 대한 기대는 민주주의에 대한 신념이 있는 한 사라지지 않을 것이다. 그 이유는 Hans Kelsen이 말한 바와 같이 현재까지 운영되고 있는 여러 가지 정치제도 가운데 민주주의의 이상과 일치되거나 가장 근사치를 갖고 있는 제도가 의회이기 때문이다.

셋째, 의원에게 대표로서의 동등한 지위와 권리가 인정되느냐 하는 문제이다. 의회를 의결기관이라고 하는 것은 의회에서 국가 또는 지방정부의 의사가 결정된다는 것이지 의원 각자에게 의사결정권이 부여되어 있는 것은 아니다. 의회는 합의체기관이기 때문에 의원 각자는 주민 또는 국민의 대표자로서 의사를 결정하는 합의과정에 능동적으로 참여하는 권리만을 갖고 있을 뿐이다.

또한 의회는 그 본질적 속성에 따라서 의원 각자가 갖고 있는 신분과 자질의 차이에도 불구하고 집행기관과는 달리 의원 각자에게 계급(hierarchy)을 주거나 특권을 인정하지 아니하고 모든 의원 각자에게 동등한 대표로서의 권리를 인정하고 있다. 국가에 따라서는 정치 문화적 전통에 따라 다선의원에게 우선권을 불문율로 인정한다든가, 상임위원회에 위원장이 있고 원내총무의 지휘를 받으며, 또한 무엇보다도 소속 정당에서의 지위의 높고 낮음이 의원의 활동을 완전하게 평균화시킬 수는 없는 것이 사실이지만 적어도 법률상, 그리고 형식상으로 의원 각자는 동등한 지위에 놓여 있으며 그 기초에는 주민 또는 국민을 대표한다는 공통분모가 전제되어 있다.

따라서 이와 같은 대표자로서 구성된 의회에서 결정한 의사는 그것이 바로 법률적으로 국가 또는 지방정부의 의사결정이 되는 것이고 또한 이 의사에 따라 행한 행위는 국민 또는 주민의 행위로서의 효력을 갖는 것이다.

4. 의회의 주요 기능

의회의 기능은 국가에 따라서 세부적인 면에서는 차이가 있으며 특히 지방의회에서는 많은 차이가 있다. 그러나 모든 민주국가에 있어 의회는 일반적으로 다음과 같은 주요 기능을 수행한다.

1) 입법적 기능

의회는 입법권을 갖고 있다. 이것은 어느 국가 어느 지방정부에서나 의회를 구성하고 있는 곳에서는 공통적인 것이다. 의회가 입법권을 갖는다고 하는 것은 의회의 본질에서 생각할 때 가장 기본적인 기능인 것이다. 의회를 가리켜 전통적으로 또한 통상적으로 입법기관이라고 하는 데서도 증명되는 것이다. 따라서 입법은 의회에 있어 가장 본질적인 기능이다. 뿐만 아니라 법률을 제정하는 일은 국가나 지방정부의 통치 작용 중에서도 가장 기초적이고 중요한 작용이다. 권력분립의 원리에서 입법은 의회의 기능 및 권한으로 되어 있으며, 직접민주주의의 방법에 의하여 국민 또는 주민에 의한 직접입법제의 경우를 제외하고 모든 법률은 반드시 의회의 의결을 통하여 제정된다.

2) 예산의 의결

의회가 입법권과 함께 전통적으로 갖고 있는 중요한 기능 내지 권한으로 예산을 심의·의결하는 것이다. 국가 또는 지방정부가 제반 활동을 하기 위해서는 그에 상응하는 재정적인 뒷받침이 있어야만 한다. 재정적 뒷받침 없이 정부의 정책은 구체적으로 실현될 수 없다. 따라서 각종의 과세, 공기업수입, 전매수익금, 수수료 및 공채 등의 방법에 의하여 재정수입을 조달한다. 정부의 일 년간의 수입과 지출에 대한 예산이 어떻게 편성·결정되느냐 하는 것은 국가 및 지방정부의 발전과 매우 긴밀한 관계가 있는 것이다. 예산은 정부가 실천하는 정책전반의 구체적인 내용이기 때문이다.

의회는 이와 같이 중대한 의미를 갖고 있는 예산의 심의·의결을 통하여 정부의 정책과 집행, 그리고 활동에 대한 비판 및 견제와 감독을 할 수 있다. 그렇기 때문에 예산의 심의·의결은 의회의 기능 가운데 입법기능과 함께 가장 본질적이고 중요한 것이다.

의회제도의 역사를 통해 보더라도, 영국이 의회의 권한으로 최초로 확정한 것은 국왕이 과세를 할 경우 그것을 의회가 승인하는 권한이었다. 즉 1215년 6월 John왕에 의하여 공포된 Magna Charter 제12조에 "No scutage or aid shall be imposed in the Kingdom unless by Commune Concilium……" 이라고 규정되어 있어 이에 의하여 국왕은 보통의 봉건법에 있는 세 가지 경우 이외에 공금(貢金)을 과할 경우에는 반드시 Commune Concilium(얼마 후 의회로 변형)의 승인을 얻어야만 하도록 되었다.

'의회의 어머니'라고 불리는 영국 의회는 처음에 국왕의 조세징수라는 당시의 정부의 중요 정책의 결정 및 집행에 있어 지방귀족들의 동의와 협조를 획득하기 위한 제도로 구상되었다. 그 후 1340년의 Edward 1세의 법률에서도 모든 과세에 대하여 국왕은 미리 의회의 승인을 얻지 않으면 안 된다는 원칙이 인정되었다. 그러나 국왕과 의회는 과세문제를 갖고 잦은 분쟁을 일으켰으며 James 1세와 Charles 1세 같은 국왕은 의회로부터 독립하여 과세하려고까지 하였다. 또한 1344년 의회는 국왕에 대하여 재정지출을 당초 의회가 승인한 목적에 부합하게 사용하도록 요구하였으며, 그 후 1676년 Charles 2세 때에 이르러 정부의 지출금에 대하여 의회의 승인을 받아야 하게 됨에 따라 비로소 의회가 세출예산을 의결하는 권한을 갖게 되었다. 더욱이 1689년 12월의 「권리장전」(Bill of Rights)에서 "의회의 동의 없이 왕이 사용하기 위하여 금전을 징수하는 것은 불법이다."라고 규정됨으로써 의회는 조세에 대하여 완전한 승인권을 획득하였다(吉村正, 昭和 42: 184 - 185). 이후부터 영국에서는 '대표 없이 과세 없다'(no taxation without representation)는 원칙이 확립되게 되었다.

3) 정부에 대한 감독기능

의회의 입법기능과 예산의 심의·의결기능이 전통적으로 핵심기능인 것은 오늘날에도 변함이 없으나 현실적으로 법안의 대부분이 정부에서 제안되고 예산안의 편성권이 정부에 있을 뿐만 아니라 기타 주요 정책들이 그 내용의 전문성 때문에 정부에서 제안되고 있어 의회는 오히려 이들 문제에 대하여 수동적인 위치에 있는 것이 사실이다.

그럼에도 불구하고 의회가 능동적으로 기능할 수 있는 것은 현실적으로 많은 예산과 중요한 정책을 집행하면서 막강한 권력을 행사하는 정부를 국민과 주민의 이익을 위하여 견제하고 감독하는 일이다. 따라서 현대국가의 의회에서 정부에 대한 견제 및 감독기능은 능동적인 기능으로서 그 중요성이 더해 가고 있다.

의회가 갖고 있는 정부에 대한 견제 및 감독기능의 방법은 정부기관의 구성형태에 따라서 그리고 국가의 정치행정문화에 따라서 여러 가지 방법을 채택하고 있으나 대략 다음과 같은 방법들이 채택되고 있다.

정부에 대한 불신임의결권, 정부의 장관 등에 대한 탄핵 및 불신임의결권, 정책집행사항에 대한 질문권, 감사 및 조사권, 그리고 고급관리에 대한 임명동의권 등이다.

의회는 이와 같은 방법으로 정부를 견제, 감시, 그리고 통제의 역할을 함으로써 국민 또는 주민의 권리와 이익을 옹호하는 기능을 능동적으로 수행한다.

5. 유사개념

제도적으로 지방의회는 아니지만 지방의회에 관련 있는 유사개념에 대하여 다음과 같이 살펴보고자 한다.

1) 지방 옴부즈맨(Ombudsman)

옴부즈맨은 엄밀한 의미에서 지방의회의 문제는 아니지만 지방의회의 기능만으로는 행정통제가 사실상 불완전하고 어려움에 당면하고 있기 때문에 이러한 실정을 보완하고, 사법적 수속에 의하지 않는 고충처리의 기관으로서 지방 옴부즈맨이 설치되고 있다. 그 전형적인 예는 영국의 경우로서 지방정부의 부당한 행정행위에 의하여 불이익을 받은 자는 그 지방정부의 지방의원을 경유하여 그에 불복하거나 구제를 요구하는 수속을 밟는다. 만약 의원이 그 불복 신청서를 제출하지 않을 경우에는 지방 옴부즈맨에 직접 신청할 수 있다. 처음부터 의원을 통하지 않고 신청할 수는 없다. 이렇게 하여 지방 옴부즈맨이 지방의회의 행정통제기능을 보완하는 측면을 인정하고 있다. 영국의 경우 지방의회는 행정을 수행할 경우도 있고 행정직원을 지휘·감독해야만 한다. 그럼에도 불구하고 옴부즈맨이 필요한 것은 지방정부의 활동이 균질화되어 국가적 개입이 용이하게 된 일, 그리고 지방정치가 정당에 의하여 계열화되어 신뢰관계가 희박하게 되었기 때문이라고 생각된다. 한편 불복을 신청하는 주민으로서는 옴부즈맨제도가 편리하지만 운용 여하에 따라서는 이것이 정쟁에 이용되는 경우도 있고 어느 의미에서는 지방정부의 자치능력 쇠퇴의 면도 있다고 볼 수 있다.

지방정부가 옴부즈맨을 설치하고 있는 미국의 예로서는 몇 개 주, county, 시에서 채택되고 있다. 즉 하와이 주의 옴부즈맨이 의회의 보조기관의 성격을 갖는 데 대하여 Honolulu city와 Honolulu county의 Ombudsman은 그 지위가 시장의 보좌직으로 되어 있다.

2) 지역공동체 회의

기초지방정부의 밑에 있는 지역공동체(community)에서 의회와 유사한 회의를 볼 수 있다. 근대국가에 들어서면서 이들은 지방행정을 감당할 수 없기 때문에 또는 중세적인 것 내지 전근대적인 것이라고 하여 경시되거나 소멸되었다.

예를 들면 영국의 교구(parish)는 주민자치의 최소단위라고 생각되지만 현재의 지방제도로서는 주된 역할을 하지 못하고 있다. 그러나 다른 한편으로 생각할 때 행정은 보다 대규모의 단체에 맡기는 편이 우선은 효율적일지 모르지만 그렇게 되면 주민은 자립능력이 약해져서 의존적인 대중으로 변하기 때문에 결과적으로는 효율성이 떨어지게 되는 것이다.

미국의 대도시에서는 이미 주민자치라고 할 수 없을 정도가 되었는데 그 이유는 이미 거기에서는 커뮤니티로서의 실질이 상실되었기 때문이다. 그래서 미국과 영국에서는 근린지구조직(neighborhood organization)의 문제가 신중하게 추진되고 있다. 이것은 옛날의 주민총회의 부활이라고도 할 수 있다. 지방정부의 국가의존이 강화되면 재정적 한계에 부딪히게 되어 반대로 시정에 주민의 자립자족의 조직이 필요하게 되는 것이다.

사실 이와 같은 근린에서 사회적 접촉을 통하여 형성되는 지연집단은 아시아에서는 예부터 보편적으로 존재하여 왔으며 오늘날에도 중국의 거민위원회(居民委員會), 한국의 반상회, 부락회 등의 지역공동체 회의가 계승되고 있다. 일본의 경우 구(區), 정(町), 촌(村)에는 부락회, 정내회(町內會) 등의 의사기관이 있는데 이것은 본래 제도 이외의 것이고 자주적인 권한을 갖고 있는 것도 아니다. 그러나 자연발생적인 커뮤니티를 배경으로 하는 한에 있어서는 사실상의 효과적인 기능을 갖는 것이라고 할 수 있다.

구미의 정치적 커뮤니티는 시, 읍, 면(기초지방자치정부)으로 발전하였다. 근대화의 도입과정이나 식민지화에 의하여 시, 읍, 면이 인위적 행정구역으로 만들어진 아시아에서는 커뮤니티와 시, 읍, 면이 일치하지 않기 때문에 시, 읍, 면보다 소규모의 전통적 지역주민단체가 주민에게 있어서는 오히려 친근한 생활단위가 되고 있으며 때에 따라서는 세포화될 수도 있는 것이다.

제2장 지방의회의 유형

현대국가는 국가권력을 수평적으로 입법, 행정, 사법 등으로 분립시키고 이들 상호간에 견제와 균형을 유지시킴으로써 독재를 방지하고 민주주의 정치체제를 유지시키고 있을 뿐만 아니라 국가의 권력을 수직적으로 분리·독립시켜 중앙정부와 지방정부 간에 권한과 역할을 분담함으로써 국가기능을 합리적으로 수행하고 풀뿌리 민주주의를 실천하고 있다.

이와 같이 국가는 입법, 행정, 사법 등으로 삼권분립을 일반적으로 취하고 있으나 지방정부는 입법과 행정으로 이권분립제도를 채택하고 있는 것이 일반적이다. 따라서 지방정부는 의사기관으로서의 지방의회와 집행기관으로서의 지방정부의 장을 두게 된다.

지방정부는 국가와 마찬가지로 그 존립목적인 지역의 공공사무를 처리해 나가기 위하여 다른 통치단체와 똑같이 일정한 기관을 구성하고 그 기관으로 하여금 각각 분담된 역할을 맡도록 하고 있다. 그런데 기관을 구성하는 방법이나 형태는 나라의 역사적 전통 및 정치행정체제와 문화, 그리고 각 지방의 사회경제적인 여건에 따라 매우 다양한 것을 특징으로 하고 있다.

또한 한 국가 내에서도 지방정부의 기관구성을 우리나라와 일본처럼 전국적으로 수장형으로 통일하는 획일주의를 채택하고 있는 나라도 있고, 미국처럼 주에 따라 또한 같은 주 내에 있어서도 자치정부의 계층에 따라, 그리고 도시지역에 있어서는 도시의 규모와 여건에 따라 정부형태를 특색 있게 다양하게 구성하고 있는 나라들도 있다.

현대 국가의 지방의회는 주민의 직접선거에 의하여 선출된 의원으로 구성되는 것이 원칙이다. 그러나 영국의 카운티(County)의회, 시의회에 있었던 장로의원(alderman)은 각 의회에서 선거하도록 되어 있었다.[1]

또한 극히 일부 국가에서는 아직도 일부 의원을 임명하고 있다.

이와 같이 각국의 지방정부 형태 및 지방의회의 유형은 그 국가의 정치행정체제에 알맞게 그리고 지방 실정 및 환경여건에 적응하는 제도를 취하고 있다고 볼 수 있다. 정부기구란 그 자체가 목적이 아니라 목적을 실현하기 위한 수단적인 존재이기 때문이다.

따라서 수많은 지방정부의 구성형태 및 지방의회를 몇 가지 유형으로 분류한다는 것은 대단히 어려운 일이다. 그러나 모든 지방정부는 일반적으로 의사결정기능을 수행하는 의결기관과 그 의사를 집행하는 기능을 갖는 집행기관을 갖고 있으므로 이 양 기관의 상호관계를 어떻게 설정하느냐 또는 양 기관을 어떤 절차와 방법으로 설치하느냐 하는 것을 기준으로 하여 몇 가지 유형으로 분류할 수 있다. 좀 더 구체적으로 말하면 지방정부를 구성하는 각 기관의 권능상 지위체계와 권한관계, 그리고 각 기관의 조직상의 조직체계와 선임방법 등을 종합하여 유 설치나누어 보면 기관통합형, 기관분립형, 절충형, 그리고 주민총회형으로 대별할 수 있다.

1. 기관통합형(parliamentary system: 일원형)과 지방의회

1) 구성형태

이 형의 의결기능과 집행기능을 모두 단일기관, 즉 지방의회에 귀속시키는 제도로서 의회는 의결기관인 동시에 집행기관이기 때문에 의회제 기관통합형 또는 권력통합형이라고도 한다. 대표적인 예로서는 영국의 지방의회형 (parilamentary system)과 미국의 위원회형(commission form), 러시아의 지방의회형, 그리고 최근 프랑스의 의회·의장형(council presidential system) 등

---

1) 사회원로 등을 의회에 영입하기 위하여 의원정수의 1/3 정도의 범위에서 주민직선의원이 간선하여 선출하던 alderman제도는 1972년 지방자치법(local government act)에 의해 1977년까지 모두 폐지되었다.

이 있다.

이런 형들은 권력구조에 있어서 중앙정부의 의원내각제와 유사하며, 의회의 의장이 지방정부의 장의 지위를 겸하고 있으나 이것은 어디까지나 상징적 존재로서 지방정부를 대외적으로 대표할 뿐 실질적인 집행권은 의회에 통합되어 있다. 따라서 지방선거는 주민에 의한 지방의원선거만으로 끝난다. 그러나 대규모의 대의회제 의회의 경우 의회 전체가 집행에 참여할 수 없기 때문에 영국의 지방의회에서는 상임위원회를 설치하고, 러시아에서는 집행위원회를 설치하여 각 위원회별로 집행하도록 하고 있다.

2) 제도의 장·단점

(1) 장점

① 모든 권한과 책임이 주민의 대의기관인 의회에 집중되어 있으므로 책임정치를 구현하는 데 적합하다.
② 기관분립형에서 있을 수 있는 지방의회와 집행기관 간의 대립·마찰의 소지가 없으므로 지방행정의 안정성을 확보하고, 정책 결정과 집행의 유기적인 관련성을 긴밀히 하여 정책효과를 높일 수 있다.
③ 단독집행이 아니라 복수합의제이므로 신중하고 공정한 집행을 할 수 있다.

(2) 단점

① 단일기관에서 모든 권한이 집중되고 행사됨으로 견제와 균형이 결여되어 권력남용의 우려가 있다.
② 행정을 통제하고 조정할 단일집행책임자(a chief administrator) 또는 지도자가 없어 행정의 전체적 통일성과 종합성을 확보하기 어렵다.
③ 행정에 대한 전문적 지식과 경험이 없는 소수 의원 또는 위원이 행정집행의 책임자가 되므로 행정의 전문성이 결여되고 행정의 지나친 정치화가 우려되며 지방행정의 능률성이 저하될 우려가 있다.

2. 기관분립형(presidential system: 이원형)과 지방의회

1) 구성형태

이 형은 의사결정기능을 담당하는 지방의회와 집행기능을 담당하는 집행기관을 권력분립 및 기능분담의 자유주의사상에 근거하여 각각 분리하여 설치하고, 양 기관이 상호견제와 균형에 의하여 지방정부를 운영하는 유형으로 권력분립주의에 입각한 것인데 중앙정부권력구조에 있어 대통령책임제와 유사한 제도이다. 이 형은 집행기관선임형태에 따라 선거와 임명형으로 나눌 수 있고 또한 선거형은 주민직선형과 의회에 의한 간선형으로 나누어진다. 주민에 의한 직선형이 전형적인 것인데 의회에 의한 간선형일 경우에는 지방의회가 집행기관을 구성하게 된다.

2) 제도의 장·단점

(1) 장점

① 의결기관과 집행기관을 분립시킴으로써 견제와 균형의 원리에 의하여 상호간에 권력의 남용을 방지하고 비판·감시의 기능을 강화할 수 있다.

② 지방의원과 지방정부의 장을 주민이 직선함으로 지방정부 및 지방행정에 대한 주민통제가 용이하고 행정책임을 명백히 할 수 있다.

③ 지방정부의 장이 주민대표로서 정치적, 행정적 능력을 발휘할 수 있고 주민의사를 신속하게 지방행정에 반영할 수 있을 뿐만 아니라 임기보장을 통한 소신 있는 행정을 할 수 있다.

④ 필요에 따라서는 중앙정부 또는 광역정부에 대하여 정치적 압력을 행사할 수 있다.

⑤ 집행기관을 지방의회와 분리함으로써 행정의 복잡화 및 전문화에 적절히 대응하고 능률성을 확보할 수 있다.

(2) 단점

① 지방의회와 집행기관과의 대립 마찰이 발생할 우려가 있으며 이것이 장기화될 경우 행정이 지체되거나 마비될 우려도 있다.

② 자치단체장을 주민이 직선할 경우 반드시 행정능력이 있는 후보자가 당선된다는 보장이 없다.

3. 절충형(삼원형, 참사회형)

1) 구성형태

이 형은 기관통합형과 기관분립형을 상호 조화시킨 모형으로서 의결기관과 집행기관을 별도로 설치하고 있으나 이들이 서로 대립되지 않도록 제도화되어 있다. 의결기관과 집행기관을 별도로 분리·설치하고 있는 점에서는 기관분립형의 요소를 갖고 있으나, 그들이 상호 대립되고 있지 않은 점에서는 기관통합형적인 요소를 갖고 있는 것이다. 이와 같이 양 유형을 절충하고 있기 때문에 절충형이라고 한다.

이 절충형은 지방의회와 지방정부의 장 이외에 집행위원회(참사회)등 집행기능을 실제로 수행하는 기관을 따로 두고 있기 때문에 결과적으로 기관삼원화가 되어 있는 것이 특징이다. 또한 이 경우에 지방정부의 장은 집행책임자인 경우도 있고, 단순히 의례적인 존재인 경우도 있다.

이 형은 의회－참사회형이라고도 하며, 의결기관과 집행기관을 분립시키되 집행기관을 합의제로 한 점에서 다른 시장－의회형과 다르며, 또한 참사회가 의결기관인 지방의회를 그 모체로 하면서도 별개의 독립된 집행기관으로 기능한다는 점에서 전술한 의회형이나 위원회형과 다르다.

이 참사회형은 국가에 따라 여러 형태를 취하고 있으나 네덜란드, 벨기에, 스웨덴, 덴마크, 스위스 등 유럽대륙의 제국에서 채택하고 있다.

참사회는 입법, 집행의 양 기능을 통합한 합의제기관으로 그 구성원을 의회에서 선출하여 구성하는 것이 통상적이며 그 규모는 몇 명에 불과하다. 의회의 규모가 클 경우에는 신속한 결정과 집행에 적합하지 못하다. 여기에서 의회와 집행부가 통합된 것과 같은 기관에 의하여 상세하게 사무를 처리하는 것이다. 참사회의원은 의원 중에서 유력한 자와 집행기관의 장 및 조역이 포함될 경우가 있기 때문에 지위로 본다면 상원에 해당하는 것이며 기능적인 면에서 본다면 영·미의 위원회에 해당한다고 볼 수 있다.

참사회가 존재함으로써 집행부와 의원 간의 가교가 상설된 것이 되지만 이로 인하여 의회의 의사가 상대적으로 약화되는 것도 부인할 수 없다. 그것은 참사회는 의회에 대하여 권고하거나 제안하기도 하는 독립된 기관이기 때문이다. 참사회의원 특히 참사회의장은 지방정치에 있어 가장 유력한 인물로 채워지는 지위이기 때문에 인격적 지배가 크게 통용력을 갖고 있는 동안에는 참사회제도의 정치적 의의를 인정할 수 있다(中川 剛, 1992: 69).

2) 제도의 장·단점

(1) 장점
① 기관통합형과 기관분립형의 중간적 형태로서 운영의 묘(妙)를 살린다면 양 형의 장점을 살려 대립과 마찰을 피하면서 기관 상호 간의 협조체제를 유지할 수 있다.
② 주민의 의사를 충실히 반영하고, 공정하고 신중한 지방행정을 수행할 수 있다.
③ 지방의회의 집행기관인 참사회 간에 원만한 협조체제가 이루어질 수 있다.

(2) 단점
① 합의제 집행으로 인하여 행정책임의 소재가 불명확해질 우려가 있다.
② 합의제 집행이므로 지방행정의 의사결정과 집행이 지체될 우려가 있다.
③ 참사회가 행정의 비전문가로 구성될 경우 행정의 전문성이 결여될 우려가 있다.

4. 주민총회형

전술한 지방정부형태는 모두 대의제, 즉 간접민주주의 원리에 따른 것이나, 이 주민총회형은 직접민주주의의 원리에 입각한 형태이다. 지방정부 관할 구역 내의 전 유권자로 구성된 주민총회(town meeting, popular assembly, folk moot)가 자치단체 최고기관으로서 중요 공직자를 선출하고 지방정부의 중요 정책, 예산, 인사문제를 직접 결정한다.

그러나 오늘날 자치단체의 인구규모도 커져 가고 있으며 공공사무도 매우 복잡하기 때문에 전통적인 주민총회제는 실시하기가 어려운 실정이 되어 가고 있다. 한편 일본에서는 정촌총회제가 제도적으로는 마련되어 있으나 실제 시행되지 않고 있다.

미국의 town meeting제는 New England의 town과 중서부의 township에서 채택되고 있었으나, 중서부에서는 많은 곳에서 이미 폐지되고 있고 New England에서는 주민대표자회의(representative town meeting)가 도입되고 있으며 이 주민대표자회의의 회원은 town을 몇 개 구로 나누어 각 선거구로부터 선출된다(Jack C. Plano, Milton Greenberg, 1979: 458). 스위스는 직접민주제의 전형적인 국가로서 농촌지역의 기초지방정부의 대부분이 주민총회를 통한 지방자치를 하고 있다.

이상과 같이 지방정부 또는 지방자치단체의 기관구성형태는 매우 다양하며 따라서 국가마다 또는 국가 내에 있어서도 지역에 따라서 그 형태를 달리하고 있는 것이 특징이다. 그리고 기관구성형태에 따라 지방의회와 지방정부의 장의 지위와 권한이 달라진다.

우리나라의 지방의회 역사는 기원기, 시발기, 암흑기, 그리고 발전기로 대별할 수 있는데, 기원기는 본격적인 제도적 지방의회의 전 단계로서 조선시대, 일제강점기, 그리고 미군정시대 등에서 나타나는 제도적 지방의회와 유사한 행태를 나타냈던 시기를 의미한다. 시발기는 1952년에서 1961년까지의 기간으로서 제도적 지방의회의 시작을 의미하는 시기이다. 그리고 암흑기는 1961년 5·16군사쿠데타가 발발한 당일 군사혁명위원회에 의해 전국의 지방의회를 해산시켰는데, 이는 1991년까지 지방의회가 전혀 존재하지 않았던 시기였고, 발전기는 1991년 이후로서 현대적 지방의회의 모습을 갖추고 부족하기는 하지만 발전하는 시기라고 할 수 있는 것이다(문병기 외, 2008; 박재창, 2003; 임경호, 1991).

1. 기원기

1) 조선시대

우리나라에서 지방의회제도의 기원을 찾는다면 1895년(고종 32년) 11월 3일 발표된 향회조규(鄕會條規)에 규정된 향회라고 할 수 있다. 향회제도는 근대적 의미의 지방대의제 기관으로 보기는 어렵지만 지방 풊의 의사를 반영하기 위한 기관을 법제화하였다는 점에서 지방의회제도의 기원으로 볼 수 있을 것이다. 향회조규에 의하면 향회는 대회(大會), 중회(中會), 소회(小會)

로 구분하였다. 대회는 군회(郡會)이며 군회의 구성원인 군회원은 군수 및 각 면의 집강탁碉각 면에서 공선된 각 2인으로 한다. 중회는 면회(面會)이며 면회의 구성원인 면회원은 집강 및 면내의 각 리 존위와 각 리에서 공선된 2인으로 한다. 소회는 리회(理會)이며 리회의 구성원인 리회원은 매호당 1인으로 하였다.

존위, 집강, 군수는 각급 향회의 회의를 주재하고 회의 일자와 장소를 정하였다.

이들은 회의 시 표결에는 참여하지 않았으나 가부동수(可否同數)인 경우 결정권을 갖고 다수결로 결정된 사항을 번복할 수 있었다. 향회에 부의되는 사항은 교육, 호적 및 지적, 위생·사창(社倉), 도로 및 교량, 식산흥업(殖産興業), 공공산림, 제언(堤堰), 보(洑), 항(港), 제반세목 및 납세, 겸황(歉荒) 및 환란의 규휼, 공공복무, 제반계약, 그리고 신식영식(新式令飾) 등이다.

그러나 이러한 제도는 새로운 것이 아니라 당시 향촌사회에서 시행되고 있던 주민자치의 전통을 법제화한 것이다. 즉 개화파 정권은 농민들의 분노를 잠재우고 이들의 참정욕구를 수용하는 방안으로서 전래의 향회제도와 면리자치제도를 모태로 삼아 향회를 법제화했던 것이다. 향회제도를 비롯한 일련의 지방제도 개혁은 나름대로 근대적 지방자치제를 지향하는 획기적인 것이었으나 국제 침략세력의 도전과 국내정치의 불안정으로 끝내 실시를 보지 못했다. 이는 중앙의 민선대의기관으로 개혁된 중추원조차 실시되지 못한 채 무산된 데 비추어 볼 때 당연한 귀결이라 하겠다.

2) 일제강점기

일제는 1910년 우리나라를 강제로 합병하고 나서 그해 9월 30일 조선총독부관제와 지방 관제를 공포하여 고유의 지방행정제도를 말살하고 식민지 체제로의 근본적이고 대대적인 개편을 강제적으로 단행하였다. 1919년 3·1운동 후 부임한 사이토 총독이 부임 다음 날인 1919년 9월 3일 발표한 시정방침의 훈시 중에는 "……장래 시기를 보아 지방자치제도를 시행할 목적으로서 조속히 이의 조사연구에 착수할 것이다."라는 내용이 있고, 같은 달 10일에 발표한 시정방침의 논고 중에도 "장래 시기를 보아 지방자치제도를 실시함으로써 국민의 생활을 안정케 하고 일반의 복리를 증진할 것을 기한다."라고 선언하였다. 이는 종래의 무단정치를 포기하고 새로운 통치의 방식으로 표방한 문화정치의 맥락에서 나타난 지방정책의 변화라고 할 수 있다. 그러나 그 후 나타난 지방제도와 관련된 변화의 내용을 보면 식민지 통치의 편의를 위한 기만책이지 주민자치를 이념으로 하는 지방자치의 본질과는 근본적으로 거리가 먼 것이었다.

(1) 부회(府會)

1913년에는 정령 제111호로 도의 관할 구역과 부제(府制)를 도입하고 부윤의 자문기관으로 임명제인 부협의회를 설치하였다. 1920년에는 제2차 지방제도 개정을 통해 임명제이던 부협의회 의원의 선임방법을 선거제로 변경하였다. 부협의회 의원은 주민의 직접선거로 선출하되 선거권 및 피선거권을 가진 자의 요건은 ① 25세 이상의 독립생계를 영위하는 남자로서 1년 이상 그 부의 주민일 것. ② 총독이 지정하는 부세 연액 5원 이상을 납부한 자일 것 등으로 규정하였다(개정 시행규칙 제2조의 2). 부협의회 의원은 명예직으로 임기는 3년으로 하였으며, 보궐선거 시에는 전임자의 잔여임기 기간으로 정하였다. 1930년 제2차 지방제도 개정에서는 부협의회를 부회로 개정하여 의결권을 부여하였다. 부회 의원은 4년 임기의 명예직이며 의장은 부윤이 겸하고 부의장은 의원 중에서 선출하도록 하였다.

부회의 권한은 의결권, 선거권, 의견서제출권, 행정감사권 회의규칙개정권 등이며 주요 의결사항은 ① 조례의 제정 및 개폐, ② 세입세출예산의 결정, ③ 결산보고, ④ 법령에 규정된 것을 제외한 부세, 부역, 현품, 사용료 및 수수료의 부과·징수, ⑤ 일시 차입금을 제외한 부채의 기채 및 기채의 방법, 이식의 정률, 상환방법의 결정 및 변경, ⑥ 기본재산과 적립금 등의 설치 관리, ⑦ 부동산의 관리와 처분, ⑧ 계속비의 결정 및 변경, ⑨ 특별회계의 설치, ⑩ 세입세출예산으로 정하는 것 외에 새로운 의무의 부담 및 권리의 포기 등이었다.

부회는 주민이 직접 선출한 의원으로 구성되었지만 실제로는 명목상의 의결기관으로 부회의 결정이 권한을 넘거나 회의 규칙을 위반한다고 인정될 때에는 의장인 부윤에게 재의 회부권, 재선거권이 부여되었고, 도지사의 재가를 얻어 의결을 취소할 수 있는 권한이 있었다(부제 25조). 부회를 긴급히 소집하지 못하거나 의결할 안건이 긴급을 요할 때에는 부윤이 이를 전결할 수 있었고, 이에 대해 부회는 보고받기만 하는 등 사후 동의권이 없어 부회의 권한은 극히 미미한 것이었다. 총독은 부회에 대한 해산권을 갖고 있으며 도지사는 부회의 정회권을 갖고 있었다. 부회의 의결사항 중 대부분이 총독이나 도지사의 인가를 받게 되어 있어 철저한 후견적 감독을 받도록 되어 있었다. 따라서 부회는 지방자치적 의결기관이라기보다는 관치적 의결기관에 불과하였다.

(2) 읍회와 면협의회

1910년 지방관제와 면에 관한 규정(총독부령 제16호)으로 그동안 잡다했던 명칭(社, 坊, 面)이 면으로 통일되어 국가의 지방행정구획으로 되었고 1913년의 면경비 부담방법(총독부령 제16호)과 1917년의 면제(面制)로 재정주체와 사업능력을 부여받았다. 몇 중에서 조선총독이 지정하는 면을 지정면이라 하여 이를 보통면과 구별하여 기채능력을 인정하였는데 1920년의 면제 개정으로 면협의회를 신설함에 있어서 양자는 구성방법을 달리하였다. 일인 거주자가 비교적 많은 소도읍인 면이 지정면이 되었는데 이것이 1930년의 읍면제에서 말하는 읍의 전신이었다.

1920년의 지방제도 개혁에 의해 지정면은 선거로 그 외의 면에서는 군수 또는 도사(島司)의 임명에 의하여 회원으로 구성되는 면협의회를 설치하여 면장의 자문에 응하였으며, 그 후 1930년에는 읍회와 면협의회로 구분되었다. 읍회와 면협의회의 의장은 읍장과 면장이었으며 읍회는 의결기관으로 의결권, 선거권, 의견서제출권, 행정감사권 등의 권한을 가졌으나 면협의회는 자문기관으로서 선거권, 의결권, 감사권은 없고 단지 의견서 제출권과 자문권만이 부여되었다. 면협의회뿐 아니라 읍회의 권한도 의결권이 법령에 한정돼 있을 뿐만 아니라 총독에게는 해산권이, 군수와 도사(島司)에게는 정회권이 부여되어 있었으나 읍회와 면협의회의 읍장과 면장에 대한 불신임권은 없었다.

(3) 도회

① 도 평의회

1920년 7월 29일자 제령(制令) 제15호 조선지방비령(朝鮮地方費令)과 동일자 조선총독부령 제105호 동령 시행규칙에 규정된 도 평의회의 내용을 요약하면 다음과 같다.

첫째, 각 도의 지방비 운영에 관한 도지사의 자문기관으로 도 평의회를 두고 지사가 당연직 의장이 되었다. 둘째, 도 평의회원은 임기 3년의 명예직으로 정원의 3분의 2는 도내 각 부・면 협의회원의 선거로 후보자를 추천하면 이들 중 도지사가 임명하고 나머지 3분의 1은 직접 도지사가 임명하였다.

각급 지방행정기관장은 각급 평협의회의 당연직 의장이 되어 회의 소집의 가부를 결정할 권한과 의원의 발언 금지, 발언 취소 및 퇴거 명령권, 의원 자격요건 유무 결정권은 물론 의원의 직무태만과 체면 오손행위 등을 이유로 해임, 상신권 등을 갖고 관련 의회를 마음대로 할 수 있는 특별 권한을 누렸다. 더구나 도 평의회 의원이 소집이나 자문에 응하지 않을 때 혹은 회의를 열 수 없을 때에는 조선총독의 지휘를 받아 도지사(부윤, 면장, 등 수장)가 자문할 사건을 처리할 수 있는 전결권을 갖고 필요시에는 도 평의회를 대신할 수 있는 막강한 권한을 장악하였다.

② 도회

1930년 12월에 도제, 부제, 읍・면제가 개정・공포되었으나 도제만은 부, 읍, 면제의 확립을 본 뒤에 실시하되 그 시행 시기는 총독이 정하도록 하였다. 도제가 공포된 후 2년 4개월 만인 1933년 4월 1일에 우선 도제가 실시되고, 도의원선거는 20~50인 이내 의원정수로 총독이 정한다는 규정포된 후 도제시행규칙으로 정수를 정하였다. 도회 의장은 도지사가 되고 도회의원의 3분의 2는 선거하고 나머지는 도지사가 임명하였다. 도회의원의 선거권은 부회, 읍회, 면협의회원이 가졌으며 피선거권은 25세 이상의 남자로서 1년 이상 도내에 거주해야 했다.

도회는 의결기관으로 의결권, 의견서제출권, 회의규칙제정권 등의 권한을 가졌는데 의결권에는 세입세출예산의 결정, 결산보고, 법령에 규정된 것을 제외한 도세, 부역현품, 사용료 또는 수수료의 부과·징수, 일시 차입금을 제외한 도채의 기채, 이식의 정률 및 상환방법의 결정과 변경, 기본재산과 적립금 등의 설치, 관리 및 처분, 특별회계의 설치, 세입세출예산을 정하는 것 외에 도지사가 필요하다고 인정하는 사건을 의결하였다. 도회의 권한은 법령에 열거된 것에 한정하였고, 관선의원으로 구성되어 있어서 그 조직과 기능은 형식상의 의결기관을 구비한 것이었다.

3) 미군정시대

미군정은 시작과 더불어 종래의 지방의회를 대치할 수 있는 기구로서 고문회를 설치하라는 지시를 내린다. 지시를 내린 정확한 일자는 확인하기 어렵지만 45년 10월 하순인 것 같고, 도와 부는 12월 중순경에 거의 선임이 된 것 같으며 군에 따라서는 46년 1월 중순이 되어서야 선임이 완료된 듯하다. 현재 남아 있는 기록 중 고문회원이 가장 빨리 선임된 고문은 인천부로서 1945년 10월 31일이고, 경성부가 30명의 고문을 선출하여 제1회 간담회를 개최한 것이 11월 9일이었다. 이 고문회가 남한 전역에 걸쳐 조직이 완료된 것을 확인한 미군정은 1946년 3월 14일자 법령 제60호로 도회, 부회, 읍회 몇 면협의회와 군·도(島)의 학교평의회를 해산해 버린다. 해방과 더불어 지방의회의 기능은 사실상 상실되어 있었으나 이 조치에 의해 제도적으로도 소멸되었다. 미군정 당국의 입장에서 이 고문회는 지방의회의 기능을 담당하기 바랐던 기구였던 것이다. 따라서 도지사, 부윤, 읍, 면장은 국가의 하급행정기관으로서 지방단체인 도, 부, 읍, 면의 의사기관인 동시에 집행기관으로서 미군정의 명에 따라 사무를 처리하였다.

미군정 당국은 일제 시부터 내려온 지방의회의 폐지에 대한 대안으로 1946년 11월 군정법령 제126호에 의하여 도 및 기타 지방의 중요 관공리와 각 의회 의원을 조선인 대다수의 자유로운 선거에 의하여 선출한다고 하였으며 "민주주의적 지방자치의 원칙하에서 국가발전을 촉진"시키려는 목적으로 도지사, 부윤, 군수, 도사, 읍장, 면장, 도회의원, 부회의원, 읍회의원, 면회의원 등을 선거제 직원으로 하고, 남녀를 불문하고 보통선거로서 선임한다고 하여 지방자치제도에 대한 미군정의 의지를 보였으나 이것은 실시되지 못한 채 사문되었다.

4) 대한민국시대

제헌헌법은 지방자치에 관한 내용을 규정하기 위하여 제8장에서 제96조와 제97조를 두고 있었다. 제96조에서는 "지방자치단체는 법령의 범위 내에서 그 자치에 관한 행정사무와 국가가 위임한 행정사무를 처리하고 재산을 관리하며, 법령의 범위 내에서 자치에 관한 규정을 제정할 수 있다."고 규정하고 있다.

이에 의해 「지방자치법」안은 1948년 8월 20일 제1회 국회 제45차 본회의의 결의에 의하여 1949년 1월 31일 법사・내무 양위원회에 제출되었고 같은 해 2월 2일 제20차 본회의에 상정되었다. 이 법안은 2주일의 심의를 거쳐 3월 9일 제49차 본회의에서 수정・통과되어 정부에 이송되었다. 이에 대해 정부는 이 법의 시행 시기가 "공포 후 10일을 경과한 후"로 규정된 것에 대해 국내외 정세와 치안상태가 전면 선거의 실시를 어렵게 하므로 "동법 시행기일을 대통령령에 위임하여 줄 것을 이유로" 국회의 재의를 요구하였다. 국회는 헌법에 의한 재의요구는 법안 전체의 재의를 지칭하는 것이므로 부분적인 수정을 할 수 없다는 주장과 부분적으로 수정할 수 있다는 주장으로 논란이 있어 법제사법위원회에 회부한바 동 위원회로부터(75차 본회의 보고) 헌법 제40조에 의하여 정부에서 제출한 재의안에 일부 수정안이 첨부되었을 때에는 이것을 정부 수정안으로 인정하는 동시에 국회의원도 이에 대한 수정안을 제출할 수 있고, 이때 수정안의 표결은 과반수로써 함이 타당하다고 해석하였다.

이에 따라 국회는 "동법의 시행기일을 대통령령으로 정하자."는 정부의 수정안과 "공포 후 90일을 경과한 후 시행하자."는 김수선(金壽善) 의원의 수정안을 놓고 표결에 부친 결과 재석 168명 중 가(可) 86, 부(否) 83으로 김수선 의원의 수정안이 가결되어 4월 15일 정부로 다시 이송하였다 그러나 정부는 4월 26일자로 국토가 양단되고 치안상태와 제반정세를 고찰하건대 금후(今後) 1년 내에 본 법을 시행할 수 없다는 요지의 이의서를 첨부하고, 국회 의결 후 90일 경과 후 시행한다는 부칙을 "공포 후 1년 이내에 시행하되 시행기일은 대통령령으로 정한다."로 수정을 원하는 재의요청이 있었다. 이에 대해 국회는 "정부에서 본 법안의 재차심의를 요청한 것은 헌법위반일 뿐 아니라 일사부재리의 의사원칙에 비추어 부당한 것이므로 본 이의서를 대통령에게 반환"하기로 의결한 후 동일자로 대통령에게 이송하였다. 그러나 폐회 중인 5월 12일, 정부는 정부의 재의요청에 관하여 4월 30일 제38차 본회의에서 정부에 반환하기로 결의한 것은 헌법에 정부의 법률안 재의요구안에 대한 표결은 3분의 2 찬성의 특별다수를 요구함에도 불구하고 국회가 특별다수가 아닌 출석 과반수로 본 재의안을 수정·가결하여 위헌이므로 국회의 반송결의는 무효이고 이에 따라 본 법안은 국회의 폐회로 폐기된 것이라고 통고하였다.

이에 따라 1949년 5월 26일 제3회 국회 제4차 본회의에서 "지방자치법안 폐기통고에 관한 건"을 상정하여 정부의 폐기통고를 이유 있다고 받아들인 다음, 법사·내무위로 하여금 재차 본 법안을 입안 제출할 것을 결의하였다. 양 위원회는 본 법안 기초 작업에 착수하였는데 가장 문제되었던 2개 조항, 즉 지방자치단체장 선출방법에 대하여 도지사·시·읍·면장은 각기 그 의회가 선출하도록 수정하고 본 법 시행기일에 대해서는 원안(공포 후 90일에 효력을 발생한다)대로 하였다. 그 외 기타사항에 대해서는 자구(字句) 등에 약간의 수정을 가한 것 외에는 거의 원안대로 채택하였다.

1949년 6월 16일 제18차 본회의에서 내무치안위원장으로부터 제안 설명이 있은 다음 19일까지 2일간에 걸쳐 축조심의(逐條審議)에 들어갔는데 이 과정에서 특히 문제가 된 것은 역시 지방자치단체장 선출방법과 본법 시행 시기에 관한 것이었다. 즉 "지방자치단체장은 각기 그 의회에서 선출한다."는 원안에 대하여 남궁 현(南宮 炫) 의원 외 24인의 "도지사와 서울특별시장은 각기 그 지방의회에서, 그리고 시·읍·면장은 각기 그 지방주민이 직접 선거한다."는 수정안과 조한백(趙漢栢) 의원 외 20인의 "도지사·서울특별시장은 대통령이 임명하고 시·읍·면장은 각기 그 지방의회에서 선거한다."는 내용의 수정안이 제출되어 논란을 거쳐 표결한 결과 재석 149인 중 가 79, 부 55로 조한백 의원의 수정안이 가결되었다. 본 법 시행기일에 대해서는 "공포 후 90일부터 시행한다."를 1949년 8월 15일로 수정하자는 김병회(金秉會) 의원 외 22인의 수정안이 제출되어 가결되었다(국회사무처, 1971: 137－140). 이에 의해 「지방자치법」은 1949년 7월 4일 법률 제32호로 제정·공포되어 동년 8월 15일부터 시행되었다.

「지방자치법」은 부칙의 규정에 의하여 1949년 8월 15일부터 실시하도록 되어 있으며, 제75조에는 "지방의회의 의원선거는 대통령령으로 늦어도 선거일 70일 전에 공포하여야 한다."고 규정하고 있었다. 그러나 정부수립 후 여러 가지 행정체제의 마비와 아울러 국내 치안상태가 불안정하다는 이유로 지방의회 의원선거는 무기한 연기되었다. 정부에서 지방자치법을 검토한 결과 시행상 문제점이 있다는 이유로 개정안을 제출하여 공포된 지 5개월 만인 1949년 12월 15일 1차 개정되었다. 주요 내용은 다음과 같다. 첫째, 도 또는 서울특별시의 조례나 그 장의 규칙에 법률의 특별한 위임이 있는 경우에 한하여 벌칙 규정을 제정할 수 있던 것을, 법률에 특별한 규정이 없는 한 벌칙을 제정할 수 있도록 하였고(제9조), 시의원을 제외한 의원정수의 산출방법을 수정하였다(제12, 13조). 둘째, 지방의회 의원의 제명은 3분의 2 이상의 찬성이 있어야 한다(제50조 2항)는 규정을 신설하였고, 지방의원의 선거구 책정방법을 변경하였다(제56, 57조). 셋째, 대통령은 천재지변, 기타 비상사태로 인하여 선거를 실시하기 곤란하다고 인정할 때에는 지방자치단체의 전부 또는 그 일부의 선거를 연기 또는 정지할 수 있다는 규정을 신설하였다(제75조 2항). 넷째, 도지사는 시·읍·면장이 법령에 위반되는 행위를 하였을 때에는 법이 정하는 바에 의하여 탄핵재판소에 소추할 수 있다는 규정을 신설하였다(제109조 3항).

2. 시발기

「지방자치법」이 1949년 7월 4일 공포된 직후에 당시의 장경근 내무부차관은 그해 10월에 각급 지방의회 의원선거를 실시하겠으며, 이를 위한 경비 20억 원은 추가예산을 편성할 때 반드시 계상하겠다고 장담하였다. 그러나 이승만 대통령을 비롯한 당시의 행정부는 지방자치를 실시할 생각은 처음부터 하지 않고 있었고, 따라서 추가예산 때에도 선거비용은 계상하지 않았다. 1950년 5월 30일에는 제2대 국회의원선거를 무사히 잘 끝마쳤음에도 불구하고 정부는 지방자치를 하기에는 치안사정 등으로 이르다 또는 아직 우리의 민도(民度)가 지방자치를 할 정도로 성숙되지 않았다는 등의 이유로 지방의회를 구성할 생각을 하지 않았다. 그러다 개정 지방자치법 제75조 2항에 규정된 천재지변 기타 비상사태에 해당하는 한국전쟁이 발발하여 지방자치는 실시되기 어려운 상황이 되었다.

1) 제1대 지방의회(1952-1956)

정부는 1952년 2월 6일자로 대통령령 제605호를 발하여 최초의 시·읍·면 의원선거를 4월 25일에 실시한다는 것을 발표하였다. 그리고 2주일이 지난 2월 20일 대통령령 제608호로 같은 해 5월 10일에 전선에 인접한 서울특별시와 경기·강원 양 도를 제외한 각 도의 도의원 선거도 실시할 것을 발표하였다. 1952년 2월에서 4·5월에 걸친 국내정세는 적어도 건전한 상식의 소유자라면 도저히 지방의원 선거 같은 것을 실시할 상황이 아니라고 판단하고 있었을 것이다. 비록 휴전회담은 열리고 있었지만 전투행위는 계속되고 있었고 서울특별시와 경기·강원 양 도는 행정기관의 수복도 다 하지 못한 상태에서 비상계엄령이 선포되고 있었다.

이승만 대통령은 1948년 7월 20일에 임기 4년의 대통령으로 제헌국회에서 간접선거로 선출되었다. 따라서 대통령의 임기는 1952년 7월에 끝나게 되어 있었다. 그런데 1952년 초의 국회의원 중 과반수 이상은 이승만 대통령의 맹신자 또는 추종자가 아니었다. 따라서 국회의 간접선거에 의한다면 대통령에 재임될 가능성이 극히 희박한 상황이었다. 이러한 사정으로 정부는 대통령의 직선제와 양원제를 골자로 하는 개정안을 1951년 11월 30일 국회에 제출하였으나 1952년 1월 18일 재적 175명, 총투표자 163명 중 찬성 19, 반대 143, 기권 1이라는 절대다수로 부결되었다. 이러한 상황 아래 이승만은 대통령 직선제 개헌을 지지해 줄 전국적인 지지기반을 확보하기 위해 지방의회를 구성하게 된 것이다.

(1) 제1대 시·읍·면의회

1952년 4월 25일 실시된 제1대 시·읍·면의회 의원선거에는 총 7,536,304명의 선거인 중 91%에 해당하는 6,836,734명이 투표에 참가하여 <표 3-1>과 같이 17개 시의 시의원 378명, 72개 읍의 읍의원 1,114명 그리고 1,308개 면의 면의회 의원 16,052명을 선출하였다. 1952년 시·읍·면의회 의원선거에서 여당의석 점유율은 약 25%였으며, 무투표 당선율은 19%를 차지하였다. 선거결과와 당선자의 특징은 첫째, 선거인 수(명부 등재자 수)가 전체 인구의 42%에 불과한데 그 이유는 전쟁으로 인한 인구의 유동과 군복무자 수로 인한 것으로 볼 수 있다. 둘째, 투표율은 매우 높게 나타났는데 시(80%)보다 읍(88%)이, 읍보다 면(93%)이 높게 나타났다. 셋째, 당선자의 연령별 분포를 보면 시의원의 경우는 가장 많은 연령층이 41세에서 45세까지로 당선자 총수의 26.5%(100명)를 차지하고, 다음은 36세에서 40세까지가 24.3%(92명)이다. 읍의원은 가장 많은 연령층이 36세에서 40세로 당선자 총수의 26.4%(294명)를 차지하고 다음은 41세에서 45세까지로

20.8%(232명)이다. 면의원은 36세부터 40세까지와 41세에서 45세까지의 당선자가 각각 22.8%로 같게 나타났으며, 다음은 31세에서 35세까지와 46세와 50세까지의 순이다. 넷째, 당선자의 직업별 분포는 시의원은 농업이 27.8%(105명)이고 상업이 19.8%(75명)이다. 읍의원은 농업이 54.5%(608명)이고 상업이 20%(189명)이며, 면의원의 경우는 농업이 절대다수인 91.2%에 달하였다. 다섯째, 당선자의 정당별 분포를 보면 시의원의 경우는 45.5%(172명)가 무소속이고 자유당이 30.1%(114명)이다. 읍의원의 경우는 무소속이 38.5%(430명)이고 다음은 자유당이 24.5%(274명), 대한청년단이 20.5%(229명), 국민회가 13.9%(155명)이다.

면의원은 무소속이 42.8%(6,867명)이고, 다음은 자유당이 25.3%(4,065명), 대한청년단이 16%(2,574명), 국민회가 15.2%(2,437명)로 나타났다. 그리고 1953년 5월 5일에는 치안사정으로 연기되었던 지리산 주변지역의 전라북도 8개 면에서도 면의원선거가 실시되어 87명의 의원을 선출하였다.

(2) 제1대 도의회

1952년 5월 10일 실시된 도의원선거는 <표 3 – 1>과 같이 서울특별시와 경기도, 강원도, 전라북도 일부 지역(남원, 완주, 순창, 정읍)을 제외한 7개 도에서 총 6,358,383명의 유권자 중 81%인 5,165,226명이 투표하여 306명의 도의원을 선출하였다. 선거결과와 당선자의 특징은 첫째, 투표율은 같은 해 4월 25일 실시된 읍·면의원 선거보다는 낮고, 시의원선거와는 유사한 수준이었다. 둘째, 당선자의 연령분포는 30대가 가장 많은 40%(121명)이고, 40대가 33%(101명), 50대가 19%(57명)를 차지하였다. 셋째, 당선자의 직업별 분포는 농업이 51%(156명)이고 다음은 공업이 15.7%(48명)의 순이었다. 넷째, 정당별 분포는 시·읍·면의원의 경우와는 달리 자유당이 48%(147명)로 가장 많고, 다음이 무소속 27.8%(85명), 대한청년단 11.1%(34명), 국민회 10.5%(32명)의 순으로 나타났다. 그리고 1953년 5월 30일에는 치안사정으로 연기되었던 지리산 주변 남원군 외 3개 군에서 도의원선거가 실시되어 14명이 선출되었다.

<표 3-1> 1952년 지방의회 의원선거 결과

(단위: 명, %)

구분 도	시·읍·면								도		
	시		읍		면		당선의원 계	투표율 (%)	의원정수	입후보자수	투표율 (%)
	선거구	당선의원	선거구	당선의원	선거구	당선의원					
경기	17	48	20	105	306	1,376	1,529	88	–	–	–
충북	5	20	22	78	368	1,227	1,325	93	28	63	86
충남	6	22	33	165	482	2,001	2,188	89	46	128	78
전북	14	61	18	91	477	1,976	2,128	91	32	86	83
전남	19	83	40	166	692	2,823	3,072	94	59	129	86
경북	16	69	36	189	680	2,938	3,196	91	61	166	80
경남	18	75	39	206	660	2,736	3,017	90	60	195	78
강원	–	–	27	92	247	812	904	91	–	–	–
제주	–	–	3	22	18	163	185	89	20	54	85
계	95	378	238	1,114	3,930	16,052	17,544	91	306	824	81

(3) 지방의회 관련 「지방자치법」의 개정

① 1956년 2월 13일의 개정

「지방자치법」의 개정의 동기는 지방의회의 구성과 더불어 지방행정상의 비능률과 모순이 제기되어 지방의회의 권한을 제한하자는 논의가 집중되었기 때문이다.

- 시·읍·면장의 직선제

지방자치의 실시 초기에는 지방의회의 무기명 투표로 단체장을 선출하였으나 개정법에서는 시·읍·면장을 당해 시·읍·면의 선거권자가 하도록 개정하였다.

- 자치단체장에 대한 불신임의결제도 폐지

지방의회에 자치단체장에 대한 불신임의결권을 부여하고, 자치단체장에게 의회 해산권을 부여하는 것은 양자 간의 분쟁을 조장하여 지방행정의 안정을 저해하고 시·읍·면장에 대한 직선제에 불합리하여 이를 폐지하였다.

- 지방의원과 시 · 읍 · 면장의 임기단축

지방의원과 시 · 읍 · 면장의 임기를 4년에서 3년으로 단축하였다. 그러나 부칙에서는 재임 중인 지방의원 또는 시 · 읍 · 면장으로서 1956년 8월 15일 시행하는 선거일 전에 임기가 만료되는 자는 당해 선거일까지 재임한다고 규정하였다. 이에 대해서는 대통령 선거를 3개월 앞둔 시기에 취해진 정치적 계략이라는 비판도 제기되었다.

- 지방의회 의원정수의 감축

지방의원 정수가 과다하여 의원의 질적 저하, 의사진행의 부진, 의회비 증가 등의 폐단이 있었으므로 각급 의회 의원 수를 10% 정도 감축하였다.

- 회의소집제도와 개선

종래 회의 소집권은 의장만이 가지고 있었고, 이에 대한 제한이 없어서 빈번한 회의 소집으로 집행기관의 부자유(不自由)가 많았다. 따라서 회의를 정기회와 임시회로 구분하여 매년 6월 1일과 12월 1일 연 2회 소집하되, 도와 서울특별시는 개회 7일 전, 시 · 읍 · 면은 개회 5일 전에 공고하도록 하였다. 지방의회 의장은 자치단체장이나 의원정수 3분의 1 이상의 요구가 있을 때에는 임시회를 소집하도록 하였다.

- 회의일수의 제한

정기회의 경우 도 · 서울특별시와 시는 30일, 읍 · 면에 있어서는 15일 이내로 하고, 임시회는 10일 이내로 규정하였으며, 회의 총일수는 1년을 통하여 도와 서울특별시 및 시는 60일로, 읍 · 면은 50일 이내로 제한하였다.

- 선거구제의 개정

선거구는 민의원(民議院) 선거구를 분할하되 인구와 현지관계를 참작하여 내무부령으로 정하게 하였다. 이에 대해서는 국회의원들이 자신의 선거기반을 방어하기 위한 방편이란 비난도 제기되었다.

② 1956년 7월 8일의 개정

1956년 실시된 대통령선거에서 이승만은 강력한 야당 후보였던 신익희가 선거 10일 전 사망한 상황에서도 55.6%의 지지를 받았는데, 이는 1952년 72%의 지지율에 비애 20%나 낮아진 것이다. 부통령 후보였던 이기붕은 야당 후보인 장면에게 근소한 차이로 패하였다.

선거결과에 영향을 받은 이승만 정부는 또다시 「지방자치법」개정을 추진하였다. 개정의 주요 쟁점은 1956년 2월 13일 개정의 부칙에 관한 것이다. 부칙의 내용은 늦어도 1956년 8월 15일까지 선거를 실시하되 그때까지 임기가 이미 만료된 자는 선거일까지 임기를 유지하고 만료되지 않은 경우는 선거일 전까지 만료된 것으로 보고 총선거를 일괄적으로 시행한다는 것이다. 그런데 이를 다시 고쳐 선거일 전 임기 만료자는 임기가 종료된 것으로 보되, 임기가 남아 있는 사람들은 법정 임기까지 임기를 인정해 주고 차기 선거에서 제외하자는 것이었다. 개정법률안은 야당 측이 총퇴장한 가운데 통과되었다.

- 도의원 정원 설정기준의 수정

「지방자치법」의 개정(1956. 2. 13)에서 정부안은 도의원 정수의 3분의 1을 감축시키려 했으나 민의원에서는 도의원 수를 당해 도에서 선출되는 민의원 수의 배수로 하여 통과시켰다. 1956년 7월의 개정에서는 인구 50만 명까지는 20인으로 하되, 50만 명을 넘을 때는 이를 넘는 매 7만 명까지는 1인을 증원하도록 하고, 예외적으로 제주도에서는 15인으로 한정하였다.

- 도와 서울특별시 의원 선거구 책정기준 변경

시·군·구의 구역을 분할하되 인구와 지리 관계를 참작하여 내무부령으로 정하도록 하였다.

- 지방의원과 시 · 읍 · 면장의 기득권 인정

1956년 2월의 「지방자치법」개정에서 지방의원과 시 · 읍 · 면장의 임기를 4년에서 3년으로 단축하여 재임 중인 시 · 읍 · 면장은 임기가 만료되지 않았음에도 지위를 상실하게 되어 1956년 7월 개정에서는 1956년 2월 개정 전에 당선된 시 · 읍 · 면장은 종래의 임기인 4년을 그대로 유지하도록 했다.

2) 제2대 지방의회(1956 - 1960)

1956년 8월 8일 제2대 시 · 읍 · 면 의원 선거 및 제1대 시 · 읍 · 면장 선거가 실시되었다. 이 선거에서 의원선거는 전국 26개 시, 76개 읍, 1,379개 면 중 기득권이 인정된 곳을 제외한 25개 시, 75개 읍, 1,358개 면에서 실시되었다. 같은 해 8월 13일에는 9개 도에서 390명을 선출하는 제2대 도의원 선거와 47명을 선출하는 제1대 서울특별시의원 선거가 실시되었다. 시 · 읍 · 면장이 주민의 직접선거로 선출됨에 따라 지방의원의 무리한 청탁에 응하지 않아도 불신임결의가 발의될 수 없어서 임기 동안 소신껏 지방행정을 수행할 수 있게 되었다.

(1) 제2대 시 · 읍 · 면의회

제2대 시 · 읍 · 면의원 선거는 전국의 26개 시, 76개 읍, 1,379개 면 중에서 1952년 제1대 시 · 읍 · 면 의원 선거에서 제외되었던 전북의 8개 면과, 임기 중 의회 해산으로 다시 선거를 실시한 1개 시와 1개 읍 및 13개 면은 기득권 인정으로 제외되었기 때문에 25개 시, 75개 읍, 1,385개 면에서 실시되었다. <표 3 - 2>와 같이 전국 4,451개 선거구에서 27,524명의 후보자가 출마하여 평균 1.6:1의 경쟁률을 보인 가운데 시의원 416명, 읍의원 99명, 면의원 15,548명이 선출되었다. 선거결과와 당선자의 특징은 첫째, 읍의원 중 735%(74명)와 면의원 중 30.9%(4,819명)가 무투표 당선되었다. 둘째, 연령분포는 시의원은 30대가 46%, 40대가 39%, 50대가 8%이고 읍의원은 30대가 44%, 40대가 39%, 50대가 8%이며 면의원은 30대가 42%, 40대가 47%, 50대가 12%이었다. 셋째, 직업분포는 시의원은 농업 34%, 상업 28%,

공업 14%이고, 읍의원은 농업 56%, 상업 25%, 공업 8%인 데 비하여 면의원은 농업이 압도적인 91%를 차지하였다. 넷째, 학력분포는 시의원은 중졸 42%, 초졸 31%, 전문대졸이 2%를 차지하였다. 다섯째, 정당별 분포는 시의원은 자유당 35%, 무소속 43%이고, 읍의원은 자유당 52%, 무소속 40%이며 면의원은 자유당 70%, 무소속 28%로 농촌지역일수록 자유당의 비중이 높았다.

〈표 3－2〉 1956년의 지방의회 의원선거결과

(단위: 명, %)

구분 도	시·읍·면					도와 서울특별시		
	시·읍·면 수	선거구수	당선자수	후보자수	시의 투표율 (%)	선거구수 (당선자수)	후보자수	투표율 (%)
서 울	－	－	－	－	－	47	280	75.0
경 기	195	517	2,245	3,276	77.0	45	169	84.0
충 북	107	380	1,231	1,813	87.0	30	86	89.0
충 남	171	506	2,001	3,187	76.7	45	114	87.0
전 북	166	498	1,926	3,465	86.0	44	141	90.0
전 남	235	716	2,747	4,651	86.0	58	197	89.0
경 북	248	727	2,891	4,833	77.0	61	180	81.0
경 남	237	715	2,746	4,482	76.0	67	229	84.0
강 원	86	342	1,003	1,546	87.0	25	72	90.0
제 주	13	50	164	271	88.9	15	32	90.0
계	1,481	4,451	16,954	27,524	79.5	437	1,490	86.0

(2) 제1대 서울특별시의회 및 제2대 도의회

1956년 8월 13일 실시된 도와 서울특별시 의원 선거결과와 당선자의 특징은 첫째, ＜표 3－2＞와 같이 전국적으로 투표율은 평균 86%였다. 처음 실시된 서울특별시는 경쟁률이 약 6:1로 전국평균인 3.4:1보다 높았으나 투표율은 전국에서 가장 낮은 75%였고, 전북, 강원, 제주는 90%로 가장 높았다. 둘째, 연령분포는 41～45세가 27.7%로 가장 높았고, 학력분포는 중졸이 50.3%로 가장 높았다(한국지방행정연구원, 1999:222). 셋째, 정당은 자유당이 249명(57%), 민주당은 98명(22.4%)이고 무소속은 83명(19%)이었다.

(3) 지방의회 관련 「지방자치법」의 개정

① 1958년 12월 26일의 개정

여당인 자유당은 1958년 12월 24일 장기집권을 위한 정치적 의도로 시·읍·면장 직선제를 임명제로 바꾸는 내용을 주요 골자로 하는 「지방자치법」개정안을 소위 2·4파동을 겪으면서 가결하여 직선제는 채택된 지 2년 반 만에 폐지되고 말았다. 시·읍·면장을 여당인물로 임명하여 대통령선거(1960. 3. 15)에 대비하여 관권선거로 정권을 연장하려 했던 것이다. 그러나 이 개정법에 의한 지방선거는 선거를 5개월 앞두고 일어난 4·19에 의해 실시되지 못하였다.

－ 시·읍·면장 임명제와 불신임제 채택

자치단체장에 대한 불신임 의결은 재적의원 3분의 2 이상의 출석과 출석의원 3분의 2 이상의 찬성이 있어야 하며, 불신임의결이 있을 때 도지사 또는 서울특별시장은 내무부 장관의, 시·읍·면장은 도지사의 허가를 받아 15일 이내에 의회를 해산할 수 있도록 하였다. 불신임의결 후 의회를 해산하지 않거나 해산 후 처음 소집된 의회에서 다시 불신임을 받았을 때에는 자치단체장이 당연히 해직되도록 하였다.

－ 법정회의 일수 초과 시의 감독

지방의회가 법정회의 일수를 초과할 때에는 도와 서울특별시는 내무부장관이, 시는 도지사가, 읍·면은 군수가 폐회를 명할 수 있도록 하였다.

－ 폐회 중 위원회 개최제도 폐지

위원회제도는 폐회 중 의회의 권한 일부를 위임하여 심의 또는 의결케 함으로써 의회운영을 원만히 하고자 한 것이었다. 그런데 위원회가 상설화되어 시간낭비와 경비증가의 원인이 되어 폐회 중에는 위원회를 개최할 수 없도록 하였다.

- 지방의원의 임기연장

의회운영의 능률을 향상하고 선거경비를 절감한다는 명분으로 지방의원의 임기를 3년에서 다시 4년으로 연장하였다.

- 의장단의 불신임제도 폐지

의장 또는 부의장이 법령에 위배되거나 정당한 이유 없이 직무를 집행하지 않을 때에는 의원정수 4분의 1 이상의 동의를 얻어 불신임의결을 제안하도록 한 것을 폐지하였다.

② 1960년 11월 1일의 개정

이승만 정권하에서 4차례 개정된 「지방자치법」은 제2공화국의 출범에 따라 1960년 11월 1일 다시 개정 공포되었다. 개정된 법은 민주화에 부응하여 너무 이상에 치우쳐 현실을 무시하였다는 평가도 있으나 1961년 5·16군사쿠데타에 의해 단명에 그치고 말았다.

- 지방의원 정수의 조정

인구비례로부터 도의원의 경우 민의원 선거구마다 2인(단, 제주도는 6인), 서울특별시의원은 민의원 선거구마다 3인으로 재조정하였다.

- 선거권자 및 피선거권자 연령 조정

선거권자 연령은 만 21세부터 20세로, 피선거권자의 연령은 지방의원 및 시·읍·면장은 만 25세, 도지사·서울특별시장은 만 30세 이상으로 조정하였다.

- 단체장 직선제 도입

자치단체장의 선출방법을 임명제에서 직선제로 개정하고 임기를 4년으로 규정하였다.

– 지방의원선거에 연기명(連記名)제 도입

지방의원선거에서 의원정수 내 연기명제를 채택하였다.

3) 제3대 지방의회(1960–1961)

제2공화국의 「지방자치법」 개정과 「지방자치법」이 준용하고 있는 국회의
원선거제도가 대폭 개정됨에 따라 1960년 12월 12일에는 서울특별시도와
도의원 선거가, 일주일 뒤인 12월 19일에는 시·읍·면의원 선거가 실시되
었다.

(1) 제3대 시·읍·면의회

시·읍·면의회 의원 선거에서는 <표 3–3>과 같이 「수복지구 임시행
정조치법」의 적용을 받는 3개 읍, 45개 면과 선거 연기 지구 2개 면, 임기
가 달라 선거를 실시하지 않은 1개 시, 2개 읍, 17개 면을 제외한 25개 시,
80개 읍, 1,343개 면에서 실시되었다.

선거결과와 당선자의 특징은 첫째, 선거권 연령을 21세에서 20세로 조정
하였지만 투표율은 78.9%로 저조한 편이었다. 제주도가 가장 높은 85.9%이
고 경기도가 가장 낮은 70.2%였다. 둘째, 연령분포는 30대가 42%, 40대가
35%를 차지했다. 셋째, 직업분포는 농업이 85.7%로 가장 높았고, 학력분포
는 초졸이 60.5%로 가장 높았다. 넷째, 정당분포는 무소속이 80%, 민주당
이 17%로 무소속이 압도적이었다.

(2) 제2대 서울특별시의회 및 제3대 도의회

도의원선거는 <표 3–3>과 같이 「수복지구 임시행정조치법」의 적용을
받는 지구가 제외되고 경기도 옹진군의 선거가 연기되었으며, 서울특별시
성북구와 마포구, 충남의 아산군과 예산군, 전남의 보성군과 강원도 삼척군
의 민의원 선거구는 각각 2개 선거구로 하여 전국 487개 선거구에서 선거
가 실시되었다. 선거결과와 당선자의 특징은 첫째, 투표율인 67.4%로 제2대
도의원 선거 때보다 18.6%나 낮았고 서울특별시는 46.2%로 전국에서 가장

낮았다. 둘째, 연령분포는 36세에서 40세가 24.4%로, 직업별로는 농업이 46.8%로 가장 높았다. 셋째, 학력분포는 대졸 이상이 20%로 높게 나타났고, 정당분포는 당시 집권당인 민주당이 195명으로 당선자 총수의 40%를 차지하였다.

〈표 3-3〉 1960년 지방의회 의원선거결과

(단위: 명, %)

구분 시·도	시		읍		면		시·읍·면 투표율(%)	시·도·서울특별시	
	당선자수	투표율(%)	당선자수	투표율(%)	당선자수	투표율(%)		당선자수	투표율(%)
서 울	-	-	-	-	-	-	-	54	46.2
경 기	35	58.1	117	63.4	2,091	74.2	70.2	46	62.9
충 북	30	70.1	66	76.3	1,130	83.0	81.0	26	72.8
충 남	18	56.4	157	73.5	1,841	81.1	77.9	48	68.8
전 북	48	67.3	92	80.1	1,762	86.5	83.0	48	71.8
전 남	52	70.0	170	85.6	2,511	88.5	85.5	66	74.1
경 북	69	62.8	174	80.0	2,581	84.4	80.0	73	67.3
경 남	106	58.1	159	82.6	2,473	87.6	76.5	80	68.3
강 원	45	73.7	78	71.6	880	79.9	77.6	28	75.9
제 주	15	82.5	42	84.6	107	88.2	85.9	18	84.3
계	420	62.6	1,055	77.5	15,376	83.7	78.9	487	67.4

3. 암흑기

1952년 처음 구성된 지방의회는 5·16에 의해 해산된 후 1991년 다시 구성될 때까지 30년간 구성되지 못한 정지기에 놓여 있었다.

1) 5·16 군사쿠데타의 지방자치

(1) 지방의회의 해산

1961년 5·16군사쿠데타가 발발한 당일 군사혁명위원회는 포고(布告) 제4호로 전국의 지방의회를 해산시켰다.

(2) 상급기관장의 승인에 의한 집행

1961년 5월 22일 국가재건최고회의는 포고 제8호로 읍·면은 군수의, 시는 도지사의, 서울특별시와 도는 내무부장관의 승인을 얻어 집행토록 하였다.

(3) 「지방자치에 관한 임시조치법」(1961. 9. 1)

1961년 「지방자치에 관한 임시조치법」의 주요 내용은 첫째, 기초자치단체를 종래의 읍·면 자치제에서 군자치제로 전환하였고, 읍·면은 군의 하급행정기관으로 하였으며, 셋째, 지방자치단체장은 국가공무원으로 임명하였다. 넷째, 시·군의회의 권한은 시장·군수가 도지사의 승인을 받아서, 직할시 및 도의회의 권한은 시·도지사가 내무부장관의 승인을 받아서 수행하며 서울특별시의회의 권한은 서울특별시장이 국무총리의 승인을 받아 행하도록 하였다.

2) 제3공화국과 지방자치

제3공화국 헌법에서는 헌법 부칙 제7조 ③에 "이 헌법에 의한 최초의 지방의회의 구성 시기에 관하여는 법률로 정한다."고 규정하였으나 지방의회의 구성 시기에 관한 법이 제정되지 않아 지방의회는 구성되지 못했다.

3) 제4공화국과 지방자치

1972년 12월 27일 개정된 제4공화국 헌법은 부칙 제10조에 "이 헌법에 의한 지방의회는 조국통일이 이루어질 때까지 구성하지 아니한다."고 규정하여 지방자치의 시행은 제3공화국 헌법 부칙의 규정보다 더욱 불확실하게 되었다.

4) 제5공화국 헌법과 지방자치

제5공화국 헌법은 지방자치의 시행 시기에 대하여 헌법 부칙 10조에 "이 헌법에 의한 지방의회는 지방자치단체의 재정자립도를 감안하여 순차적으로 구성하되, 그 구성 시기는 법률로 정한다."고 규정하였다. 이 헌법 규정이 함축하는 의미는 두 가지로 다음과 같다. 첫째는 지방자치의 실시 여부를 결정하는 헌법적 기준을 지방자치단체의 재정력으로 정한 것이고, 둘째는 지방자치의 실시 시기를 재정자립도에 따라 순차적으로 하도록 정했다는 점이다. 그러나 제5공화국에서도 지방의회의 구성 시기에 대한 법률을 정하지 못했다.

5) 제6공화국과 지방자치

(1) 1988년 4월 6일의 「지방자치법」 개정

1988년 2월 출범한 제6공화국에서 1988년 4월 6일 전문 개정된 「지방자치법」이 공포되었고 주요 내용은 다음과 같다. 첫째, 지방자치단체를 광역자치단체(특별시, 광역시, 도)와 기초자치단체(시·군 및 자치구)의 2종으로 대별하였다. 특히 특별시와 직할시의 구를 자치단체의 종류에 포함시켰다.

둘째, 지방의원 및 단체장의 임기는 4년으로 하였다. 셋째, 지방자치단체장에게 지방의회 의결사항에 대한 재의요구권과 선결처분권을 부여하였다. 다섯째, 지방의회의 행정사무감사권을 삭제하고 행정사무조사권을 신설하였다.

(2) 1989년 12월 30일의 「지방자치법」 개정

1988년 4월의 개정 법률에 의하면 시·군·자치구의회의원선거는 법 시행일부터 1년 이내인 1989년 5월 30일까지 실시하고, 의회가 구성된 날로부터 2년 이내에 시·도의회를 구성하게 되어 있었다(부칙 제2조). 그러나 1988년 4월 26일 실시된 제13대 국회의원선거결과 정치구도가 여소야대로 바뀌자 야3당은 중앙집권적인 지방자치법으로는 지방자치를 실시할 수 없다고 하였다. 이에 따라 1988년 12월에 야3당은 각각 독자적인 지방자치법 개정 법률안을 국회에 제출하여 1989년 3월 9일 야3당 합의로 지방자치법 개정 법률안이 국회를 통과하였다. 그러나 노태우 대통령의 거부권 행사로 「지방자치법」개정은 무산되었다.

이어 1989년 12월 19일에는 4당의 합의로 개정 법률안이 국회를 통과하였고 12월 30일 공포되었으며 주요 내용은 다음과 같다.

첫째, 지방의원의 겸직 금지 범위에 농·수·축협 외에 농지개량조합, 산림조합, 엽연초생산협동조합, 인삼협동조합 등 4개 조합의 임직원도 포함시켰다. 둘째, 지방의회에 행정사무감사권을 부여하였다. 셋째, 지방의회 의원선거는 1990년 6월 30일 이내, 지방자치단체장 선거는 1991년 6월 30일 이내 실시하도록 규정하였다. 넷째, 지방의원의 의안발의는 그 정족수를 재적의원 5분의 1 이상 또는 10인 이상의 연서로 규정하여 복수로 가능하도록 하였다.

(3) 1990년 12월 31일의 「지방자치법」 개정

「지방자치법」이 개정된 후에는 「지방의회의원선거법」의 제정이 지연되면서 법정시한인 1990년 6월 30일 이전의 의원선거가 불가능해졌다. 특히 쟁점이 된 것은 정당추천제의 허용 여부에 대한 것이었다. 여당인 민자당은 정당추천제를 도입하면 지역대결구도를 심화시킨다는 것이 표면적 이유였으나 실제이유는 거대여당에 대한 반발 심리로 호남지역은 물론 서울 등 대도시 지역에서도 야당이 득세하여 차기 대통령선거에 불리할 것이라는 정략적 판단에 의한 것이었다. 이에 반해 야당인 평민당은 정당추천이 배제되면 대부분 지역에서 친여당인사가 당선되어 야당의 지지기반을 확보하기 어렵다는 정치적 이유에서 정당추천제의 채택을 강력히 주장하였다. 결국에는 여·야가 지방의회의원선거법」을 1990년 3월에 개최된 임시국회에서 처리하지 않기로 합의하여 6월 30일 이내의 지방의원선거는 무산되고 말았다. 그 후 1990년 12월 정기국회에서 여·야 간의 극적인 타협에 의해 「지방자치법」개정 법률안이 국회에서 통과되었다. 주요 내용은 다음과 같다.

첫째, 지방의회 의원선거는 1991년 6월 30일 이내, 지방자치단체장 선거는 1992년 6월 30일 이내 실시하도록 규정하였다. 둘째, 지방의원의 겸직금지 범위를 농업협동조합 등 7개 조합의 조합장과 그 상근·임직원으로 겸직금지 범위를 축소하였다.

(4) 1991년 5월 23일의 「지방자치법」 개정

1991년 5월 23일 법률 제4367호로 공포된 개정 「지방자치법」의 주요 내용은 첫째, 헌법재판소의 위헌결정(1991. 3. 11)에 따라 지방의원의 겸직이 금지되는 범위에서 농업협동조합, 수산업협동조합, 축산업협동조합, 산림조합, 엽연초생산협동조합, 인삼협동자합의 조합장을 삭제하여 겸직금지 대상에서 제외하였다 둘째, 여·야 간의 타협으로 기초자치단체는 정당공천을 배제하고 광역자치단체에는 정당공천을 허용하는 것으로 결론을 보게 되었다.

4. 발전기

1991년 5월 23일 법률 제4367호로 공포된 개정 「지방자치법」에 따라 기초의회의원선거가 1991년 3월 26일에 광역의회 의원선거가 같은 해 6월 20일 실시되어, 지방의회는 해산된 지 30여 년 만에 재구성되었다.

1) 제4대 지방의회(1991 - 1995)

1991년의 지방선거는 30여 년간의 지방자치 공백기를 보낸 후 제9차 개정 「지방자치법」과 「지방의회의원선거법」에 근거하여 실시된 선거로서 1991년 3월 26일에 260개 시·군·자치구에서 기초의회의원선거를 실시하였고, 같은 해 6월 20일에는 5개 직할시와 9개 도에서 광역의회 의원선거가 실시되었다.

(1) 제4대 시·군·구의회

등록 후보자 10,159명 중 당선자는 <표 3-4>와 같이 총 4,303명으로 무투표 당선인이 614명, 투표 실시 당선인이 3,689명이었다. 의원정수가 4,304명에서 한 명이 부족한 것은 경북 구미시 선주동에서 후보자 2명이 모두 사퇴하여 당선자가 없었기 때문이다. 선거결과와 당선자의 특징은 첫째,

투표율이 전국 평균 55.0%로 1960년 시·읍·면의원 선거의 투표율 78.9% 보다 매우 낮게 나타났다. 둘째, 연령분포는 40~50대가 전체의 78%이고, 셋째, 직업분포는 농업, 상공업, 등 자영업이 대부분이나 도시지역은 상업이 농촌지역은 농업과 자영업의 비중이 높았다. 넷째, 학력분포는 고졸 30.9%(1,330명). 대졸 24.5%(1,056명), 대학원졸 15.0%(644명)이었다. 다섯째, 성별분포는 여성은 후보자 120명 중 40명이 당선되어 전체 의석의 0.9%를 차지하는 데 그쳤으며, 이 중 22명이 서울에서 당선되었다.

〈표 3-4〉 1991년 지방의회 의원선거결과

(단위: 명, %)

구분 시·도	자치구·시·군				특별시·광역시·도			
	선거구수	의원정수 (당선자수)	선거인수	투표율 (%)	선거구수	의원정수 (당선자수)	선거인수	투표율 (%)
서울	494	778	7,202,930	42.3	132	132	7,212,887	52.4
부산	222	303	2,513,245	49.7	51	51	2,519,619	57.7
대구	141	182	1,431,789	44.4	28	28	1,439,609	53.0
인천	106	153	1,217,001	42.6	27	27	1,243,072	53.9
광주	92	110	704,790	50.8	23	23	712,477	55.5
대전	76	91	661,953	49.1	23	23	671,919	59.4
경기	409	526	3,984,615	52.2	114	117	3,958,349	55.4
강원	223	240	1,020,833	68.7	54	54	1,016,647	68.5
충북	158	173	890,907	64.9	38	38	892,420	65.7
충남	206	223	1,227,338	67.3	53	55	1,180,314	68.9
전북	367	280	1,306,100	65.2	52	52	1,304,059	63.5
전남	325	337	1,531,081	69.4	73	73	1,522,590	65.5
경북	380	404(403)	1,909,081	70.2	82	87	1,804,859	68.7
경남	420	453	2,387,727	64.5	85	89	2,319,521	64.8
제주	43	51	312,217	70.1	15	17	284,682	74.7
계	3,562	4,304 (4303)	28,301,580	55.0	850	866	28,083,024	58.9

(2) 제3대 서울특별시의회 및 제4대 광역시·도의회

광역의원선거는 <표 3-4>와 같이 총 866명의 의원정수에 2,885명의 후보자가 등록하여 평균 3.3:1의 경쟁률을 보였고 무투표선거구는 14개 선거구로 의원정수의 1.8%(16명)를 차지하였다. 선거결과와 당선자의 특징은 첫째, 투표율은 같은 해 3월 실시된 기초의원선거의 투표율 55.0%보다 3.9% 높은 58.9%를 나타냈다. 둘째, 연령분포는 40~50대가 전체 당선자의 79%로 앞의 기초의원선거와 비슷하였다. 셋째, 직업분포는 농업, 상업, 상공업 등 자영업이 57%로 같은 해 3월의 기초의원선거와 비슷하였고 전문직 종사자도 상당수 진출하였다. 넷째, 학력분포는 대졸이 가장 많은 41.1%(356명)이고, 대학원졸 28.1%(243명), 고졸17.3%(150명)의 순으로 앞의 기초의원선거보다 학력이 높게 나타났다. 다섯째, 정당분포는 민주자유당이 65.1% (564명), 신민당 19.3%(165명), 무소속 13.3%(115명)로 나타났다. 여섯째, 성별분포를 보면 여성은 총 63명의 후보가 출마하여 8명이 당선되어 전체 의원정수의 0.9%를 차지하는 데 그쳤다.

(3) 지방의회 관련 「지방자치법」의 개정

① 1991. 12. 31의 개정

- 지방의원의 체포 · 구금과 여비

지방의원을 체포 · 구금할 때에는 영장의 사본을 첨부하여 의장에게 통지해야 하며, 회기 중 회의에 출석할 때에는 여비를 지급한다.

- 서류제출 요구권과 절차

지방의회의 안건과 관련한 서류제출 요구권 및 절차를 규정하고 있다.

- 회기일수의 조정과 예산안 제출 및 의결 기한

정기회 집회일을 조정하고 시 · 도 정기회 회기일수를 30일에서 35일로 연장하였고, 예산안 제출 및 의결 기한을 시 · 도는 회계연도 개시 15일(종전 10일)까지, 시 · 군 · 자치구는 회계연도 개시 10일(종전 5일)까지 의결하는 것으로 조정하였다.

- 기초의회의 상임위원회 설치

대통령령으로 의원정수 15인 이상의 시·군·자치구의회에 상임위원회 설치를 허용하였다.

- 위원회 개회 요구 범위

지방의회 폐회 중 위원회 개회요구 범위는 본회의의 의결이 있거나 의장이 필요하다고 인정한 경우, 재적의원 3분의 1 이상의 요구 또는 지방자치단체장이 요구한 때로 확대하였다.

- 지방의회 사무기구의 명칭

시·도는 사무처로 시·군·자치구는 사무국 또는 사무과로 조정하였다.

② 1994년 3월 16일의 개정

- 주민투표 제도의 도입

지방자치단체의 폐치·분합, 주민에게 과도한 부담을 주거나 중요한 영향을 미치는 사안에 대한 주민투표제도를 도입하였다.

- 과태료 부과 권한 인정

조례위반행위에 대한 벌칙 위임사항을 삭제하고 과태료 부과 권한을 인정하였다.

- 의정활동비 지급 근거

지방의원의 명예직 원칙은 유지하되 의정자료수집·연구 및 그 보조 활동을 위한 의정활동비를 매월 지급할 수 있는 근거를 마련하였다.

- 국회와 시·도의회의 국정감사권 대행

지방자치단체 및 그 장이 위임받아 처리하는 국가사무와 시·도의 사무에 대하여 국회와 시·도의회가 직접 감사하기로 한 사무를 제외하고는 각각 당해 지방의회가 그 감사를 행할 수 있도록 하고, 이 경우 국회와 시·도의회는 필요한 경우 당해 지방의회의 감사결과를 요구할 수 있도록 하였다(지방자치법 제36조 ③).

2) 제5대 지방의회(1995 - 1998)

1995년 6월 27일 실시된 지방선거는 지방의원과 지방자치단체장 선거를 동시에 실시하여 제1회 동시선거라고도 한다. 이 선거의 투표율은 68.4%로 대체로 낮게 나타났고, 광역단체장 15명, 광역의원 970명, 기초단체장 230명(시장 67명, 군수 94명, 구청장 69명), 기초의원 4,541명 등 총 5,756명이 선출되었다.

(1) 제5대 시·군·구의회

정당추천이 배제된 기초의원은 <표 3-5>와 같이 총 4,541명 선출에 11,970명이 등록하여 2.6:1의 경쟁률을 나타내서 1991년 선거의 2.4:1보다 약간 높게 나타났다. 선거결과와 당선자의 특징은 첫째, 연령분포는 40~50대가 전체의 77.3%이며 둘째, 직업분포는 농업, 상공업 등 자영업이 대부분으로 특히 건설업이 7.4%(336명)를 차지하였으며 정치인은 7.1%(322명)을 차지하였다. 셋째, 학력분포는 고졸 37.5%, 대졸 23.3%, 대학원졸이 7.4%였다. 넷째, 성별분포는 여성은 전체의 1.6%로 낮은 비율을 나타냈다.

<표 3-5> 1995년 기초자치단체의 장 및 의회의원 선거결과

(단위: 명, %)

구분 시·도	기초자치단체장					자치구·시·군의원	
	민자	민주	자민련	무소속	당선자수	선거구 수	당선자 수
서울	2	23	–	–	25	526	806
부산	14	–	–	2	16	239	320
대구	2	–	1	5	8	159	203
인천	5	5	–	–	10	146	206
광주	–	5	–	–	5	101	125
대전	–	1	4	–	5	84	107
경기	13	11	–	7	31	464	599
강원	9	1	1	7	18	227	245
충북	4	2	2	3	11	163	180
충남	–	–	15	–	15	209	223
전북	–	13	–	1	14	270	283
전남	–	22	–	2	24	326	343
경북	8	1	–	14	23	374	399
경남	10	–	–	11	21	419	451
제주	3	–	–	1	4	43	51
합계	70(30.4)	84(36.5)	23(10.0)	53(23.1)	230(100.0)	3,750	4,541

(2) 제4대 서울특별시의회 및 제5대 광역시·도의회

광역의원 후보자 등록결과 정당추천이 허용된 지역구 의원의 경우 2.8:1
의 경쟁률을 보여, 1991년의 3.1:1보다 약간 낮게 나타났다. 비례대표 의원
은 97명을 선출하게 되었으나 민주당 후보 추천자가 2명 부족하여 95명이
당선되었다. 선거결과와 당선자의 특징은 첫째, 연령분포는 지역구의 경우
40~50대가 전체의 75.1%로 대부분을 차지하였다. 둘째, 직업분포는 지역
구는 정치인 25.8%, 농업 12.9%, 상업 13.9%, 건설업 7.1%이나, 비례대표
는 전체 95명 중 41.1%(39명)가 정치인 출신이다. 셋째, 정당분포는 <표 3
-6>과 같이 지역구의 경우 민주자유당 32.7%(286명), 민주당 40.2%(352
명), 자민련 8.4%(8명)로 나타났다. 넷째, 성별분포를 보면 지역구는 98.45%
가 남성이나 비례대표는 총 95명 중 44.2%(42명)가 여성으로 나타났다.

(단위: 명, %)

구분 시·도	민자	민주	자민련	무소속	정원	구분 시·도	민자	민주	자민련	무소속	정원
서울	11	122	-	-	133	충북	12	10	4	10	36
부산	50	-	-	5	55	충남	3	2	49	1	55
대구	8	-	7	22	37	전북	-	49	-	3	52
인천	13	18	-	1	32	전남	1	62	-	5	68
광주	-	23	-	-	23	경북	50	1	2	31	84
대전	-	-	23	-	23	경남	52	-	-	33	85
경기	52	57	-	14	123	제주	7	2	-	8	17
강원	27	6	1	18	52	합계	286 (32.7)	352 (40.2)	86 (9.8)	151 (17.3)	875 (100.0)

3) 제6대 지방의회(1998 - 2002)

1998년 지방선거의 투표율은 역대 선거사상 두 번째로 낮은 52.6%로 기록되었다.

울산을 제외한 모든 광역시가 40%대의 저조한 투표율을 나타냈다. 선거결과의 특징 중 하나는 전국 16개 시·도 전부가 특정 정당에 의해 광역단체장, 기초단체장, 광역의회의 과반수를 차지하였다는 점이다.

(1) 제6대 시·군·구의회

기초의원선거는 <표 3 - 7>과 같이 총 7,723명의 후보자가 출마하여 평균 2.2:1의 경쟁률로 3,489명이 당선되었다. 선거결과와 당선자의 특징은 첫째, 부산 금정구 부곡제1동과 같이 출마 후보자가 없어서 의원이 선출되지 못한 곳도 있었으며, 무투표로 당선이 확정된 선거구도 총 684개로 전체의 20%나 되었다. 둘째, 현직 의원 중 2,805명(61.8%)이 재출마하여 전체 후보의 36.3%를 차지하였고, 이들 중 1,570명(56%)이 당선되었다. 셋째, 연령분포는 평균 연령이 49.9세였다. 넷째, 직업분포는 농·축산업 21%, 상업 18%, 공무원 22%로 공무원의 비중이 높게 나타났다. 다섯째, 학력분포는 대졸이 21%로 광역의원선거의 당선자보다 학력이 낮게 나타났다. 여섯째,

여성은 전체의 1.6%(56명)로 여전히 낮은 비율을 나타냈다.

<표 3-7> 1998년 기초단체장(정당별) 및 의회의원 선거결과

(단위: 명, %)

구분 시·도	당선인 수		장의 정당별 당선인 수										의원 당선인 수	
	인원	%	한나라당		새정치국민회의		자민련		국민신당		무소속		선거구수	당선인수
계	232(23)	100.0	74(7)	31.9	84(13)	36.2	29(2)	12.5	1	0.4	44(1)	19.0	3,467	3,489
서울	25(2)	100.0	5	20.0	19(2)	76.0	1	4.0	–	–	–	–	520	520
부산	16	100.0	11	68.8	–	–	–	–	–	–	5	31.2	222	224
대구	8	100.0	7	87.5	–	–	–	–	–	–	1	12.5	146	146
인천	10(2)	100.0	–	–	9(2)	90.0	1	10.0	–	–	–	–	135	135
광주	5(3)	100.0	–	–	5(3)	100.0	–	–	–	–	–	–	81	81
대전	5	100.0	–	–	1	–	4	80.0	–	–	–	–	75	75
울산	5	100.0	3	60.0	–	–	–	–	–	–	2	40.0	59	59
경기	31(1)	100.0	6	19.4	20(1)	64.5	2	6.4	–	–	3	9.7	462	466
강원	18	100.0	13	72.2	1	5.6	2	11.1	–	–	2	11.1	187	195
충북	11	100.0	–	–	2	18.2	6(1)	54.5	–	–	3	27.3	146	146
충남	15	100.0	–	–	–	–	11	73.3	1	6.7	3(1)	20.0	206	206
전북	14	100.0	–	–	9(1)	64.3	–	–	–	–	5	35.7	248	249
전남	22(4)	100.0	–	–	15(4)	68.2	–	–	–	–	7	31.8	295	295
경북	23(5)	100.0	14(4)	60.9	1	4.3	2(1)	8.7	–	–	6	26.1	337	342
경남	20(3)	100.0	14(3)	70.0	–	–	–	–	–	–	6	30.0	309	309
제주	4	100.0	1	25.0	2	50.0	–	–	–	–	1	25.0	39	41

(2) 제5대 서울특별시의회 및 제6대 광역시·도의회

광역의회 의원 선거결과와 당선자의 특징은 첫째, 경쟁률이 낮아졌다는 점이다.

지역구 광역의원의 평균 경쟁률은 1995년보다 0.3% 감소한 2.5:1이었으며, 비례대표의 경우는 0.7% 증가한 2.5:1이었다. 그러나 지방의원의 정수가 축소된 것을 감안하면 경쟁률이 낮아졌다는 것을 알 수 있다. 단독 후보 출마로 무투표 당선된 광역의원이 전체의 8%(49개 선거구)에 달했다. 둘째, 연령분포는 평균 49.8세이며 학력분포는 대졸 이상이 47.2%로 나타났다. 셋째, 직업분포는 공무원 26%, 정치인 17%, 상업 14%로 나타났다.

넷째, 정당분포는 단체장 선거와 같이 정당별 지역분할 구도를 나타내서

<표 3-8>과 같이 국민회의는 수도권과 호남 및 제주 등 7개 시·도에서, 한나라당은 부산을 비롯한 영남지역과 강원에서, 자민련은 충청지역에서 압도적인 의석을 점유하였다. 다섯째, 광역의원의 현직 재선율은 63.3%로서 기초단체장의 현직 재선율(76.3%)보다 낮게 나타났다. 여섯째, 성별분포는 비례대표를 제외하고 여성이 2.3%(14명)로 나타났다.

〈표 3-8〉 1998년 광역단체장 및 지역구 의회 의원선거결과(정당별)

(단위: 명, %)

구분 시·도	당선인 수			정당별 당선인 수											
	지사	의원	%	한나라당			새정치국민회의			자민련			무소속		
계	16	616(49)	100.0	6	224(12)	36.4	6(2)	271(25)	44.0	4	82(6)	13.3	0	39(6)	6.3
서울	1	94	100.0	─	15	15.9	1	78	83.0	─	1	1.1	─	─	─
부산	1	44(2)	100.0	1	43(2)	97.7	─	─	─	─	1	2.3	─	─	─
대구	1	26	100.0	1	26	100.0	─	─	─	─	─	─	─	─	─
인천	1	26(1)	100.0	─	4	15.4		20(1)	76.9	1	1	3.9		1	3.9
광주	1	14	100.0	─	─	─	1	14	100.0	─	─	─	─	─	─
대전	1	14	100.0	─	─	─	─	─	─	1	14	100.0	─	─	─
울산	1	14	100.0	1	9	64.3	─	─	─	─	─	─	─	5	35.7
경기	1	88(4)	100.0	─	18	20.5	1	61(4)	69.3	─	9	10.2	─	─	─
강원	1	42(2)	100.0	1	21(1)	50.0	─	12	28.6	─	3	7.1	─	6(1)	14.3
충북	1	24(1)	100.0	─	─	─		3	12.5	1	17(1)	70.8		4	16.7
충남	1	32(4)	100.0	─	─	─		1	3.1	1	30(4)	93.8		1	3.1
전북	1(1)	34(10)	100.0	─	─	─	1	32(10)	94.1	─		2.0		2	5.9
전남	1(1)	50(9)	100.0	─	─	─		42(9)	84.0	─	1	9.3		7	14.0
경북	1	54(7)	100.0	1	44(3)	81.5	─	─	─	─	5(1)			5(3)	9.3
경남	1	46(7)	100.0	1	41(5)	89.1	─	─	─	─	─	─		5(2)	10.9
제주	1	14(2)	100.0	─	3(1)	21.4		8(1)	57.2	─	─	─		3	21.4

(3) 지방의회 관련 1999년 8월 31일의 「지방자치법」개정

① 조례제정 및 개폐청구

20세 이상의 지방자치단체의 주민은 주민 총수의 20분의 1의 범위 안에

서 대통령령이 정하는 주민 수 이상의 연서로 당해 지방자치단체장에게 조례제정 및 개폐를 청구할 수 있도록 하였다.

② 주민감사청구

20세 이상 지방자치단체의 주민은 주민총수의 50분의 1의 범위 안에서 조례가 정하는 주민 수 이상의 연서로 당해 지방자치단체와 그 장의 권한에 속하는 사무의 처리가 법령에 위반되거나 공익을 현저히 해한다고 인정되는 경우에는 감사를 청구할 수 있도록 하였다.

③ 지방자치단체장 등의 협의체

지방자치단체장 또는 지방의회의 의장은 상호 간의 교류와 협력을 증진하고, 공동의 문제를 협의하기 위하여 전국적 협의체를 설립할 수 있도록 하고, 협의체를 설립한 때에는 행정자치부장관에게 신고하도록 하며, 이들 협의체는 지방자치에 직접 영향을 미치는 법령 등에 관하여 정부에 의견을 제출할 수 있도록 하였다.

4) 제7대 지방의회(2002 - 2006)

제7대 지방의원을 선출하는 제3회 전국동시지방선거는 2002년 6월 13일 실시되었다. 후보자는 광역의원 1,531명으로 남자가 1,483명으로 여자는 48명에 불과하였다. 기초의원 후보자는 8,373명으로 남자가 8,151명이고 여자는 222명이다. 투표율은 48.8%로 제2회 선거(1998. 6. 4)의 52.7%에 비하여 3.9% 낮아졌다.

(1) 제7대 시·군·구의회

기초의원의 선거결과와 당선자의 특징을 보면 첫째, 경쟁률은 <표 3-9>와 같이 평균 3.2:1로 1998년(2.2:1)이나 1995년(2.6:1)에 비해 높게 나타났다. 둘째, 연령분포는 50세 이상 59세 이하 39.8%(1,386명), 40세 이상 49

세 이하 38.7%(1,348명), 60세 이상 69세 이하 14.7%(512명)이었다. 셋째, 직업분포는 정당·정치인 25.1%(875명). 농축산업 20.6%(718명), 상업 15.0%(524명), 건설업 3.8%(132명)이었다. 넷째, 학력분포는 고졸이 29.4%(1,024명), 대학재학 이상 28.9%(1,007명)이었다. 다섯째, 성별분포는 전체 당선자 3,485명 중 3,408명으로 남자가 97.8%를 차지하였다.

〈표 3-9〉 2002년 자치구·시·군의 장 및 의회 의원선거결과

구분 시·도	선거구수 (지방 자치단체)	정당별 등록 후보자 수·당선인 수						경쟁률	자치구·시·군 의회의원 선거	
		계	한나라당	민주당	자민련	민주 노동당	기타정당 무소속		등록 후보자수	당선인수
계	232	750 (232)	190 (140)	155 (44)	51(16)	12(2)	342 (30)	3.2:1	8,373	3,485
서울	25	74(25)	25(22)	25(3)	4	1	19	3.0:1	1,305	513
부산	16	36(16)	16(3)	1	1	1	17(3)	2.3:1	420	215
대구	8	23(8)	8(8)	2	-	-	13	2.9:1	310	140
인천	10	27(10)	10(8)	10(2)	-	1	6	2.7:1	312	131
광주	5	13(5)	1	5(4)	-	-	7(1)	2.6:1	187	84
대전	5	15(5)	5	3	5(5)	-	2	3.0:1	177	75
울산	5	16(5)	5(3)	2	-	4(2)	5	3.2:1	125	59
경기	31	121(31)	31(24)	30(4)	12(1)	3	45(2)	3.9:1	1,228	500
강원	18	63(18)	16(15)	17(2)	4		26	3.5:1	491	190
충북	11	42(11)	10(5)	8(1)	7(3)		17(2)	3.8:1	377	150
충남	15	55(15)	14(4)	8(2)	15(7)		18(2)	3.7:1	513	209
전북	14	52(14)	-	14(9)	2		36(5)	3.7:1	638	237
전남	22	72(22)	5	22(16)	1		44(6)	3.3:1	739	291
경북	23	73(23)	23(21)	2	-	1	47(2)	3.2:1	787	339
경남	20	62(20)	20(16)	3	-	1	38(4)	3.1:1	679	314
제주	4	6(4)	1(1)	3(1)	-	-	2(2)	1.5:1	85	38

(2) 제6대 서울특별시의회 및 제7대 광역시·도의회

광역의원의 선거결과와 당선자(지역구: 609명, 비례대표: 73명)의 특징을 보면 첫째, 경쟁률은 <표 3-10>과 같이 전국평균 2.5:1로 광주(3.8:1)를 제외하고는 지역별로 큰 차이가 없게 나타났다. 둘째, 연령분포는 40세 이

상 49세 이하 40.9%(279명), 50세 이상 59세 이하 36.7%(250명), 60세 이상 69세 이하는 14.2%(97명)로 나타났다. 셋째, 직업분포는 정당·정치인 40.5%(276명), 상업 10.0%(68명), 농축산업 7%(48명), 건설업 5.3%(36명)으로 나타났다. 넷째, 학력분포는 대학재학 이상 61.7%(421명), 고졸 16.1%(110명)로 나타났다. 다섯째, 정당분포는 한나라당 68.5%(467명), 새천년 민주당 21.0%(143명), 자유민주연합 4.8%(33명), 무소속 3.8%(26명), 민주노동당 1.6%(11명)으로 나타났다. 여섯째, 성별분포는 전체 당선자 682명 중 남자가 619명으로 90.8%로 나타났으나, 비례대표의 경우는 전체 73명 중 여자가 67.1%(49명)로 나타났다.

〈표 3-10〉 2002년 지역구·시·도의회 의원선거결과

구분 시·도	선거구수 (의원정수)	정당별 등록 후보자 수·당선인 수						경쟁률
		계	한나라당	민주당	자민련	민주 노동당	기타정당 무소속	
계	609	1,531 (609)	540(431)	409(121)	64(29)	67(2)	451(26)	2.5:1
서울	92	230(92)	92(82)	92(10)	-	20	26	2.5:1
부산	40	90(40)	40(40)	8	2	4	36	2.3:1
대구	24	58(24)	24(24)	4	1	1	28	2.4:1
인천	26	68(26)	25(23)	26(2)	1	3	13(1)	2.6:1
광주	16	60(16)	16	16(16)	4	5	19	3.8:1
대전	16	44(16)	16(8)	9	16(8)	1	2	2.8:1
울산	16	34(16)	15(13)	2	-	11(2)	6(1)	2.1:1
경기	94	230(94)	90(84)	91(7)	3	10	36(3)	2.4:1
강원	39	103(39)	37(31)	32(6)	1	2	31(2)	2.6:1
충북	24	62(24)	21(19)	11(1)	10(2)	1	19(2)	2.6:1
충남	32	77(32)	29(7)	10(3)	24(19)	-	14(3)	2.4:1
전북	32	99(32)	5	32(27)	1	2	59(5)	3.1:1
전남	46	122(46)	21	45(44)	-	1	55(2)	2.7:1
경북	51	115(51)	50(47)	10	1	3	51(4)	2.3:1
경남	45	100(45)	45(44)	5	-	2	48(1)	2.2:1
제주	16	39(16)	14(9)	16(5)	-	1	8(2)	2.4:1

(3) 지방의회 관련 「지방자치법」의 개정

① 2003년 7월 18일의 개정

지방의회 의원을 명예직으로 한 규정을 삭제하고, 시·도의회 의원에 한해 의정자료의 수집·연구를 위한 보조활동 비용을 지급하도록 한 규정을 삭제하였다.

② 2005년 1월 27일의 개정

- 지방의회 회기운영의 자율성 확대

지방의회 운영의 자율성을 확대하기 위해 지방의회 정기회 및 임시회 회기 제한 규정을 삭제하여 지방의회가 연간 총회의 일수 범위 안에서 정기회 및 임시회의 회기를 자율적으로 정할 수 있도록 하였다.

- 위법한 지방의회 의결에 대한 통제의 강화

주무부 장관 또는 시·도지사가 지방의회의 의결이 법령에 위반되었음을 이유로 지방자치단체장에게 재의요구를 지시했음에도 불구하고 이에 불응한 경우와 재의요구 지시를 받기 전에 법령에 위반된 조례안을 공포한 경우에는 주무부장관 또는 시·도지사가 대법원에 직접 제소 및 집행정지 결정을 신청할 수 있도록 했다.

③ 2005년 8월 4일의 개정

- 회기수당의 전환

지방의원에게 매월 일정액의 수당을 지급하여 전문성을 가지고 의정활동에 전념할 수 있는 기틀을 마련하기 위해 회기수당을 월정수당으로 전환했다.

- 의정비 심의위원회의 신설

의정비 지급기준을 대통령령이 정하는 범위 안에서 당해 자치단체의 조례로 정하도록 했었으나 대통령령이 정하는 바에 따라 의정비심의위원회의 결정 범위 안에서 자치단체의 조례로 정하도록 했다.

- 채무부담의 원인이 되는 행위에 대한 의회 의결의 제의

지방자치단체장이 세입·세출 외의 부담이 될 채무부담의 원인이 되는 행위를 하고자 할 때는 미리 지방의회의 의결을 얻어야 했다. 그러나 이를 지방자치단체장은 따로 법률이 정하는 바에 따라 지방자치단체의 채무 부담의 원인이 될 계약의 체결, 그 밖의 행위를 할 수 있다고 개정했다.

④ 2006년 1월 11일의 개정

지방에 관한 정책 결정 과정에 지방대표의 참여기회를 확대하기 위해 시·도지사, 시·도의회 의장, 시장·군수·자치구청장 및 시·군·자치구의회의 장으로 구성되는 4종의 전국적 협의체가 모두 참가하는 지방자치단체 연합체를 설립할 수 있는 근거를 마련했다.

⑤ 2006년 4월 28일의 개정

지방의정활동의 활성화를 위해 지방의회의 권한과 기능을 강화하고 지방의회의 임시회 소집 및 지방의원의 징계 등에 관한 사항을 개선·보완하기 위하여 개정되었으며 주요 내용은 다음과 같다.

- 지방의회의원의 윤리강령 및 윤리실천규범의 제정

지방의회는 지방의회의원이 준수해야 할 지방의회의원의 윤리강령 및 윤리실천규범을 조례로 정해야 하고, 소속 의원들이 의정활동에 필요한 전문성을 확보하도록 노력하여야 한다는 의무를 규정했다.

- 지방의회 임시회의 소집

총선거 후 처음으로 실시되는 임시회의 소집을 '지방자치단체의 장'에서 '지방의회 사무처장·사무국장·사무과장'으로 변경(지방자치법 제39조 제1항)하고 제2항에 "다만, 의장 및 부의장이 따로 임시회를 소집할 수 없을 때에는 의원 중 연장자의 순으로 소집할 수 있다."는 단서 조항을 신설했다.

- 회의 일수의 조례 제정

연간회의 총일수와 정례회 및 임시회의 회기는 당해 지방자치단체의 조례로 정하도록 하여 의회 운영의 자율성을 부여했다.

- 윤리특별위원회의 설치

의원의 윤리심사 및 징계에 관한 사항을 심사하기 위하여 윤리특별위원회를 설치할 수 있는 규정을 신설했다.

- 위원회의 전문위원 도입

위원회에 위원장과 위원의 자치입법 활동을 지원하기 위하여 의원 아닌 전문위원을 두고, 전문위원은 위원회에서 의안과 청원 등의 심사, 행정사무감사 및 조사 그 밖에 소관사항과 관련하여 검토보고 및 관련 자료의 수집·조사·연구를 행하도록 규정을 신설했다.

- 의회사무직원에 대한 인사권

지방자치단체장은 사무직원 중 별정직·기능직·계약직 공무원에 대한 인사권을 지방의회의 사무처장, 사무국장, 사무과장에게 위임하도록 하는 단서규정을 신설하였다.

⑥ 2006년 5월 24일의 개정

지방자치에 대한 주민의 직접참여를 통해 지방자치단체의 장 및 지방의회의원(비례대표 지방의회의원은 제외)을 소환할 수 있는 권리로 주민소환제도에 대한 규정을 신설했다(지방자치법 제13조의 8).

5) 제8대 지방의회(2006 - 2010)

2006년 5월 31일 시행된 제8대 지방의원선거(제4회 전국동시지방선거)는 종전의 선거와 비교할 때 많은 변화가 있었다. 첫째, 「공직선거법」의 개정에 따라 기초의원에 대한 정당공천제, 비례대표제, 중선거구제가 도입되었다. 둘째, 제주특별자치도의 신설에 따라 제주도의 기초자치단체가 폐지되어 기초단체장과 기초의원을 선출하지 않게 되었다. 셋째, 지방의원이 무보수 명예직에서 유보수 전문직으로 전환되었다.

(1) 제8대 시·군·구의회

기초의원의 선거결과와 당선자의 특징은 <표 3 - 11>과 같이 첫째, 경쟁률은 지역구의 경우 평균 3.2:1이며 충남이 3.6:1로 가장 높고 전남은 2.8:1로 가장 낮았다. 비례대표의 경우 <표 3 - 12>와 같이 평균 2.7:이며 충남이 3.4:1로 가장 높고 대구가 1.9:1로 가장 낮았다. 둘째, 연령분포는 50세에서 59세 38.4%(1,108명), 60세에서 69세 11.6%(335명), 40세에서 49세 8.3%(241명), 30세에서 39세 6.9%(198명)로 나타났다. 셋째, 직업분포는 지방의원 출신 21.7%(626명), 정치인 13.3%(383명), 농축산업 10.5%(304명), 상업 10.5%(303명), 건설업 5.2%(149명)이었다. 넷째, 학력분포는 대학재학 이상이 59.8%(1,727명)이고 다음은 고졸이 17.6%(508명)로 나타났다. 다섯째, 정당분포는 한나라당 56.2%(1,622명), 열린우리당 21.8%(629명), 민주당 9.6%(276명), 국민중심당 2.3%(67명), 민주노동당 2.3%(66명)으로 나타났다. 여섯째, 성별분포는 지역구는 여자가 4.45%(110명)이나 비례대표는 87.2%인 327명이었다.

〈표 3-11〉 구·시·군의원 당선자 분포(지역구)

구분 시·도	계	열린우리당	한나라당	민주당	민주노동당	국민중심당	기타정당 무소속	경쟁률
합계	2513 (7,995)	543 (1,303)	1401 (1,944)	233 (749)	52 (467)	56 (266)	228 (3,226)	3.2:1
서울	366	119	233	10	2	-	2	3.0:1
부산	158	19	137	-	-	-	2	3.1:1
대구	102	2	99	-	-	-	1	2.9:1
인천	97	31	61	1	2	-	2	3.0:1
광주	59	16	-	34	8	-	1	3.2:1
대전	55	21	30	-	-	4	-	3.3:1
울산	43	2	25	-	11	-	5	2.3:1
경기	364	103	245	1	7	-	8	3.1:1
강원	146	32	92	-	-	-	22	3.6:1
충북	114	39	61	-	1	-	13	3.3:1
충남	152	22	66	-	1	52	11	3.6:1
전북	173	85	-	52	6	-	30	3.3:1
전남	211	34	-	135	3	-	39	2.8:1
경북	247	5	183	-	2	-	57	3.5:1
경남	226	13	169	-	9	-	35	3.2:1

주: ( )는 후보자

<표 3-12> 구·시·군의원 당선자 분포(비례대표)

구분 시·도	계	열린우리당	한나라당	민주당	민주노동당	국민중심당	기타정당 무소속	경쟁률
합계	375 (1,025)	86 (308)	221 (430)	43 (124)	14 (127)	11 (36)	-	2.7:1
서울	53	22	29	2	-	-	-	3.1:1
부산	24	7	17	-	-	-	-	2.6:1
대구	14	1	13	-	-	-	-	1.9:1
인천	15	5	10	-	-	-	-	2.5:1
광주	9	4	-	5	-	-	-	3.2:1
대전	8	3	5	-	-	-	-	3.1:1
울산	7	-	5	-	2	-	-	2.6:1
경기	53	13	38	-	2	-	-	2.8:1
강원	23	2	21	-	-	-	-	2.2:1
충북	17	4	13	-	-	-	-	2.1:1
충남	26	2	13	-	-	11	-	3.4:1
전북	24	11	-	10	3	-	-	3.0:1
전남	32	6	-	26	-	-	-	2.9:1
경북	37	2	34	-	1	-	-	2.5:1
경남	33	4	23	-	6	-	-	2.5:1

주: ( )는 후보자

(2) 제7대 서울특별시의회 및 제8대 광역시·도의회

광역의원의 선거결과와 당선자의 특징은 첫째, 경쟁률은 지역구의 경우 <표 3-13>과 같이 평균 3.2:1이며 충남이 3.8:1로 가장 높고 대구가 2.3:1로 가장 낮았다. 비례대표의 경우 <표 3-14>와 같이 평균 2.7:1이며 서울이 3.5:1로 가장 높고 부산과 강원이 1.8:1로 가장 낮았다. 둘째, 연령분포는 40세에서 49세 41.6%(305명), 50세에서 59세 38.6%(283명), 60세에서 69세 12.3%(90명), 30세에서 39세 7.%(52명)로 나타났다. 셋째, 직업분포는 정치인 26.5%(194명), 지방의원 출신 20.5%(150명), 상업 6.1%(45명), 농축산업 6.0%(44명), 건설업 3.7%(27명)이었다. 넷째, 학력분포는 대학재학 이상이 81.6%(598명)이고 다음은 고졸이 9.3%(68명)로 나타났다. 다섯째, 정당분포는 <표 3-13>, <표 3-14>와 같이 한나라당 72.1%(357명), 열린우리당 7.1%(52명), 민주당 10.9%(80명), 국민중심당 2.0%(15명), 민주노동당 2.0%

(15명)으로 나타났다. 여섯째, 성별분포는 지역구에 여자가 4.9%(32명)이나 비례대표는 73.1%인 57명이었다.

<표 3-13> 시·도의원 당선자 분포(지역구)

구분 시·도	계	열린우리당	한나라당	민주당	민주노동당	국민중심당	기타정당 무소속	선거구수	경쟁률
합계	655 (2,068)	33 (521)	319 (563)	71 (235)	5 (97)	13 (69)	1 (581)	655	3.2:1
서울	96	–	96	–	–	–	–	96	3.3:1
부산	42	–	–	–	–	–	–	42	2.6:1
대구	26	–	26	–	–	–	–	26	2.3:1
인천	30	–	30	–	–	–	–	30	3.6:1
광주	16	–	16	–	–	–	–	16	3.3:1
대전	16	–	16	–	–	–	–	16	3.5:1
울산	16	–	13	–	3	–	–	16	2.7:1
경기	108	–	108	–	–	–	–	108	3.3:1
강원	36	1	34	–	–	–	1	36	3.1:1
충북	28	1	25	–	–	–	2	28	3.1:1
충남	34	2	19	–	–	13	–	34	3.8:1
전북	34	20	–	12	–	–	2	34	3.4:1
전남	46	2	–	43	–	–	1	46	2.7:1
경북	50	–	47	–	–	–	3	50	2.9:1
경남	48	–	44	–	1	–	3	48	2.9:1
제주	29	7	19	–	1	–	2	29	3.7:1

주: ( )는 후보자

구분 시·도	계	열린우리당	한나라당	민주당	민주노동당	국민중심당	기타정당 무소속	선거구수	경쟁률
합계	78 (211)	19 (58)	38 (65)	9 (28)	10 (42)	2 (11)	(7)	78	2.7:1
서울	10	2	6	1	1	–	–	10	3.5:1
부산	5	1	3	–	1	–	–	5	1.8:1
대구	3	1	2	–	–	–	–	3	2.3:1
인천	3	1	2	–	–	–	–	3	3.3:1
광주	3	1	–	2	–	–	–	3	3.3:1
대전	3	1	1	–	–	1	–	3	3.0:1
울산	3	–	2	–	1	–	–	3	2.3:1
경기	11	2	7	1	1	–	–	11	2.9:1
강원	4	1	2	–	1	–	–	4	1.8:1
충북	3	1	2	–	–	–	–	3	2.7:1
충남	4	1	2	–	–	1	–	4	3.3:1
전북	4	2	–	1	1	–	–	4	3.0:1
전남	5	1	–	3	1	–	–	5	2.4:1
경북	5	1	3	–	1	–	–	5	2.2:1
경남	5	1	3	–	1	–	–	5	2.2:1
제주	7	2	3	1	1	–	–	7	2.6:1

주: ( )는 후보자

제2편

지방의회의 조직론

지방의회의 조직론에는 지방의원, 의장·부의장 등의 의장단, 상임위원회 등의 위원회, 그리고 사무처·사무국 등의 사무조직 등으로 나누어 조명하고자 한다(정재길, 2001; 김동훈, 2002; 이달곤, 2004; 법제처〈http://www.moleg.go.kr〉).

제4장 지방의회의 의원

1. 의원의 직분

의원은 주민으로부터 선출된 그 대표자로서 의회의 구성원이다. '선량'이라고 부르는 것처럼 인격과 식견을 갖춘 대표자인 것이다. 의원의 말 한마디는 곧 주민의 의견이요, 의원이 의회에서 행하는 질문이나 질의나 토론은 주민의 의문이요, 주장이다. 표결할 때 던지는 한 표는 주민의 입장에서의 진지한 한 표이어야 한다.

또한 헌법에서 '공무원은 국민 전체의 봉사자'라고 규정하고 있는 바와 같이, 의원은 주민 전체의 대표자요 봉사자이며 이것은 의원의 본질이다. 이는 의원이 주민의 직접선거에 의하여 선출되었다고 하는 점에서도 당연히 도출되는 자명의 이치이다. 본래 주민이 의원을 선거할 때에는 자신만의 입장에서가 아니라, 전체의 이해를 고려하여 자치단체 전체의 입장에서 한 표를 던지는 것이기 때문이다.

그러나 현실적으로 의원활동에 있어서는 이 점이 반드시 용이하게 실현될 수 없는 경우가 적지 않을 것이다.

특히 주민이 행정에 대하여 관심이 높은 것 중에서 특정 시설(쓰레기처리장이나 분뇨처리장 등)의 설치장소나 특수한 사업의 실시를 둘러싸고 혹은 개발계획의 책정이나 추진, 기업의 입지나 유치 등에 관하여 주민의 의견이 대립되어 있을 경우에, 관계의원이 어떻게 판단하고 어떻게 행동하는 것이 좋은지에 대하여 고민스러울 때가 많다.

이와 같은 경우에 의원의 입장에서 어떻게 판단해야 할까. 여기에는 두 가지 측면에서 판단해야 한다. 하나는 의원은 전체의 대표자요 봉사자라고 하는 전체적 입장에 서서 '일반적인 의사'에 따라 판단한다. 또 하나는 선거 때 자기의 선거 모체가 되는 지구의 조직의 입장에 서서 '분화적인 의사'에 따라 판단한다. 여기에서 중요한 것은 이 두 가지 측면에서 볼 때 '일반적 의사'와 '분화적 의사'가 합치하면 별문제가 없으나 그것이 상반되고 모순 될 경우에 어떻게 판단해야 하느냐 하는 것이다. 이와 같은 경우에 의원은 자기 내부에서 이를 조정·통합하고 승화할 책무를 갖고 있다. 이 점에 대 하여 Lowell은 대표자인 의원은 '그의 지구(선거구·모체)의 복지에 모순되 기 때문이라고 하여 전체 주민의 복지를 무시하거나, 전체 주민의 복지에 모순된다고 하여 그의 지구(선거구·모체)의 복지를 무시해도 좋다고 주장 할 수 없는' 지위에 있으며 그런 의미에서 대표자인 의원은 '두 개의 의무 를 갖고 두 개의 기능을 하도록' 필연적으로 숙명 지워졌다고 말한 바 있다. 요컨대, 대표자인 의원은 이 두 개의 의무와 두 개의 기능을 하나로 통합하 지 않으면 안 될 중대한 사명을 가지고 있다고 이해할 수밖에 없다.

다음으로 오늘날 지역사회는 격동하는 경제사회정세 가운데 하루하루 전 진하고 변혁하고 있기 때문에 의회나 행정도 여기에 적절하게 대처해야 한 다. 그 방법으로서는 의원이 단순히 주민의 소리와 마음을 대표하고 대변하 는 역할만 할 것이 아니라 한 걸음 더 나아가 항상 주민 속에 파고 들어가 서 주민과 대화를 반복하고 주민의 고민과 소리를 들으면서, 주민 전체의 복지향상과 지역사회의 활력 있는 발전을 목표로 하여 적극적으로 노력하는 것이 중요하다.

그리하여 의회가 가지고 있는 두 가지 사명, 즉 '구체적인 정책의 최종결 정'과 '행·재정운영의 비판과 감시'를 완전하게 달성할 수 있도록 의원의 일원으로서 노력하는 것이 의원의 책무이다.

2. 의원의 지위와 신분

의원은 주민이 직접·보통·평등·비밀·자유의 선거를 통하여 뽑은 주민 전체의 대표자로서 의회를 구성한다. 그의 신분은 각급 지방자치단체인 시·도와 시·군·구의 정무직공무원이다. 일반직공무원과는 구별되는 취급을 받는 공무원으로서 '선거에 의하여 취임하거나 지방자치단체의 의회의 선거 또는 동의를 요하는 공무원'에 해당한다.

의원의 신분은 당선된 날(임기만료 전에 선거가 있는 때에는 전임 의원의 임기 만료일의 다음 날)로부터 발생하며 임기 만료일에 잃게 되는 것이 원칙이다. 이 때 당선일이란 개표가 완전히 끝났을 때를 말하는 것이 아니고 당해선거구의 선거관리위원회가 '당선인결정의 공고를 한 때'를 말한다.

아울러, 의원신분의 중요성에 비추어, 의원이 체포 또는 구금된 경우에는 관계수사기관의 장은 지체 없이 의장에게 영장의 사본을 첨부하여 이를 통지하여야 한다.

3. 의원의 임기

의원의 임기는 4년으로 한다. 1991년 4월에 구성된 의회에서 1995년 4월 15일 임기가 만료되는 시·군·구의원의 임기는 1995년 6월 27일 통합선거로 인하여 부득이 1995년 6월 30일까지 연장하였다. 그리고 1995년 6월 27일 선출된 의원의 임기는 임시조치로 3년으로 하였다(1998. 6. 30까지). 그 이유는 국회의원 총선거가 2000년에 있게 되고 따라서 2년마다 통합지방선거와 국회의원의 총선거가 교대로 있게 하여 중간평가의 성격을 갖도록 하기 위해서였다. 그러나 대통령중심제의 권력구조에서 대통령의 임기와 국회의원의 임기가 각각 달라 그 실효성은 의문이라고 할 수 있다.

4. 겸직의 금지

1) 겸직금지의 의의

겸직금지란 어떤 공직에 있는 사람이 자기직무를 수행함에 있어서 방해가 되거나 사회 통념적 판단으로 적당하지 않다고 인정되는 경우에 그 직(職)을 함께 갖지 못하게 하는 것을 말한다.

겸직금지의 제도는 지방의회 의원의 경우에 한하는 것은 아니고 널리 공직에 있어서 존재하지만 그 범위·효과 등은 공직의 종류에 따라 다르다. 또한 그 규율하는 모습도 갑직과 을직의 겸직이 금지된다고 하는 경우에 갑직의 편에서 겸직을 금지한다고 규정하는 경우, 을직의 편에서 겸직을 금지한다고 규정하는 경우, 그리고 갑직 및 을직의 양편에서 겸직을 금지한다고 규정하는 경우 등 다양하다.

우리 「지방자치법」에서는 지방의회의원의 겸직이 금지되는 범위를 규정하고 있다.

2) 겸직을 금지하는 이유

첫째, 맡은 직무에 전념하고 그 직무를 충실히 수행하게 하기 위하여 겸직을 금지하는 경우가 있다. 일반직의 국가공무원이나 지방공무원은 원칙적으로 다른 직무를 겸할 수 없는 것이 이 예에 해당한다.

둘째, 권력분립의 원칙 등으로 직무를 상호 간에 겸하는 것이 제도상 모순되는 경우가 있다. 국회의원이 국가·지방공무원, 대통령, 헌법위원, 선관위원, 정부 투자기관의 임직원 등을 겸할 수 없는 것이 이 예에 속한다. 지방자치단체의 장이 지방의회의 의원을 겸할 수 없는 것도 마찬가지다.

셋째, 직무집행에 있어서 공정성을 보장하고 정치적 중립성을 확보하기 위하여 겸직을 금지하는 경우도 많다. 공직에 있는 사람(공무원)은 국민 내지 주민의 대표자요 그 전체에 대한 봉사자이며 그에 대하여 책임을 지기 때문에 공정하게 직무를 수행해야만 한다. 법관의 겸직금지에 관한 규정이 이에 해당한다.

이와 같은 여러 이유로 공직자(넓은 의미의 공무원)의 겸직이 금지되고
있는데 내용에 따라서는 어느 한 가지 이유만으로 겸직을 금지한다기보다는
두 가지 또는 세 가지 이유가 복합적으로 작용하여 겸직을 여러 형태로 금
지하고 있는 경우가 많다. 그러면 우리의 법제도(「지방자치법」)는 지방의회의
의원이 겸직할 수 없는 범위에 대하여 어떻게 규정하고 있는가를 보기로 하자.

3) 겸직금지의 범위

(1) 겸직금지조항의 역사

1949년 7월 4일 법률 제32호로 제정된 지방자치법 제18에서는 국회의원,
다른 지방의회의 의원 및 '당해 자치단체의 유급직원'을 겸할 수 없다고 규
정했었다.

이 조항은 1956년 2월 13일 제2차 개정 시에 '당해 자치단체의 유급직원'
이 '국가 또는 지방자치단체의 유급직원'으로 개정되었다. 그 후 1960년 11
월 1일 제5차 개정 시에는 이 조항을 '국가 또는 지방자치단체 및 공공단체
의 유급직원'을 겸할 수 없다고 개정하여 공공단체의 유급직원을 포함했다.

1988년 4월 6일 전면 개정된 지방자치법 제33조 1항에서는 국회의원, 다
른 지방의회의 의원 이외에 국가·지방자치단체의 (유급)직원에 해당하는
'정부투자기관의 임직원, 지방공사와 지방공단의 임직원, 농업협동조합·수
산업협동조합·축산업협동조합의 임직원, 언론인 및 교원' 등등을 나열해
놓았다.

1989년 12월 30일 개정된 지방자치법에서는 제33조 1항 6호의 '농협·수
협·축협의 임직원'에 '농지개량조합·산림조합·엽연초생산협동조합·인
삼협동조합의 임직원'을 추가하였다. 1990년 12월 31일 개정 지방자치법에
서는 각 조합의 '임직원'을 '조합장과 그 상근 임직원'으로 구체화하였다.
그러다가 1991년 5월의 개정법에서는 다시 조합장을 제외하였다.

(2) 일본의 사례

일본에서는 어떻게 규정하고 있는가를 보면, 지방자치법에서 겸직을 금하고 있는 범위(대상)로 중의원·참의원, 다른 지방의회의 의원, 지방자치단체의 상근직원, 지방자치단체의 장, 부단체장 및 선거관리위원회의 위원 등이 있다.

「지방자치법」이외의 법률에서 겸직을 금지하고 있는 것으로는 교육위원회의 위원(지방교육행정법 제6조), 인사위원회·공평위원회의 위원(지방공무원법 제9조), 공안위원회의 위원(경찰법 제42조), 해구어업조종위원(어업법 제95조), 판사(재판소법 제52조 ①), 항무국위원회의 위원(항만법 제17조), 일본도로공단 등 각종 공단의 임직원(일본도로공단법 등)을 들 수 있다.

일본전매공사나 일본전신전화공사의 임직원도 겸직이 금지되었으나 1985년 4월 민영화와 함께 겸직금지 조항을 삭제했고 일본국유철도(JR)도 그 임직원의 겸직이 금지되었으나 최근 민영화로 그 규정이 삭제되었다.

(3) 현행법상 겸직금지의 범위

① 국회의원

「국회법」에서도 국회의원은 지방의원을 겸할 수 없다고 규정하며 양편에서 겸직금지를 규정하고 있다. 지방의회의 의원이 직무를 충실히 수행하기 위해서, 그리고 중앙정치의 정쟁이 과도하게 지방정치(의회)에 영향을 주는 것을 막기 위하여 겸직을 금하고 있다.

② 다른 지방의회의 의원

여기에서 다른 지방의회란 시·군·자치구(기초자치단체)와 이를 지역적으로 포섭하고 있는 시·도(광역자치단체) 간의 지방의회를 말하고 시·군·자치구 의회의 의원은 당해 자치단체를 포섭하고 있는 시·도의회의 의원을 겸할 수 없다는 뜻이다(물론 그 반대의 경우도 포함한다.). 왜냐하면 같은 사람이 둘 이상의 시·군·자치구에서 입후보할 수 없기 때문이다.

③ 헌법재판소 재판관, 각급 선거관리위원회 위원, 교육위원회 교육위원

헌법재판소는 국가기관과 지방자치단체 간 및 지방자치단체 상호 간의 권한 쟁의에 관한 심판을 하고, 재판관은 정당에 관여하거나 정치에 관여할 수 없다고 규정한 헌법정신과 재판관의 공정한 업무수행을 위하여 지방의원의 헌법재판소 재판관 겸직을 금하고 있다. 각급 선거관리위원회의 위원은 선거관리사무의 공정한 집행을 담보하기 위하여 겸직을 금하고 있다.

「지방교육자치법」에서 교육위원은 지방의회 의원을 겸할 수 없다고 규정하여 양편에서 겸직을 금지하는 예이다.

교육위원회가 교육·학예에 관한 사무의 집행기관이라는 점과 교육의 전문성·특수성에 비추어, 지방의원은 지방의회에서 선출하는 교육위원을 겸할 수 없도록 하고 있다고 본다.

④ 국가공무원과 지방공무원

「국가공무원법」과 「지방공무원법」에 따르면 국가·지방공무원은 지방의원을 겸할 수 없다. 또한, 교육공무원 중에서 국립대학(교)의 총장·학장·교수·부교수·조교수를 겸할 수 없다.

이는 지방의회의 의원이 직무에 전념하고 직무수행에 방해가 되지 않도록 하기 위하여 인정된 제도이다. 특히 지방자치단체의 의사결정기관인 의회의 의원이 집행기관의 구성원인 지방공무원을 겸할 수 없음은 권력분립의 원리상 당연하다고 하겠다.

⑤ 지방자치단체의 장

권력분립의 원리상 지방의원은 자치단체의 장을 겸할 수 없다. 당해 지방자치단체뿐만 아니라 다른 지방자치단체의 장도 겸할 수 없음은 물론이다.

⑥ 정부투자기관의 임직원

「정부투자기관관리기본법」에서 규정한 정부투자기관(한국방송공사와 한국은행 포함)이란 납입자본금의 50% 이상을 정부가 출자한 기업체를 말한다.

이러한 기업체의 사업은 공공성·독점성을 가진 것이 대부분이고 그 임직원은 공무원에 준하여 다루므로 겸직을 제한하고 있다. 중앙의 공사·공단 등이 모두 여기에 해당할 것이다.

⑦ 지방공사와 지방공단의 임직원

「지방공기업법」에 규정된 지방공사와 지방공단의 임직원은 위의 ⑥과 같은 취지에서 지방의회의 의원을 겸할 수 없다.

⑧ 정당의 당원이 될 수 없는 언론인 및 교원

언론인으로서 지방의회의 의원이 될 수 없는 자는, 정기간행물 등의 등록에 관한 법률에 의한 정기간행물의 발행인·경영자 및 편집·취재·집필업무 종사자와 방송법 규정에 의한 방송국의 경영자 및 편집·제작·취재·집필·보도업무 종사자이다. 또한 사립학교의 조교수·부교수·교수·학장·총장을 제외한 교원은 지방의회의 의원이 될 수 없다.

⑨ 법관

법원조직법에서 법관은 지방의회 의원을 겸할 수 없다고 규정하고 있다.

5. 사직

1) 의원의 사직

의원이 사직하고자 할 때는, 의회가 개회 중에는 의회의 허가를 받고 폐회 중에는 의장의 허가를 받아야 한다. 의원은 어느 경우이든 서명 날인한 사직서를 의장에게 제출해야 하는데, 의장이 없거나 유고시에는 부의장에게 제출한다(다만 사직서의 상대이름은 의장으로 한다). 의장이 사직서를 받았을 때에는 의회가 개회 중에는 이를 의회에 보고하고 토론 없이 직접 허가 여부를 표결에 부친다. 폐회 중에는 의장이 허가하고 다음 의회에 그 취지를 보고하여야 한다. 의원은 자기가 제출한 사직서에 대하여 의회의 의결 또는 의장의 허가가 있기 전까지 철회할 수 있다.

또한 의장 또는 부의장인 의원이 의원직을 사임하고자 할 때는, 의장은 부의장에게, 부의장은 의장에게 각각 사직원을 제출하여 위와 같은 절차를 밟는다. 의원은 사직에 의하여 당연히 그의 신분이 상실되므로 의장 또는 부의장의 사직서를 별도로 제출할 필요는 없다.

그러나 의원은 주민의 신임을 받아 당선된 공직자이므로 단지 일신상의 개인적인 이유로 사직하는 것이 적당한가 어떤가는 깊이 생각해 볼 문제이다. 따라서 사직 여부의 결정에 대하여는 신중을 기하고 가벼운 행동은 삼가야 할 것이다.

2) 총사직

총사직이란 의원전원이 한꺼번에 사직하는 것으로 그 날부터 그 의회에는 한 사람의 의원도 존재하지 않기 때문에 의회는 활동불능의 상태로 된다. 그러나 총사직은 결과적으로 의회의 자규해산과 같으므로 총사직을 하게 되는 정치적 배경이라든가 여론의 동향을 감안하여, 자주적으로 주민의사를 묻지 않으면 안 될 불가피성이 있어야 할 것이다.

다만 그 방법이 문제인데 다음과 같이 할 수 있을 것이다. 사직일을 장래의 일정한 같은 날로 해 두고 한 사람씩 허가하는 방법, 편의상 2개조로 나누어 상호 허가하는 방법, 그리고 미리 날을 정하여 의장의 의원사직서를 허가해 두고 의회의 폐회 후에 의장이 그 날짜에 맞추어 다른 전 의원의 사직을 허가하는 방법 등이 그것이다.

6. 의원의 마음가짐

1) 주민의 일부를 대표하지 말고 전체를 대표

'공무원은 모든 국민의 봉사자이다'라고 하는 헌법 규정은 의원이라고 하는 공직에 몸담고 있는 자의 마음가짐의 기본임을 잊어서는 안 된다. 의원은 주민 전체의 이익을 위하여, 법령에 기하여 공평하게 권한을 행사해야 할 엄숙한 입장에 있다. 의원은 그 직무를 수행함에 있어서 주민이나 행정기관 혹은 동료의원과의 관계에서 여러 가지 문제에 부딪히게 되는데, 그때마다 상기해야 할 판단의 기준은 '전체의 봉사지이지 일부의 봉사자가 아니라는 것'이다.

의원은 지역의 이해에 관련된 문제에 대하여 자치단체 전체의 입장과 개개주민의 입장 사이에서 고민하고 여러 가지 사업의 실시나 시설의 설치를 둘러싸고 지역주민의 이해득실이 걸린 중대한 결단을 내려야 할 때가 있다. 이런 경우에 의원은 자치단체 전체의 입장에 서서 판단해야 하며 용기를 갖고 주민 전체의 행복과 이익을 선택하지 않으면 안 된다. '의심스러울 때는 자기가 손해를 보는 방법을 선택하라.'는 말은 여기에 어울리는 적절한 표현이다. 이는 의원들이 항상 마음에 새겨 두어야 할 교훈이다.

자치단체의 조화 있는 발전정책도, 균형 있는 복지정책도, 적절한 예산과 그의 효율적인 집행도, 나아가 직원들의 엄정한 공무집행 확보도, 모든 의원들이 '전체의 봉사자로서의 마음가짐'과 그 혜안(慧眼)을 가지고 한다면 어렵지 않을 것이다.

2) 집행기관과는 불가근 불가원

대통령제의 조직원리가 의회와 집행기관의 권한이 명확히 나누어지고 견제와 균형의 '대립원리'를 기본으로 하는 이상 의원은 항상 집행기관과는 일보 떨어져 있어야 한다. 떨어져 있지 않고 밀착되어 있으면 의회 - 집행기관의 이원적인 구조는 무용하며 유해하다. 집행기관을 공정하게 바라보고 엄정하게 비판하며 행·재정집행상의 중요 사항에 대하여 적정·공평·타당한 결론을 도출하여 이를 결정하는 것이 의사기관·의사결정기관인 의회의 할 일이다. 의회가 집행기관에 너무 가까이서 하나가 되어 버리면 비판도, 감시도, 적정한 정책평가도 할 수 없으며 그 존재이유가 없어져 버린다.

또한 그렇다고 해서 의원이 집행기관으로부터 너무 떨어져 있어도 그 역할을 수행할 수 없다. 자치단체의 행정은 의회와 집행기관 양자의 협동으로 진행되는 것으로서 의회의 의결은 집행을 위한 절차요, 과정이다. 의회가 집행기관으로부터 너무 떨어져 있으면 행정집행을 적절하고 정확하게 검증할 수 없으며 의회 본래의 사명인 정확한 비판과 감시도 할 수 없다. 이러한 원칙이 지켜지지 않으면 행정도 혼란에 빠지고 민주적이고 공평한 운영에 손상이 온다. 의회의 구성원인 의원은 항상 집행기관과는 너무 가까이도, 너무 멀리도 해서는 안 된다는 자세를 가져야 한다.

3) 비판에는 대안을 제시

의회는 주민을 대표하여 중요한 안건을 심의하고 결정하며 행정을 비판·감시하는 기관이다. 따라서 이유가 있으면 비판·공격이, 또한 문제에 대한 추궁이 아무리 예리해도 좋다. 그러나 비판·공격은 그 자체에 목적이 아니고 어디까지나 행정을 합리적·효율적으로 하도록 하는 데 목적이 있다. 의원이 지적한 사항이 그 방향으로 개선·실행되지 아니하면 아무 소용이 없다. 단순한 비판만으로 그치는 사람이어서는 안 된다. 의원 다수의 지지를 얻고 집행기관의 공감을 얻고 실행되도록 하려면 비판·공격에 그쳐서는 안 된다.

따라서 비판이나 공격에는 반드시 이에 대신하는 대안을 제시하지 않으면 안 된다. 집행기관의 안이 나쁘다면 이에 대한 실행성이 있는 구체적인 안을 갖고 있지 않으면 안 된다. 악이나 부정을 추궁하기 위해서는 무엇이 선이고 무엇이 정인가를 명확하게 제시함과 동시에 스스로도 타인의 엄격한 비판을 받을 각오를 갖지 않으면 안 된다. 요컨대 엄격한 가운데 따뜻한 언어로 비판하고 설득력이 있고 실현 가능한 구체적인 대안을 가지고 임하는 마음가짐이 무엇보다도 중요하다.

4) 형식이 아닌 실질적인 심의

의회는 의사기관이므로 충실하게 심의하는 것이 의원의 직책이다. 심의의 적부(適否)를 단순히 회기일수나 심의일수의 장단(長短)만으로 논할 수는 없다. 회기의 일수 등은 그 시점에 있어서의 의회의 구성에 의하여 또는 안건에 걸린 문제점의 다과(多寡)에 의하여 좌우된다. 의회의 심의에 대한 평가는 고도의 질이나 토론이 얼마나 농도 짙게 행해졌느냐에 달려 있는 것이다.

중대한 지적사항이 있음에도 불구하고 '이의 없습니다. 이의 없습니다.' 한다거나, 거꾸로 주민의 복지와는 직접 관련이 없는 의회의 내부운영문제나 인사안건으로 회기일수를 허비하는 것은 주민의 신뢰를 얻을 수 없다. 주민의 입장에 서서 실질적인 심의를 하는 것이 의회의 사명임을 잊어서는 안 된다.

5) 주민의 소리와 마음을 대표

의원은 주민의 대표자이다. 이는 주민이 생각하고 있는 것, 생각하고 싶은 것 모두를 대표한다는 뜻이다. 큰 소리로 외치고 강하게 주장하는 조직이나 배경을 갖고 있는 주민의 소리는 쉽게 파악할 수 있지만 지역사회의 한쪽 모퉁이에서 사는 약자의 소리, 조직이 없는 주민의 작은 소리, 특히 소리 나지 않는 탄식은 듣기 어렵다. 그러나 주민과 행정의 다리역할을 해야 할 의원은 이러한 모든 소리를 파악하여 이를 대표하고 주민의 심정을 가슴으로 껴안고 생각하는 것이 중요하다.

의회의 방청자가 적다고 해서, 행정에 대한 진정(陳情)이 없다고 해서 주민이 행정에 관심이 없다거나 행정이 적정하게 운영되고 있다고 생각한다면 이는 속단이다. 관청에 약하고 행정에 대하여는 비교적 순종하는 한국인의 체질이 있다는 것을 잊어서는 안 된다.

민심(民心)은 천심(天心), 대중(大衆)은 대지(大智)라는 말이 있듯이 주민은 의외로 잘 알고 있고 행정에 대하여도 여러 가지로 생각하고 있으며 알아야 할 지식이나 지혜를 갖고 있다. 의원은 주민 속으로 뛰어 들어가서 주민의 소리나 지혜를 꿰뚫어 듣고 보고서 이를 의원의 소리·마음·지혜로 하여 강력하게 대표하는 마음가짐이 필요하다. 주민과 함께 기뻐하고 주민과 함께 눈물을 흘리며 서로 피가 통하는 신뢰를 받는 행정이 가능한지 여부는 이와 같은 의원의 활동에 기대하는 바가 대단히 크다.

6) 지방정치가의 용기와 분발

지방의회의 의원은 지방정치가이다. 정치란 항상 지역의 현상과 문제점을 생각하고 앞으로 해야 할 일을 근거로 하여 주민을 지도해야 할 입장에 있다. 지도하기 위해서는 그만한 식견과 신념을 가져야 하고 이를 행정에 또는 주민에게 호소하여 설득하지 않으면 안 되는 것이다. 이를 위하여 정치가에 요구되는 것이 '용기'와 '분발'이다. 따라서 지방의회의 의원은 지방정치가로서 더욱더 용기를 갖고 분발하여 그 직책을 충실히 수행해야 한다.

제5장 지방의회의 의장단

1. 의장단의 지위와 권한

1) 지위

의장은 의회를 대표하며 회의 기타의 활동을 주재하는 직무를 담당하는 자로서 의회구성에 있어서 없어서는 안 될 중요한 위치에 있다. 또한 부의장은 의장에게 사고가 있거나 의장 부재 시에 그의 직무를 대리한다.

여기에서 '사고가 있을 때'란 의장이 장기 여행 중에 있거나 장기 입원 중에 있는 경우뿐만 아니라, 당일 용무 또는 질병으로 결석한 경우라든가 본회의 도중에 화장실에 간다든가 하는 일시적인 경우 등을 모두 포함한다. 또한 '의장 부재 시'란 의장이 사망했다거나 사임하여 의장이 존재하지 않는 때를 말한다. 이런 경우에는 곧바로 의회에서 의장선거를 해야 하기 때문에 부의장이 의장의 직무를 행하는 기간은 그렇게 길지는 않을 것이다. 부의장이 직무를 행할 때에는 부의장의 이름으로 한다. 부의장이 2인인 시·도의회의 경우에는 의장이 지정하는 부의장이 직무를 대리한다.

2) 권한

의장은 의회의 대표자 및 통리자의 지위와 회의의 규제자의 지위에서 각각 다음과 같은 권한이 있다.

(1) 의회의 대표권에 속하는 것

① 대표권

대외적으로 의장은 의회를 대표한다. 따라서 관계행정청에의 의견서 제출, 조례의 이송, 자치단체장에게의 보고, 공청회의 공시, 기타 대외적으로 의사표시를 하는 공문서는 의회의 대표자인 의장의 이름으로 발송하여야 하며 그렇지 않으면 법적 효력이 없다.

② 사무감독권

의장은 사무처장 및 사무처직원 등을 지휘·감독하여 의회사무를 통할 처리할 권한이 있다.

③ 위원회에의 출석발언권

시·도의회의 의원은 모두 하나의 상임위원이 되도록 정해져 있으며 의장은 상임위원이 될 수 없다. 의장은 그의 직무상 어느 위원회에서든지 출석하여 발언할 수 있다.

④ 폐회 중의 의원사직허가권

의장은 의회의 폐회 중에는 부의장 및 의원의 사직을 허가할 수 있다.

(2) 회의주재권에 속하는 것

① 회의소집권

의장은 지방자치단체의 장이나 재적 3분의 1 이상의 의원의 요구가 있을 때에는 15일 이내에 임시회를 소집한다. 정기회든 임시회든 모든 회의(본회의)는 의장이 소집한다. 다만 총선거 후 최초로 집회되는 임시회는 지방자치단체의 장이 선거일로부터 25일 이내에 소집한다.

② 회의장 질서유지권

회의장을 혼란하지 않게 하고 의사를 원활하게 운영하도록 배려하는 것이 의장의 직책인데 이를 위하여 질서를 유지하는 데 필요한 조치를 할 권한이 주어져 있다.

의원이 회의장의 질서를 문란하게 한 때에는 의장은 경고·제지·발언의 취소를 명할 수 있으며 이에 응하지 않을 때에는 발언의 금지 또는 퇴장을 명할 수 있다. 또한 회의장이 소란하여 질서를 유지하기 곤란한 때에는 회의를 중지하거나 산회를 선포할 수 있다.

방청인이 회의장 안의 질서를 방해한 경우에는 퇴장을 명할 수 있으며 필요한 경우에는 경찰관서에 인도할 수 있다. 방청석이 소란할 때에는 모든 방청인을 퇴장시킬 수도 있다.

③ 의사정리권

회의소집 후의 회의운영은 모두 의장이 하는데 이를 위하여 필요한 조치를 할 수 있는 권한이 그에게 주어져 있는바, 주된 내용은 다음과 같다.

의석의 배정, 의원의 청가허가 및 출석요구, 개회·폐회·개의·정회·산회 및 유회의 선포, 의사일정의 작성·변경 및 추가, 의안의 위원회 회부, 발언의 허가, 등단의 허가, 동의가 경합된 경우의 표결순서의 결정, 회의의 비공개결정, 회의록의 서명 및 지방자치단체장에의 통고, 방청의 허가, 그리고 징계의 회부 등이 그것이다.

④ 표결권

의장은 표결권은 있으나 재결권은 없다. 즉 의장은 의결함에 있어서 표결에는 참가할 수 있으나 가부동수인 경우에 그 가부를 결정하는 권한은 없으며 부결된 것으로 본다.

2. 의장단의 선거와 임기

1) 선거

의장과 부의장은 의원 중에서 무기명투표로 선거하되 재적의원 과반수의 득표로 당선된다. 1차 투표에서 과반수의 득표를 얻지 못하면 2차 투표를 하고 2차 투표에서도 결과가 같으면 결선투표를 한다. 결선투표 결과 득표수가 같을 때에는 연장자를 당선자로 한다. 의장과 부의장을 동시에 선거할 때에는 의장선거를 먼저 한다.

시·도의회는 의장 1인, 부의장 2인을 두고, 시·군·구의회는 의장 1인, 부의장 1인을 둔다. 의장·부의장이 궐위된 때에는 보궐선거를 실시한다.

2) 임기

의장과 부의장의 임기는 2년이다. 임기는 선거일로부터 시작되는데 의장선거일이 부의장선거일보다 먼저인 경우의 부의장 임기는 의장의 임기와 같이 종료한다.

또한 의원총선거 후 처음 선출된 의장 또는 부의장의 임기가 폐회 중에 만료된 때에는 그 의장 또는 부의장은 다음 회기에서 의장 또는 부의장을 선출한 날의 전일까지 재임한다. 보궐선거에 의하여 당선된 의장·부의장의 임기는 전임자의 잔임 기간으로 한다.

3. 의장단의 사임과 불신임

1) 사임

의장과 부의장은 임기만료 때까지 직무를 수행하는 것이 바람직하지만, 현실적으로 질병 기타 부득이한 사유로 스스로 사임하고자 하는 경우도 있을 것이다. 이 경우에 의장·부의장의 직뿐만 아니라 의원의 직까지도 사임하고자 할 때와 의장·부의장의 직만을 사임하고자 하는 두 가지 경우가 있다.

먼저 의원의 직도 사임하고자 할 때에는 앞에서 기술한 바와 같이 의원의 사직서를 제출하여 이것이 허가되면 의장·부의장의 직도 당연히 상실된다.

다음으로, 의장·부의장의 직만을 사임하고자 할 때에는 의장과 부의장의 경우가 다르다. 부의장은 의원의 경우와 같이 폐회 중에는 의장의 허가만 얻으면 되지만 개회 중에는 의회의 동의를 얻어 허가를 받아야만 한다. 그러나 의장은 폐회 중에 사임할 수 없으며 반드시 개회 중에 의회의 동의를 얻어 사임할 수 있을 뿐이다. 이때 사임에 대한 동의 여부는 토론 없이 표결한다.

또한 그 회의의 규제는 부의장이 하여야 하고 의장 자신이 할 수는 없다. 따라서 만일 그날 이전에(폐회 중에) 의장이 부의장의 사직을 허가하여 부의장이 공석 중일 때에는 먼저 부의장을 선거하고 새로운 부의장이 의장석에 앉아서 의장의 사임을 회의에 상정하여 다루어야 한다. 또한 사임계의 제출처는 의장의 경우는 부의장, 부의장의 경우는 의장이다.

2) 불신임

의장·부의장이 법령을 위반하거나 정당한 이유 없이 직무를 수행하지 아니한 때에는 의회는 불신임을 의결할 수 있다. 이 불신임안은 재적 4분의 1 이상의 의원이 발의할 수 있으며 재적 과반수의원의 찬성이 있어야 가결되고 가결되면 의장·부의장은 그 직에서 해임된다.

불신임의결을 할 때의 회의주재는 의장의 경우에는 부의장이, 부의장의 경우에는 의장이 하여야 할 것이며 만일 의장·부의장 모두의 불신임의결을 하고자 할 때에는 임시의장을 선출하여 그 임시의장이 회의를 주재할 수밖에 없을 것이다. 또한 의원 징계의 경우에 준하여 불신임의결의 회의는 비공개로 하여야 하고 불신임의 대상인 의장·부의장은 그 회의에 출석할 수는 없겠지만 회의규제자의 허가를 얻어 스스로 변명하거나 다른 의원으로 하여금 변명하게 할 수는 있을 것이다.

4. 임시의장

임시의장이란 의장과 부의장에게 모두 사고가 있을 때 의장의 직무를 대행하는 의원을 말한다. 여기서 '모두 사고가 있을 때'란 '모두 궐위된 때'를 포함하지 않는다. 모두 궐위된 때에는 보궐선거를 곧 실시하여 의장·부의장을 뽑아야 하며 이 선거의 직무는 연장자가 대행한다. 임시의장의 선거는 의장·부의장의 선거에 준한다.

임시의장이 직무를 대행하는 기간은 의장 또는 부의장의 어느 한쪽의 사고가 끝날 때까지이므로 회의 도중에도 의장 또는 부의장이 출석하면 곧바로 교체해야 한다. 또한 임시의장은 의회의 운영에 필요한 한도를 넘어서 의장의 직무권한을 행사할 수 없다. 예컨대 폐회 중 임시의장이 의원의 사직을 허가한다든가 사무처(국·과)직원을 임면하는 등은 허용되지 않는다.

5. 연장자

총선거 후 최초로 집회되는 임시회에서 의장·부의장을 선거할 때, 의장과 부의장이 모두 사고가 있어서 임시의장을 선출할 때 또는 의장·부의장이 궐위되어 보궐선거를 실시할 때 등의 경우에는 그 선거의 직무를 수행할 자가 없으므로 부득이 출석한 의원 중에서 가장 사회경험이 많은 연장자가 그 직무를 대행한다.

제6장 지방의회의 위원회

1. 위원회제도의 의의

의회는 의원 전원이 한 의사당에 모여 모든 의안을 심의하는 것이 이상적이지만 의원 수가 20명이 넘게 되면 질의시간도 늘릴 필요가 있고 또한 안건이 늘어나고 복잡 다양하여 충분하고 상세한 심의가 어렵게 된다. 게다가 운영도 형식적으로 흐르게 되고 의회의 권위도 떨어지게 된다.

특히 사회경제가 고도성장함에 따라 행정이 현저하게 다양화되고 전문화하게 되면 본회의만으로는 도저히 수많은 의안을 능률적으로 처리하는 것이 불가능하게 되고 의원도 또한 그 모두를 알 수가 없을 것이다.

위원회제도는 이와 같은 결함을 보완하고 심의의 내실을 기하기 위하여 고안된 것이며 여러 전문 분야별로 심의를 분담하는 것으로서 국회·지방의회에서 채택하고 있다. 한 마디로 위원회란 본회의에서의 의안심의를 원활하게 할 목적으로 일정한 사항에 관하여 전문적 지식을 가진 일단의 소수 의원들로 하여금 의안을 예비적으로 심사·검토하게 하는 소회의제를 말한다.

위원회에는 상임위원회와 특별위원회의 두 종류가 있는바, 상임위원회는 소관사항에 관한 의안과 청원 등을 예비적으로 심사·처리하기 위하여 상설적으로 설치된 위원회이고, 특별위원회는 각 상임위원회의 소관사항이 아닌 특별한 안건을 심사·처리하기 위하여 일시적으로 설치되는 위원회이다.

2. 상임위원회

1) 설치

상임위원회는 시·도의회와 의원정수 13인 이상인 시·군·자치구의회에만 두도록 되어 있으며, 어떤 상임위원회를 몇 개 둘 것인가 또는 상임위원은 몇 명으로 할 것인가는 당해 자치단체의 조례로 정하도록 되어 있다. 의원의 수도 다양하고 산업구조, 자연환경 및 생활조건도 각각 다르므로 자기의 자치단체의 실정에 맞추어 상임위원회를 설치해야 할 것이다.

2) 구성

모든 의원은 하나의 상임위원이 되어야 하는데 상임위원은 의장이 추천하여 본회의 의결로 선임한다. 상임위원의 임기는 2년이다. 상임위원회에는 위원장 1인을 두며 상임위원의 임기는 상임위원장과 같이 2년이다. 위원장은 위원회를 대표하고 의사를 정리하며 질서를 유지하고 사무를 감독한다.

3) 권한

위원회는 그 소관에 속하는 의안과 청원 등을 심사한다. 각 상임위원회의 소관사항은 조례에 열거되어 있는바, 집행기관의 직제에 따른 업무분장에 의한 소관업무이다.

다만 의회의 원활하고 능률적인 운영을 위하여 운영위원회를 두고 있는데 이 의회운영위원회는 의회운영, 의회사무처(국·과)소관업무, 회의규칙 및 의회운영과 관련된 각종 규칙에 관한 사항을 다룬다.

의회에 제출되거나 발의된 모든 의안은 소관 상임위원회에 회부되는데, 회부를 받은 상임위원회에서는 심사를 하여 그 위원장이 본회의에 그 결과를 보고한다.

4) 운영

위원회는 회기 중 위원장이 필요하다고 인정하거나 재적위원 3분의 1 이상의 요구가 있을 때에 개회한다. 다만, 폐회 중에는 본회의의 의결이 있거나 의장이 필요하다고 인정할 때, 재적위원 3분의 1 이상의 요구 또는 지방자치단체의 장의 요구가 있는 때에 한하여 개회할 수 있다. 위원회에서는 당해 의회의원이 아닌 자는 위원장의 허가를 얻어 방청할 수 있으며, 위원장은 질서를 유지하기 위하여 필요한 때에 방청인의 퇴장을 명할 수 있다.

3. 특별위원회

1) 설치와 권한

시·도 광역자치단체나 시·군·구의 기초자치단체나 그 의회는 '특정한 안건을 심사하기 위하여' 필요한 때에 의회의 의결로 특별위원회를 설치할 수 있다. 대표적인 것으로, 의원의 징계와 자격에 관한 사항을 심사하기 위한 징계자격 특별위원회와 예산안과 결산을 심사하기 위한 예산결산특별위원회를 들 수 있다.

상임위원회의 종류와 그 직무권한은 '당해 자치단체의 조례'(위원회조례)에 의하여 정해지지만, 특별위원회의 설치와 그 직무권한은 '의회의 의결'로 정해진다.

특별위원회는 상임위원회와는 달리 임시특정의 안건에 대한 심사·처리를 위하여 설치된 것이므로 그 위원회에서 심사한 안건이 본회의에서 의결되면 자동으로 소멸된다.[2]

---

2) 예산결산특별위원회는 소멸되지 않는 상설특별위원회의 성격을 지니는 경우가 많다.

2) 구성과 운영

특별위원회의 위원은 의장이 추천하여 본회의의 의결로 선임한다. 특별위원회에는 위원장 1인을 두되 위원회에서 호선(互選)하고 본회의에 보고한다. 위원장은 그 위원회의 동의를 얻어 사임할 수 있다. 위원장의 직무는 상임위원장과 같다. 간사에 관한 규정도 상임위원회와 같다. 위원회의 운영은 상임위원회와 같으나 예산결산특별위원회 등의 회의운영에 대하여는 별도로 규정하고 있다.

1. 사무처(사무국·사무과)의 설치

시·도의회에는 사무를 처리하기 위하여 조례가 정하는 바에 의하여 사무처를 둘 수 있으며 사무처에는 사무처장과 직원을 둔다. 시·군·구의회에도 조례가 정하는 바에 의하여 사무국(사무과)을 둘 수 있으며 사무국(사무과)에 사무국장(사무과장)과 약간 명의 직원을 둘 수 있다.

의장은 의사정리권과 사무감독권이 있는데 이러한 권한을 행사하기 위해서는, 의회의 사무를 처리하기 위하여 일정한 조직과 직원이 필요하다. 이러한 필요에 의하여 「지방자치법」은 위와 같이 규정하고 있으며 이에 따라 사무처(사무국·과)설치에 관한 조례 등이 제정된다.

2. 직원의 신분과 직책

1) 신분

사무처장(국장·과장) 기타 사무직원은 모두 지방공무원으로 보한다. 사무직원의 임용·보수·복무·신분보장·징계 등에 관하여는 「지방자치법」에 규정한 것을 제외하고는 「지방공무원법」을 적용한다. 어떤 직을 일반직으로 보할 것이냐 별정직으로 보할 것이냐는 사무처(국·과)설치조례나 직원정수조례 등에서 정해야 할 것이다.

2) 직책

사무처장(국장·과장)은 의회의장의 명을 받아 의회의 사무를 처리한다. 사무직원은 의회에 관한 모든 사무를 처리하며 의회의 기능을 충분히 발휘하도록 해야 한다. 또한 「지방공무원법」의 적용을 받는 직원으로서 주민 전체에 대한 봉사자로서 복무해야 할 의무를 지고 있으므로 의회를 통하여 주민에게 서비스를 해야 한다. 특히 의회의 운영에 있어서 사무직원에게는 전문적 지식과 풍부한 경험이 필요하다. 회의의 운영을 보좌함에 있어서 문제가 생겼을 때 사무직원이 신속하고 명쾌하게 법적으로 해석하고 견해를 제시하면 의사는 신속하게 궤도에 진입하여 원활하게 운영될 것이다. 이를 위해서는 사무직원은 관계법에 정통하고 경험이 풍부하여야 할 것이다.

따라서 사무직원은 즉시즉결의 회의운영에 익숙하여야 하고 의장을 보좌하기 위하여 평소부터 법률, 조례, 규칙, 행정실례, 판례, 선례는 물론 자기 지방자치단체 및 다른 지방자치단체의 행정사무의 내용이나 집행상황을 충분히 조사·연구하여, 회의의 운영에 있어서 일어나는 문제에 대처할 수 있는 지식을 몸에 익히고 어떠한 사태에도 임기응변의 조치를 강구할 수 있도록 부단히 노력할 필요가 있다.

이와 같이 중요한 직책을 갖는 사무직원을 임면함에 있어서 열의와 능력이 고려되어야 함은 물론, 어떠한 사태에도 대처할 수 있는 능력을 갖추기 위하여 연수의 기회를 충분히 주어야 하고 장기 재직시킬 필요가 있다. 천태만상의 회의운영을 보좌함에 있어서는 아무리 우수한 직원이라도 단기간 근무한 지식으로는 충분한 보좌가 불가능하다. 의회운영에는 복잡한 요소가 많고 전문적 지식이나 경험이 요구되기 때문에 의장이 바뀔 때마다 사무처장(국장·과장)을 바꾼다거나 집행기관의 요청에 의하여 의회사무직원이 집행기관으로 자주 인사 이동하는 것은 바람직하지 못하다. 의회의 권위를 확립하기 위해서도 신중을 기해야 할 것이다.

<표 7-1> 시·도 지방의회의 위원회에 두는 전문위원의 정수

지방의원의 정수	전문위원		
	총 정수	4급	5급 이하
20명 이하	5명 이내	4명	1명
30명 이하	6명 이내	5명	1명
40명 이하	8명 이내	6명	2명
50명 이하	10명 이내	6명	4명
60명 이하	12명 이내	7명	5명
80명 이하	15명 이내	7명	8명
100명 이하	17명 이내	8명	9명
110명 이하	20명 이내	10명	10명
111명 이상	21명 이내	11명	10명

한편, 지방자치단체의 행정기구와 정원기준 등에 관한 규정 제15조 제2항에 의하면, 지방의회의 전문위원에 대한 직급과 정원이 명시되어 있는데, 전문위원은 소속위원회의 사무를 처리함에 있어 소속위원회 위원장의 지휘를 받아 소관사무를 처리하고 그 위원회 소속직원을 지휘·감독하는 핵심적인 직책이다(<표 7 - 1, 2> 참조).

<표 7-2> 시·군·구 지방의회의 위원회에 두는 전문위원의 정수

지방의원의 정수	전문위원		
	총 정수	5급	6급 이하
7명	2명 이내	1명	1명
9명 이하	2명 이내	2명	-
15명 이하	3명 이내	2명	1명
20명 이하	4명 이내	2명	2명
25명 이하	5명 이내	3명	2명
30명 이하	6명 이내	3명	3명
31명 이상	7명 이내	4명	3명

3. 의회사무의 내용

의회에는 대단히 광범위한 사무가 있는데, 크게 서무, 의사, 조사로 나눌 수 있으며 각각의 내용을 예시하면 다음과 같다.

1) 서무

서무는 의원명부의 작성(이력서·인사카드 등) 및 보관, 문서의 수발 및 보관, 공인의 보관, 의원의 출석·결석의 관리(출석부의 작성·보관, 결석계의 수리), 의원의 일비·여비의 지급, 의회의 예산·결산자료의 작성, 의회의 예산집행에 수반되는 사항 및 물품의 구입·보관, 대여의 청구, 임시직원 기타 고용원의 채용, 의전·접대·교제, 경조사, 의회의 홍보자료의 준비, 회의장의 단속·관리, 도서실의 정비·관리, 의장협의회 관련 업무, 직원의 인사·급여·상벌, 직원의 복무·규율·후생, 의원의 상조 및 공제회의 관리, 그리고 기타 의사 및 조사에 해당하지 않는 서무 등이 그것이다.

2) 의사

의사는 의사일정의 작성, 의안·청원의 수리·배포·송부, 본회의의 의사, 의회에서의 선거, 회의진행의 순서 준비, 회의록의 작성·보관, 방청, 회의장 기타 위원회실의 관리, 위원회의 기록 작성, 그리고 공청회 등이 그것이다.

3) 조사

조사는 조례·규칙의 제정·개폐, 의회관계의 여러 규정의 제정·개폐, 청원, 결의, 의견서, 의안심의에 필요한 자료의 조사, 행정사무의 감사·조사, 통계자료의 작성, 행정집행에 관련된 여론·정보의 수립·정리, 각종 법규의 조사·연구, 의원의 조사·연구, 그리고 의회홍보지 등의 발행 등이 그것이다.

4. 회의록

1) 회의록의 의의

회의록이란 의회의 공식기록임과 동시에 회의의 전말을 기록한 유일한 증거서류이며 당해 자치단체의 역사이기도 하다. 따라서 회의록은 수없이 많은 서류 가운데 가장 중요한 서류로서 의회에서 영구 보존하도록 되어 있다.

2) 기재사항과 서명

의회는 회의록을 작성하고 회의의 진행내용 및 결과와 출석의원의 성명을 기재하여야 한다. 사무처장(국장·과장)은 작성된 회의록에 의장(부의장·임시의장)과 의회에서 선출된 2인 이상의 의원의 서명날인을 받고 자기도 서명 날인함으로써 회의록은 완성된다.

회의록의 서명날인은 공정성을 확보하기 위한 것으로 서명의원은 이를 확인하고서 서명 날인할 책임이 있다. 다만 기록이 사실과 다를 때에는 정정을 요하고 정정된 뒤에 서명 날인하여야 한다. 정정의 요구에 응하지 않을 때에는 서명하지 않아도 좋다. 이런 경우에는 사무처장(국장·과장)은 이유를 기재한 '부전'을 붙여 둔다. 설령 서명의원 중에 서명날인을 하지 않은 의원이 있다손 치더라도 의결의 효력이 상실되는 것이 아니고 기재사실에 의문이 있다고 할 수 있을 뿐이다.

3) 자구(字句)의 정정과 이의의 결정

발언한 의원과 공무원 기타 발언자는 회의록이 배부된 날의 다음 날 오후 5시까지 그 자구의 정정을 의장에게 요구할 수 있다. 의원이 회의록에 개재한 사항과 회의록의 정정에 관하여 이의를 신청한 때에는 토론 없이 본회의의 의결로 결정한다.

제3편

지방의회의 운영론

본 편에서는 지방의회의 권한, 운영, 그리고 지방의회와 자치단체장 간의 상호작용 등에 대해 조명하고자 한다(문재우, 2007; 김동훈, 2004; 김유남, 2000; 김홍대, 1999; 안병만, 1990).

제8장 지방의회의 권한

지방의회의 권한은 제도적 권한과 법률적 권한으로 대별하는데, 먼저 전자에 대해 살펴보면 다음과 같다.

근대 국가의 정치 제도는 국가의 권력의 집중화를 방지하고 국민의 자유와 권리를 보장하기 위하여 삼권분립제인 입법권·사법권·행정권으로 구분하여 운용하고 있다.

특히 행정권의 난립과 월권을 방지하기 위하여 국민의 대표로서 구성되는 국회에 더 많은 권력을 부여하여 국민의 자유와 권리가 침해되는 것을 방지하고자 국회가 제정하는 법률에만 의하도록 제한하고 있다.

또한 국회에 감시 및 비판 기능을 부여하여 국민을 대신해서 행정권의 독주와 남용을 견제하기 위한 권한을 부여하고 있다. 예컨대 사법부나 행정부의 사전적 견제를 위하여 국민에 의한 선출직이 아닌 직책에 대하여는 청문회와 같은 권한을 국회에 줌으로써 한층 강력한 권한을 부여하고 있다.

지방의회의 권한은 기관통합제를 채택하느냐 혹은 기관대립(분립)형제를 채택하느냐에 따라 그 권한의 내용이 다르게 나타나고 있다. 영국의 기관통합형의 제도하에서는 의장이 시장(市長)을 겸직하고 각 위원회가 소속행정국을 통제하기 때문에 지방의회가 좀 더 강력한 권한을 가지게 된다.

반대로 미국의 대도시에서 채택하고 있는 기관대립(분립)형의 경우에는 강시장제를 채택하고 있어 시장이 좀 더 강력한 권한을 행사하기 때문에 의회는 의결 기능을 중심으로 한 제한된 권한만을 가지게 된다.

우리나라의 경우에는 시장의 권한이 좀 더 우월한 강시장제를 채택하고 있기 때문에 지방의회 권한은 상대적으로 약화될 수밖에 없다.

이러한 제도하에서의 의회 권한은 일반적으로 자치의결에 관한 권한, 자치입법에 관한 권한, 자치재정에 관한 권한, 주요 정책에 관한 심의·의결 권한, 그리고 사무행정 감시 및 비판 등에 관한 권한을 갖는다.

한편 법률적 권한에 대해서 살펴보면 다음과 같다.

지방의회는 법령에 의하여 일정한 권한을 갖게 되며, 내용에 의하여 구분하면 입법에 관한 권한, 재정에 관한 권한, 일반행정에 관한 권한, 의회 내부적 사항에 관한 권한이 있다. 이를 다시 실제 운용적 관점에서 구분하면 의결권, 감시권, 의견표명권, 청원심사처리권, 선거권, 내부조직권, 의원신분에 관한 권한, 그리고 기타 권한이 있다.

1. 조례제정권

1) 조례의 의의와 성격

(1) 조례의 의미

조례(條例, local law)란 지방자치단체가 법령의 범위 안에서 그의 사무에 관하여 의회의 의결을 거쳐 제정하는 자치에 관한 규정을 말한다.

지방자치단체는 헌법이 보장하는 자치권인 자치입법권을 지니며, 자치입법권에 의하여 제정되는 권한을 조례제정권이라 하고, 이는 지방의회 의결로써 제정되는 조례를 일컫는다.

일명 이를 자주법 혹은 자치법규라고도 하며, 지방자치단체는 지방의회에서 의결되는 조례와 지방자치단체 장이 제정하는 규칙을 지니며 협의의 자주법은 조례를 의미한다. 지방자치단체장이 제정하는 규칙은 조례의 범위 내에서 좀 더 세부적이고 구체적으로 제정하는 법을 규칙이라 하여 조례와 구분된다.

입법 체계상 조례의 위치는 <그림 8-1>과 같다.

헌법 ── 법률(국회 입법) ── 행정적 입법*

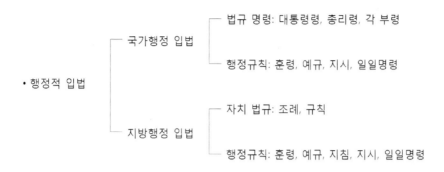

<그림 8-1> 입법체계상의 조례

(2) 조례제정의 범위와 한계

① 「지방자치법」상의 조례의 한계

조례는 「지방자치법」에서 명시된 대로 '법령의 범위 안에서 제정'되어야 하며, 또한 주민의 권리 제한, 의무 부담, 벌칙에 관한 조례는 개개 법률의 위임이 있어야 규정할 수 있도록 하고 있다.

조례로 벌칙을 제정할 때에는 개별법에서 벌칙 구성의 요건과 양형의 범위 등에 관하여 구체적인 위임이 전제되어야 한다.

이를 위하여 지방자치단체는 조례 위반 행위에 대하여 1천만 원 이하의 과태료를 부과할 수 있도록 위임하고 있지만, 이러한 경우에도 개별법의 위임이 있어야 1천만 원 이하의 과태료를 규정하는 조례를 제정할 수 있도록 하고 있다.

지방자치 행정에는 국가사무인 위임사무와 자치사무로 구성되어 있기 때문에 국가사무의 수행에는 당연히 조례의 저촉이 있어야 하지만, 자치사무의 조례 제정까지 법령의 범위 안에서 제정되어야 하는가의 문제이다.

조례는 국법체계의 일부로서의 지위와 권한을 부여받기 때문에 국가 법령에 모순되거나 저촉되어서는 안 된다. 이는 법치주의의 이념하에 국법 질서의 통일성을 유지한다는 차원에서 필요 불가결한 요소이다.

또한 조례와 법령 간의 형식적 효력 면에서도 조례는 국가 법령의 하위에 있는 하위 입법의 성격을 지니기 때문에 상위 입법인 국가의 법령을 위반하거나 침해해서는 안 된다는 법령 우위의 원칙을 부인할 수는 없다.

그러나 조례제정권은 지방자치권을 상징하며, 지방자치권의 본질은 보편성의 원칙과 자기 책임과 자기 부담의 원칙에 의하여 수행된다는 속성을 지닌다. 보편성의 원칙은 헌법 혹은 법률로써 국가나 공공사무로 유보하지 않는 한 지방적 공공사무에 대하여 포괄적인 권한이 보장된다는 의미를 지닌다. 그리고 자기 책임과 자기 부담의 원칙은 헌법과 법률에 의하여 자치사무에 관하여 국가의 후견적 지시나 감독 없이 순수한 지방적 감독하에 당해 지방자치단체가 자율적으로 처리하는 권한이 부여되어 있다.

이러한 의미에서 지방자치단체의 자치사무에 관한 조례제정권은 포괄성과 자율성이 인정되기 때문에 법령에 저촉되거나 모순되지 않는 범위 내에서 개별적 법률의 위임이 없어도 조례로 제정할 수 있을 것으로 판단된다.

② 상위 지방자치단체의 조례 및 규칙의 범위 안에서 제정

지방자치단체의 사무는 법령의 범위 안에서 제정되어야 한다. 따라서 시·도 광역의회의 조례는 법령의 범위 안에서, 규칙은 조례의 범위 안에서 제정되어야 하며, 시·군·자치구의회의 조례는 시·도의 조례 및 규칙의 범위 안에서 제정되어야 한다. 또한 기초자치단체 장의 규칙은 당해 자치단체 조례의 범위 안에서 제정되어야 한다. 그리고 기초자치단체 장의 규칙은 당해 자치단체 조례의 범위 안에서 제정되어야 한다.

③ 단체위임사무 및 자치사무 범위 안에서 제정

당해 조례로 제정할 수 있는 사무는 국가사무인 단체위임사무와 기관위임사무 중에서 기관위임사무를 제외한 단체위임사무와 지방자치단체의 고유사무인 자치사무만을 조례로 제정하도록 규정하고 있다.

2) 조례의 종류

조례의 종류는 조례의 내용이나 법령과의 관계 기준에 따라 다음과 같은 종류로 구분할 수 있다.

(1) 규율 대상을 기준

주민의 권리 · 의무에 관한 지방세, 사용료, 수수료, 분담금 등에 관한 조례, 자치단체의 내부 조직 운영에 관한 직속기관, 사업소, 출장소 등의 설치에 관한 조례를 말한다.

(2) 제정 근거를 기준

위임조례로서 법령의 위임하에 제정된 전염병 예방 접종, 상수도 조례, 하수도 조례 등과 직권 조례로서 법령의 위임 없이 자치단체가 자주적으로 제정하는 시민의 날 조례, 시민헌장 조례 등을 말한다.

(3) 제정의무를 기준

필수조례(필요적 조례)로서 성격상 반드시 제정되어야 할 상 · 하수도, 오물 수거, 청소사무 등에 관한 조례와 임의조례(임의적 조례)를 의미한다.

(4) 조례의 구분

① 주민의 의무 · 권리 제한에 관한 조례
- 벌칙에 관한 조례
- 과태료에 관한 조례
- 재해위험지구 내에서의 건축물의 건축 금지 제한에 관한 조례
- 도시계획법의 규정에 의하여 지정된 지구 내에서(풍치미관지구 내)의 건축물의 건축에 관한 조례
- 소개영업 요금의 기준과 한도에 관한 조례
- 을류 농지세 납세 의무자의 소득 금액 등의 신고 의무에 관한 조례
- 취득세와 관련된 일정 사항의 신고 의무에 관한 조례
- 마권세 신고 의무에 관한 조례

- 마사회의 장부 비치 의무에 관한 조례

- 재산세 신고 의무에 관한 조례

- 유흥·음식·숙박 등 영업의 개업·폐업의 신고 의무에 관한 조례

- 특별징수 의무자 등의 장부비치 의무에 관한 조례

② 지방자치단체의 조직과 사무처리에 관한 조례

- 지방자치단체 및 구읍면 사무소의 소재지에 관한 조례

- 자치구가 아닌 구와 읍면동의 명칭과 구역에 관한 조례

- 동리의 하부조직의 설치에 관한 조례

- 의회 위원회의 설치 운영에 관한 조례

- 인사위원회 위원의 실비 보상에 관한 조례

- 지방공무원의 실비 보상에 관한 조례

- 지방공무원의 복무에 관한 조례

- 지방공무원의 표창에 관한 조례

- 시험위원 및 시험감독관의 수당 및 여비에 관한 조례

- 공인(公印) 조례

- 특별회계 설치 조례

- 출장소 및 사업소 설치에 관한 조례

- 도시건설 종합계획심의회의 조직, 기능, 운영에 관한 조례

- 지방도시계획 위원회의 운영에 관한 조례

- 예산 편성에 관한 조례

- 공유재산심의회의 구성과 운영에 관한 조례

- 회계 관계 공무원의 재정 보증에 관한 조례

- 계약방법에 관한 조례

③ 주민의 재정적 부담에 관한 조례

- 지방세의 부과·징수에 관한 조례

- 사용료·수수료·분담금의 징수에 관한 조례

- 과세 면제 등을 위한 조례
- 재산세의 납기에 관한 조례
- 도시계획세의 부과·징수에 관한 조례
- 공동시설세의 부과·징수에 관한 조례
- 지방자치단체의 미수금의 납부 기한의 연장에 관한 조례
- 국가의 공동시설의 사용료 징수에 관한 조례
- 공원사업 수익자 부담금의 과징에 관한 조례
- 교육에 관한 특별부과금의 과징에 관한 조례
- 오물 수집 수수료의 징수에 관한 조례
- 유기장 허가수수료 징수에 관한 조례
- 도시계획사업 수익자 부담금 징수에 관한 조례
- 교량·도선시설·지하도 통행료의 징수에 관한 조례
- 도로점용료의 징수에 관한 조례
- 도로공사 수익자 부담금 징수에 관한 조례
- 하천점용료 또는 사용료의 징수에 관한 조례
- 하천공사 수익자 부담금 징수에 관한 조례
- 공유수면 점용료 또는 사용료의 징수에 관한 조례

④ 공공시설의 설치관리를 위한 조례
- 수도의 설치 관리에 관한 조례
- 하수도의 설치 관리에 관한 조례
- 공원의 보호 및 공원시설의 유지 관리에 관한 조례
- 공설묘지의 설치 사용에 관한 조례
- 공설 화장장의 설치 관리에 관한 조례
- 공설 욕장의 설치 관리에 관한 조례
- 공공 도서관의 설치 관리에 관한 조례
- 학교의 설치 운영에 관한 조례
- 광장의 설치 사용에 관한 조례

- 보건소의 설치 운영에 관한 조례
- 공립병원의 설치 운영에 관한 조례
- 시장 사용에 관한 조례
- 도축장 사용에 관한 조례
- 복지관, 공민관, 시민회관 등의 설치 관리에 관한 조례
- 공영주택 및 복리시설의 관리에 관한 조례

⑤ 행정내용에 관한 조례
- 지방문화재의 지정·관리·보호에 관한 조례
- 장학금 대여에 관한 조례
- 지방산업교육심의회의 조직과 운영에 관한 조례
- 사립학교에 대한 시설보조에 관한 조례
- 생활보호기금적립금 조례
- 상환곡 관리 조례
- 농가대여양곡 관리 조례
- 가축예탁 조례
- 기계류 관리 조례
- 중기 사용 조례
- 토지개량사업의 공시 방법에 관한 조례

3) 조례의 체계와 효력

(1) 조례의 법체계

조례에 대한 일반적인 법체계는 국가 최고법인 헌법에 근거하며 법률, 대통령령, 총리령, 각부 부령의 순서로 되어 있는 국법 체계의 일부로서 조례와 규칙은 위 법령의 하위 체계를 이룬다.

즉 법령 체계는 헌법 - 법률 - 명령 - 조례 - 규칙의 순서로 체계를 이루고 있으며, 조례는 법률과 명령에 위반할 수 없으며, 규칙은 조례를 위반할 수

가 없다.

또한 광역자치단체인 서울특별시, 광역시, 도의 조례와 규칙은 시·군·자치구인 기초자치단체의 조례와 규칙보다 우선한다.

(2) 독자적 체계

조례는 독자적 법체계를 이루며 국가 법령의 하위체계로서 국가 법령과 구별되며, 조례는 당해 지방자치단체의 주민에게만 적용된다. 단 다른 지방자치단체 주민이 당해 지방자치단체의 공공시설을 이용 또는 사용한 자에게는 당해 지방자치단체의 조례가 적용된다.

(3) 위임사무에 대한 권한

조례는 법령에 의하여 위임된 사무에 대하여 그 사무는 지방자치단체의 권한에 속하는 사무로서 조례가 적용되며, 이는 자치단체의 사무를 이관한 것으로 해석한다.

또한 다른 자치단체의 구역에 설치한 공공시설이 있는 경우, 소관 사항의 일부를 타 지방자치단체 또는 그 장에게 위탁하여 처리하는 경우, 지방자치단체의 장이 그의 권한에 속하는 사무의 일부를 다른 지방자치단체의 구역에 있는 법인 또는 자치단체에 위탁하는 경우에는 당해 지방자치단체의 조례가 다른 지방자치단체에서의 구역에서도 적용된다.

4) 조례의 입법절차

(1) 조례의 발안과 제출

① 조례안의 발안(입법 및 제안)

조례는 의회에서 '의결할 안건'으로서 지방자치단체의 단체 의사를 결정하는 것이다. 조례의 발안은 '의결할 안건'을 주민이 선출한 지방의회 의원이나 지방자치단체의 장(교육·학예에 관한 조례 발안은 교육감)이 발언할 수 있다.

- 지방의회 의원의 발안

지방의원은 선거구의 지역구 활동과 의회에서 의정 활동을 통하여 당해 지방자치단체의 문제점이나 불합리한 제도 혹은 주민의 요구 및 지지, 반대 하는 사항을 면밀히 검토하여 조례를 제정하거나 개정하여야 할 많은 사항을 중심으로 조례안을 작성・발의하여야 한다.

지방의원은 조례를 발의하기 위해서 철저한 자료 수집과 주민의 의견수렴, 그리고 이에 대한 충분한 분석 과정을 통하여 객관적 입장을 견지하고 또한 지방자치를 구현할 수 있는 정책을 발의하여야 할 책임과 의무가 있음을 명심하여야 한다.

의원은 조례의 제정 또는 개폐의 필요시 발안하며, 조례의 발안은 재적의원 1/5 이상(시・군・자치구의회) 또는 의원 10인 이상(시도의회)이 연서로 작성하여 발의되며, 조례안은 안을 갖추어 문서로써 의장에게 제출되어야 한다.

의원의 발안권은 의원 자격에 한해서만 인정되기 때문에 의장, 부의장, 위원장으로서의 개인적 발의는 불가하며 반드시 의원 자격으로서만 발의가 가능하다.

- 지방의회 위원회의 의안 발안

지방의회의 위원회로부터 의안을 발안할 수 있도록 규정하고 있다.

주민이 조례안을 요청하는 경우에는 의원의 소개를 받아서 지방의회에 청원할 수 있으며, 그 청원 내용이 조례의 제정・개폐에 관한 것이면 소개를 한 의원 및 소관 위원회 의원들은 조례의 성립 여부를 검토하여 발안할 수 있다.

- 주민의 조례 제정, 개・폐 청구

주민의 조례 제정 및 개폐 청구에 연서하여야 할 20세 이상이 주민 수를 지방자치단체의 인구 규모에 따라 370인에서 14만 인까지 차등화하여 정하고, 지방자치단체장은 매년 1월 10일까지 조례 제정 및 개폐를 청구할 수 있는 주민 수를 공표하도록 규정하고 있다.

그리고 20세 이상의 주민이 조례 제정 및 개폐 또는 감사를 청구하고자 하는 경우에는 대표자 증명서의 신청, 청구인명부 작성, 서명 요청의 절차 및 방법, 청구인명부 열람 및 이의 신청에 관한 사항을 구체적으로 정하도록 하였다.

따라서 지방자치단체의 20세 이상의 주민이 조례의 제정이나 개정·폐지 청구 시에는 청구인의 대표자를 선정하여 청구인명부에 기재하여야 한다.

단, 다음의 사항은 청구대상에서 제외한다.

지방세·사용료·수수료·부담금의 부과·징수 또는 감면에 관한 사항

- **지방자치단체 장의 발안**

지방자치단체 장이 발안하는 조례안은 의회에 제출되기 전에 집행기관의 간부들로 구성되는 조례규칙심의회의 심의를 거친 후 발안된다.

자치단체의 장이 제출하는 조례안의 범위는 조례의 신규 제정 사항, 기존 조례의 개폐의 제안을 할 수 있다.

자치단체의 장이 타 부서와 협의를 요하는 사항은 공공요금·수수료, 기타 예산이 수반되는 사항, 인사·조직에 관한 사항, 서식·정기보고에 관한 사항, 회계 관련 사항 등이 있다.

법령 중에 조례를 제정, 개정 또는 폐지하는 경우에는 사전에 중앙행정기관의 장 또는 상급 지방자치단체의 장의 사전 승인을 받거나 협의하도록 규정하고 있어 지방자치단체의 장은 조례안의 입안 과정에서 사전에 협의나 승인 절차를 거쳐야 한다.

다만 예외적으로 당해 조례로 규정한 사항에 관하여 사전에 사전 승인이나 협의 대상기관으로부터 '조례준칙안'이 시달되었을 때에는 예외로 하도록 규정하고 있다.

② **입법예고 및 공청회**

주민의 의견을 수렴할 필요가 있는 경우에는 사전에 '입법예고'와 '공청

회'를 통하여 조례안을 제출할 수 있다.

입법예고란 주민의 일상생활과 직접 관련되는 자치 법규의 제정과 개정 시에 입법 취지와 주요 내용을 사전에 지역 주민에게 알림으로써 조례안에 대한 주민의 알 권리를 충족시킨다.

또한 주민들로 하여금 조례안에 대한 의견을 제시하도록 함으로써 주민의 의사에 기초한 행정의 민주성을 확보하기 위한 제도로서의 성격을 지니고 있다.

입법예고 기간은 법령상 특별한 규정은 없지만 현행 「행정절차법」이 특별한 사정이 없는 한 입법예고 기간은 20일을 두도록 규정하고 있으므로, 다른 자치법규의 입법예고도 이에 준하여야 할 것으로 본다.

입법예고 결과 제출된 의견의 처리와 관련한 업무운영규정 제18조 제1항 에서는 "법령안 주관기관의 장은 입법예고 결과 제출된 의견을 검토하여 법령 안에의 반영 여부를 결정하고 그 처리 결과 및 처리 이유 등을 지체 없이 의견 제출자에게 통지하여야 한다."라고 규정하고 있어 동 조항을 자치 법규안의 입법예고에 관하여 준용하고 있다.

입법예고가 필요한 조례는 다음과 같다.

- 주민의 이해와 관련이 많은 조례안: 개발계획 등
- 주민의 경제적 부담이 수반되는 조례안: 세금 부담 등
- 주민의 일상생활에 관련되는 조례안: 쓰레기장 설치 등
- 주민의 복리 증진에 관련되는 조례안: 뇌염모기 예방 등
- 기타 주민의 의견 수렴이 요구되는 주요 조례안

공청회의 경우에는 행정사무조례 등 주민의 권리, 자유, 이익을 제한하거 나 혹은 의무를 부과하는 내용의 심의 시 주민을 대상으로 하는 공청회를 통한 의견 수렴을 할 수 있다.

③ 지방의원과 자치단체장의 전속적 발안권

의결기관과 집행기관의 분립을 위하여 조례제정권이 지방의원이나 혹은 자치단체의 장의 한쪽에만 전속되는 조례는 다음과 같다.

- **의회의 의원에게만 전속하는 조례**
  · 상임위원회, 특별위원회 설치
  · 의회사무국의 설치 및 운영에 관한 조례

- **자치단체장의 장에게만 전속하는 조례**
  · 직속행정기관 설치
  · 사무소 및 출장소 설치
  · 합의제 행정기관의 설치
  · 특별회계 설치 조례
  · 지방자치단체 내부조직 설치에 관한 조례

(2) 지방의원의 조례안 작성과 제출

① 조례안의 초안 작성

조례안 작성의 필요성이 충분하게 제시되면 조례안을 작성하기 위하여 먼저 조례안 작성의 목적과 필요성, 주요 골자, 관련 부서와 협의 및 예산 소요 파악, 관련 주민 및 단체의 의견 등을 면밀히 분석하여 작성한다.

조례는 법령을 위배할 수 없기 때문에 법령이나 기존의 조례와의 저촉 등과 관련 여부를 파악하며 이는 지방의회 전문위원이나 다른 전문가 등의 자문을 구한다.

그리고 집행기관과 충분한 협의를 거쳐 조례 제정 시 시행상의 예상되는 문제점은 무엇인가 혹은 예산 소요와 조달 등에 대한 문제점에 대하여 협의하고 미비점을 보완한다.

② 조례안 성안(成案)

조례안은 그 내용과 체계, 형식을 갖추어야 하며 제안 이유, 주요 골자, 신·구조문 대비표(개정안 시) 등을 정리하여 제안 형식에 맞도록 안을 정리한다. 조례안의 성안은 조례를 새롭게 만들기 때문에 제1조(목적), 제2조(정의)부터 부칙까지 필요한 모든 규정을 둔다.

- 조례의 성안 형식

성안 형식은 조례의 제명을 기록하고 본칙과 부칙을 구분하여 배열하되 본칙은 총칙적 규칙, 실체적 규정, 보칙 규정, 벌칙 규정, 그리고 부칙 순으로 기술한다.

〈표 8-1〉 조례의 성안 형식표

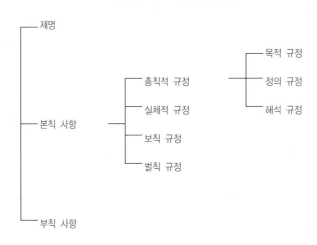

(3) 조례안의 심의 및 의결

① 조례안의 심의절차

지방의회는 조례의 제정 및 개폐에 관해서 의회 의결을 거쳐야 한다. 조례의 의결에 앞서 의회에서의 심의 절차는 조례안 제안자가 조례안을 의회에 제출하면 의장이 이를 의사일정에 넣어 본회의에 보고하고 상임위원회에 회부하거나 혹은 본회의에 회부하여 심의 처리한다.

심의처리는 상임위원회가 설치된 의회와 상임위원회가 설치되지 않는 의회의 경우가 다르다. 상임위원회는 시·도의회와 의원 정수 13인 이상의 시·군·자치구의회에 설치되며, 광역의회는 「지방자치법」이 적용되며 기초의회에는 대통령령이 적용된다.

- 상임위원회 설치 의회에서의 심사 절차

의장은 본회의에 보고된 조례안에 대하여 상임위원회에 회부하여 조례안을 심사하며 심사 절차는 제안자의 취지 설명(제안 이유), 전문위원의 검토보고, 질의 및 토론, 축조심사, 표결의 순서로 진행되며, 축조 심사는 위원회 의결로써 생략될 수 있다.

또한 상임위원회가 설치된 의회에서는 의원의 동의가 있거나 의장이 필요하다고 인정할 때에는 본회의의 의결을 거쳐 특별위원회를 구성하여 회부할 수 있다. 위원회에 회부되지 아니한 조례안은 별도의 절차 없이 의장이 이를 본회의의 의사일정에 올려 심의에 부친다.

- 상임위원회가 설치 안 된 의회에서의 심사 절차

상임위원회가 없는 의회에서는 조례안에 대하여 의장이 바로 본회의에 부의(附議)한다. 또한 의원의 동의가 있거나 의장이 필요하다고 인정한 때에는 본회의 의결을 거쳐 특별위원회를 구성하여 위원회 심의를 거쳐 본회의에 부의할 수 있다.

- 본회의 심의절차

본회의에서의 심의절차는 본회의 심의절차나 위원회의 심의 절차나 비슷하지만 위원회의 심사를 거친 조례안은 위원회에서 이미 사전심사를 하였기 때문에 본회의에서의 심사는 정책적 차원에서 이를 심의하게 된다. 이 경우 제안자의 취지 설명은 위원장의 심사보고로 대신하고 축조 심사를 하지 아니한다.

② 조례안의 의결

심의를 완료한 조례안은 특별한 경우를 제외하고는 재적의원 과반수 출석과 출석의원 과반수 출석과 출석의원 과반수 찬성으로 의결하며, 의장도 표결권을 가지며 가부동수인 경우에는 부결된 것으로 본다.

③ 지방자치단체장의 조례안 심의 · 의결 절차

지방자치단체장은 의회에 조례안을 제출하거나 또는 의회에서 의결된 조례안을 공포하고자 하는 경우 이를 심의 · 의결하기 위하여 자치단체장 소속하에 '조례 · 규칙심의회'를 두도록 하고 있다.

자치단체장은 조례안에 대하여 자치법규의 적법성 · 타당성을 확보하기 위하여 검증과 관련 기관과의 협조 및 정보 공유 기구로서의 역할을 수행한다.

만약 자치단체장이 조례안을 제출할 때에 조례 · 규칙심의회에서 심의의결을 거치지 않고 제출된 경우에는 확정되었을 때 무효의 시비가 예상된다. 만약 이러한 경우에는 조례안을 무효로 판단하기 어렵겠으나 「지방자치법」의 규정을 위반한 행위로서 절차상의 하자로 쟁송대상은 될 수 있다.

(4) 조례안의 이송 및 공포

① 조례안의 이송 및 공포

지방의회에서 조례안이 의결되면 의회 의장은 의결된 날로부터 5일 이내에 지방자치단체장에게 이송하여야 하고, 이송받은 지방자치단체장은 자치단체의 내부적 기관인 조례 · 규칙심의회의 심의를 거쳐 20일 이내에 공포하여야 한다.

만약 이송받은 조례안이 이의가 있을 때에는 20일 이내에 이유를 첨부하여 재의를 요구하여야 하며, 재의 결과 종전과 같이 동일하게 의결 및 확정된 조례안은 지체 없이 공포하여야 한다.

자치단체장이 지방의회로부터 이송받은 조례안을 20일 이내에 공포하지 않거나, 재의도 요구하지 않을 때에는 그 조례안은 자동적으로 확정되고 자치단체장은 확정된 조례를 지체 없이 공포하여야 한다.

또한 자치단체장이 확정된 조례안이나 재의 결과 전과 동일하게 의결·확정되어 재이송된 조례안을 공포하지 않으면 확정 및 이송된 후 5일 이내에 의회 의장이 이를 공포한다.

조례의 공포 시 공포문에 전문(全文)을 붙이고 전문에는 조례 제정 및 개정의 의미와 의회 의결을 얻은 의미를 기재하여야 한다. 공포 방법은 자치단체의 공포 방법에 의하여 공포한다. 지방의회 의장이 공포하는 방법은 공보나 일간신문에 게재하거나 혹은 게시판에 공포하는 방법으로 한다.

② **조례의 공포 방법**

조례 공포 시 공포문에는 전문을 붙여야 하며 전문에는 조례의 제정 또는 개정한 의미와 의회 의결을 얻은 뜻을 기재한다. 지방자치단체장은 서명한 후 직인을 찍고 일자를 기록하여야 한다.

지방의회 의장이 공포한 경우에는 조례의 공포문 전문에 의회 의결을 얻은 의미와 지방의회 의장이 공포하는 이유를 명기하여 의회의장이 서명한 후 직인을 찍고 일자를 명기한다. 조례의 공포는 자치단체장의 공보물에 게재하며, 지방의회 의장이 공포한 경우에는 공보나 일간신문에 게재하거나 게시판에 게시하는 법을 사용한다.

(5) 조례안의 보고

지방자치단체장의 조례가 제정되거나 개정 혹은 폐지된 경우에는 의회에서 송부된 날로부터 5일 이내에 시·도지사는 행정안전부 장관에게, 시장·군수·자치구청장은 시·도지사에게 그 전문을 붙여 각각 보고하여야 한다. 보고받은 행정안전부 장관은 중앙행정기관의 장에게 통보한다.

또한 시·도지사는 시장·군수·자치구청장으로부터 보고받은 내용 중에 행정안전부 장관이 지정한 사항이 있을 때에는 이를 지체 없이 행정안전부 장관에게 보고하여야 한다.

(6) 재의요구권

① 개요

재의요구제도는 대통령제와 유사한 기관대립형(mayor – council form)을 채택하고 있는 지방자치단체에서 지방의회의 권한 행사에 관하여 집행기관의 견제 수단으로 활용되는 제도로서 지방자치단체 간의 견제와 균형(check and balance)을 유지하는 핵심적 요소이다.

그러나 집행기관이 이를 남발하면 오히려 의회의 기능을 마비시키거나 혹은 제한하기 때문에 지방 발전의 요소로 작용될 우려가 있다.

그리고 「지방자치법」은 지방의회의 조례입법에 관한 집행기관의 재의요구와 별도로 국가가 지방자치단체를 지도·감독하는 지위에서 지방의회 의결 사항에 관한 국가의 재의요구 지시 제도를 규정하고 있다.

특히 지방자치단체 내부적으로 지방의회와 집행기관과의 사이에 이견이 없더라도 국가의 재의요구 지시에 의해서 당해 지방자치단체의 장은 재의요구를 하게 된다.

재의요구에 대하여 지방의회에서 재의된 조례에 대해서는 집행기관은 이를 대법원에 제소하도록 함으로써 사법부 판결에 의하여 집행될 것인가 아니면 폐지될 것인가가 결정된다.

이는 조례의 입법 한계인 법령의 범위 안에서 조례가 제정·개정되어야 한다는 헌법의 요구를 충족시키기 위한 국법 질서의 확립을 위한 조치라고 평가할 수 있다.

② 재의요구권

– 지방자치단체 장의 재의요구권

지방자치단체장은 의회에서 이송된 조례안대로 공포하여야 하지만 이송된 조례안에 대하여 다음의 경우에는 지방의회에 대하여 재의요구를 할 수 있다.

이의(異議)가 있는 경우, 조례안이 월권·법령 위반이거나 공익을 현저히 해한다고 판단될 때, 예산상 의무적 경비의 삭감 등 집행이 불가능한 의결을 한 경우, 상급 감독관청의 재의요구가 있는 경우에는 20일 이내에 이유를 첨부시켜 지방의회에 환부하여 재의를 요구할 수 있다.

이유 첨부 시에는 어떤 조, 어떤 내용이 왜 월권이고 무엇이 법령을 위반하여 집행이 불가능한지를 명확히 명시하여야 한다.

자치단체장은 조례안을 이송받은 날로부터 20일 이내에 공포나 재의요구를 하지 않으면 그 조례안은 조례로서 확정된다.

재의요구는 조례안의 전부에 대해서만 가능하며 일부에 대하여 또는 조례안을 수정하여 재의를 요구할 수 없다.

재의요구에 대한 지방의회의 심사는 부득이한 경우를 제외하고는 재의요구가 도착한 날로부터 10일 이내에 재의에 부쳐야 한다. 단, 의회가 폐회 중이거나 휴회 중인 경우에는 제외한다.

- 재의 요구된 안건 처리 절차

재의 요구된 안건은 재적의원 과반수 출석과 출석의원 2/3 이상의 찬성으로 전과 동일한 의결을 하면 당해 안건은 확정되며, 재의 요구된 의안에 대하여는 가부(可否)만 결정하며 수정·의결할 수는 없다. 만약 재의 요구된 의안이 찬성을 얻지 못하면 조례안은 자동 폐기된다.

- 재의 요구된 의안의 수정의결

재의 요구된 의안을 수정하여 의결하고자 할 때에는 수정안 발의·의결하는 것이 아니라, 재의 요구된 의안을 폐기시키고 재의 요구된 의안을 변경한 새로운 의안을 발의하여 의결시키는 절차를 거쳐야 한다.

- 지방의회 의결이 월권·법령 위반 시 재의요구

자치단체장은 지방의회 의결이 월권 또는 법령에 위반된다고 인정될 때에는 재의 요구할 수 있다. 지방의회 의결의 월권과 법령 위반에 대한 판단 여부는 자치단체장의 권한에 속하는 사항이다.

여기서 월권이란 법적 근거에 없는 사항을 의결하거나 혹은 자치단체장에게 전속되어 있는 예산안(추경예산 포함), 각종 동의안과 승인안 등의 의안을 의원이 발의하여 의결하는 행위를 의미한다.

또한 법령 위반이란 의회가 의결한 사항이 법령에 저촉되는 것을 의미하는 것으로서 상급자치단체장의 조례 및 규칙에 위반하는 경우도 이에 해당된다.

- 예산상 집행이 불가능한 의결의 재의요구

자치단체장은 의회의 의결이 예산상 집행할 수 없는 경비가 포함되어 있는 경우나 혹은 의무적 경비 등이 삭감된 경우에는 재의를 요구할 수 있다.

- 감독관청의 지시에 의한 재의요구

지방의회에서 의결된 조례안이 법령에 위반되거나 공익을 현저히 해한다고 판단될 때이다. 재의요구 지시는 시·도에 대해서는 행정안전부 장관이, 시·군·자치구에 대해서는 시·도지사가 당해 자치단체장에게 재의를 요구하도록 지시하고, 지시를 받은 자치단체장은 이유를 첨부하여 재의요구를 하도록 교정하고 있다.

재의요구 기간은 명시를 하지 않고 있으나 의회에서 이송받은 날로부터 20일 이내에 재의요구를 하는 것이 일반적 추세이다. 재의결은 재적의원 과반수의 출석과 출석의원 2/3 이상의 찬성을 얻지 못하면 조례안은 자동적으로 폐기된다.

③ 제소권 및 집행정지 결정

지방자치단체장이 재의 요구한 의안을 의회에서 출석의원 2/3 이상의 찬성으로 재의결되어 조례로 다시 확정되었을 때 재재의(再再義) 요구는 할 수 없지만, 재의결된 안건이 법령에 위반된다고 판단될 때 대법원에 제소할 수 있는 제도적 장치이다.

자치단체장은 자기 판단하에 재의결된 조례안이 법령에 위반된다고 판단될 때에는 재의결된 날로부터 20일 이내에 대법원에 소를 제기할 수 있다. 이와 같은 제소의 경우에는 재의요구와는 달리 단지 '법령에 위반되는 경우'에 한하며, 제소 여부는 자치단체장 스스로 판단하되, 자치단체장은 재의결된 조례안에 대한 대법원 제소와 더불어 의결된 안에 대한 집행을 정지하게 하는 '집행정지 결정'을 신청하여야 한다.

또한 감독청의 지시에 의하여 재의 요구된 안이 법령에 위반됨에도 불구하고 자치단체장이 소를 제기하지 아니한 경우에는 행정안전부 장관은 시·도지사에게, 시·도지사는 시·군·자치구청장에게 소를 제기하도록 지시 및 집행정지 결정 신청을 할 수 있다. 이러한 경우 행정안전부 장관 및 시·도지사는 재의결된 날로부터 20일이 경과한 일부터 7일 이내에 제소하여야 한다.

감독청의 지시에 의한 자치단체장의 제소는 지시를 받은 날로부터 7일 이내에 제소하여야 하며, 만약 자치단체장이 제소를 하지 않을 경우에는 감독관청이 7일 이내에 직접 제소할 수 있다.

(7) 조례의 효력 발생

조례는 특별한 규정이 없는 한 공포한 날로부터 20일이 경과하게 되면 자동적으로 효력을 발생한다.

① 속인속지(屬人屬地)적 범위의 효력

조례는 인적·시간적·장소적인 효력을 지닌다. 인적 범위는 당해 지방자치단체의 주민등록이 되어 있는 주민에 한하는 속인적 원칙을 적용하지만, 예외적으로 다른 자치단체의 주민이면서 공공시설의 이용자와 공공시설의 특별 사용자 등이 적용되는 경우도 있다.

조례는 일반적으로 공포한 날로부터 효력이 발생되고 또한 원칙적으로 소급 적용되지는 않지만, 소급 적용으로 인하여 주민에게 이익이 되는 경우에는 소급 적용이 가능하다.

지역적 범위는 당해 자치단체의 지역에 한하여 미치는 속지적 원칙이 적용되지만, 다른 자치단체의 구역에 설치한 공공시설이 있는 경우, 소관사무를 다른 자치단체 또는 그 장에게 위탁하여 처리하는 경우, 소관사무를 다른 자치단체의 구역 안에 소재하는 법인 또는 단체 등에 위탁 처리하는 경우에는 당해 자치단체의 관할 구역 밖에서도 그 효력을 갖는다.

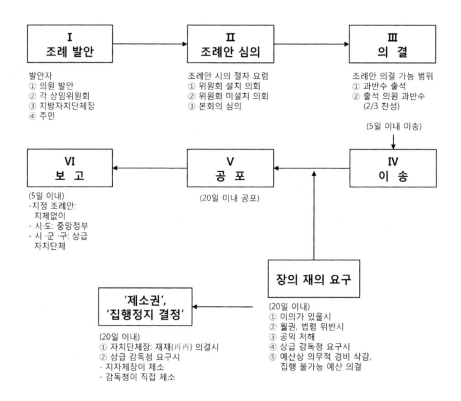

<그림 8-2> 조례의 입법절차도

② 조례와 다른 법률과의 상호관계

조례 상호 간의 적용 원칙은 법령의 상호 원칙인 상위법 우선의 원칙, 후법 우선의 원칙, 특별법 우선의 원칙과 동일하게 적용된다. 기존 조례의 규정과 저촉되는 새 조례가 재정된 때에는 새 조례의 규정이 우선하고, 특정 사항을 규정한 조례는 특별법 우선의 원칙이 적용된다. 새로 조례를 제정하거나 개정할 때에는 기존의 조례와 모순 혹은 저촉되는 조례를 제정하거나 개정 또는 폐지하는 경우에는 기존의 조례와 관계를 명확히 규정함으로써 조례 상호 간의 혼잡을 피해야 한다.

2. 예산 · 결산권

1) 예산의 심의 및 확정권

(1) 예산의 의의

① 예산의 의미

예산이란 일정 기간, 즉 일회계연도(一會計年度: 1월 1일～12월 31일)의 세입(수입)과 세출(지출)에 관한 것으로서, 일정 기간의 수입과 지출에 관한 예정적 계산인 예정준칙(豫定準則)을 의미한다.

국가예산은 헌법과 「예산회계법」에 의하여 정부가 편성하여 국회가 심의 · 의결한 1회계연도의 '국가재정계획'이지만, 지방자치단체의 예산은 「지방자치법」과 「지방재정법」에 의하여 지방자치단체장이 편성하여 지방의회에서 심의 · 의결한 1회계연도의 지방자치단체의 재정계획을 지방자치단체의 예산이라 한다.

지방예산안 제출은 지방자치단체에서만 제출할 수 있으며 지방의원이 제출할 수는 없는 것이다. 또한 예산안의 지출예산안의 금액을 증액하거나 새 비목을 증설하는 사항은 금지하도록 규정되어 있다.

참고로 예산의 성격은 외국의 경우 영국과 미국에서는 예산안은 법률과 동일한 형식으로 성립되어 '세출예산법'에 의하지만, 한국과 일본에서는 예산과 법률이 다르며, 예산 형식으로 편성하여 의결된다는 점이 다르다.

② 예산의 원칙

- 예산총계주의 원칙

예산총계주의 원칙은 한 회계연도의 일체 수입과 지출은 모두 세입 · 세출에 편입시켜 세입은 세입예산에, 세출은 세출예산에 편입하고, 예산은 공금적(公金的) 성격을 지니고 있기 때문에 모든 세출과 세입을 전부 계상하여야 한다는 원칙이다.

여기서 공금적 성격이란 예측할 수 있는 수입 및 지출을 의미하는데 이를 전부 예산에 계상하여 주민 대표의 의결(지방의회)을 통한 후 예산을 사용하여야 한다는 정신을 말한다. 그러나 다음과 같은 경우에는 예외로 한다.

예외인 경우로는 현물출자, 과오납금의 반환, 일시차입금에 의한 수입, 세계잉여금(歲計剩餘金)을 기금으로 편입하는 경우의 수입과 지출, 그리고 기금 관리상의 수입과 지출 등이 포함된다.

- 예산단일의 원칙

지방자치단체의 예산을 세입과 세출을 포함한 단일의 예산으로 한다는 원칙으로서, 자치단체의 회계를 하나로 하여 세입·세출을 일괄 경리하여 1회계연도의 일회의 예산으로 편성한다는 것을 의미한다.

왜냐하면 복수의 예산을 인정하게 되면 세입·세출 면에서 수출입 관계가 있을 경우에는 2중, 3중으로 계상되어 예산 자체를 파악하기가 곤란함은 물론 지방의회의 통제가 어려워진다는 문제점이 제기되고 있다. 그러나 이러한 원칙만을 고집할 경우에는 복잡한 문제가 나타나기 때문에 예외를 인정하고 있다.

예컨대, 특별회계예산으로서 특정 사업의 경우 특정 수입으로 특정세출에 충당하는 예산으로서 조례로 설치가 가능하다. 추가경정예산으로서 기존 예산을 변경·보완·정정하는 예산 등이 포함된다.

- 예산통일의 원칙

예산은 명확하고 정연하게 통일된 질서에 의하여 편성되고 관리되어야 한다는 원칙으로서 이렇게 하여야 주민의 이해와 통제가 용이할 뿐만 아니라 기관 간·부서 간 또는 자치단체 상호 간 비교 분석이 가능하다.

따라서 예산 과목을 장·관·항·세항·세세항·목으로 구분하고 장·

관·항은 입법 과목으로, 세항·세세항·목은 행정 과목으로 구분하여 관리한다. 지방의회 의결을 요하는 예산 과목은 장·관·항에 한한다.

- 회계연도 독립의 원칙

이는 지방자치단체의 수입과 지출을 명확히 구분하기 위한 기간으로 예산의 유효 기간을 말한다. 각 지방자치단체의 예산 활동은 일정 기간을 기한으로 하여 구분되는 것은 아니지만 수입과 지출 사항을 구분하고 재정적 통제를 하기 위하여 회계연도를 설정하여 운용한다. 따라서 회계연도의 경비는 그 연도의 수입으로 충당하여 사용하도록 명시하고 있다. 그러나 지방재정은 계속성의 사업이 많기 때문에 다음의 경우 예외가 인정된다.

예외인 경우로 계속비의 순차이월, 명시이월비 및 사고이월비, 과년도 수입 및 과년도 지출, 세계잉여금의 이월, 익년도 이월비, 익년도 세입의 조상충용(繰上充用) 등이 포함된다.

- 사전의결의 원칙

모든 예산은 국가는 물론 지방자치단체에서도 집행하기 전에 의회의 의결을 거쳐야 한다.

일반적으로 국가 예산은 회계연도 개시 30일 전에 국회에서 의결되어야 하며, 시·도예산은 회계연도 개시 15일 전에 지방의회 의결을 거쳐야 하며, 시·군·자치구 예산은 회계연도 개시 10일 전에 지방 의회 의결을 거치도록 규정하고 있다.

만약 예산이 법정 기간 내에 혹은 회계연도 개시 전까지 의결되지 않은 경우에는 일정한 범위의 경비는 전년도 예산에 준하여 지출할 수 있도록 예외적으로 규정되어 있다. 즉 준예산 제도로서 예산 불성립 시 예산 집행은 전년도 예산에 준하여 집행이 가능하도록 법적 조치가 강구되어 있다.

법령, 조례에 의하여 설치된 기관 또는 시설의 유지·운영, 법령 또는 조례상 지출의무의 이행, 기 예산으로 승인된 사업의 계속 등의 경비가 이에 포함된다. 위의 예산은 당해 연도 예산이 성립되면 그 성립된 예산에 의하여 집행된 것으로 간주된다.

- 예산공개의 원칙

예산은 재원이 주민의 부담인 세금으로 조달되었기 때문에 예산의 편성, 심의 및 의결 과정, 결산 과정은 공개되어야 한다는 원칙을 말한다. 예산과정의 주요단계를 공개하여 주민으로 하여금 지방자치단체가 어떠한 행정활동·재정활동을 하는가를 알게 해야 하며 자유로운 비판도 보장되어야 한다.

- 수입금의 직접 사용 금지

모든 수입은 일단 지정된 수납기관에 납부하고 예산 및 자금을 배정받아 집행하여야 하며, 수입금을 직접 사용하는 것은 금지된다. 예외로는 수입대체경비의 직접 집행(지출이 직접수입을 수반하는 경비)이 있다.

(2) 예산의 종류

① 일반회계 · 특별회계

- 일반회계예산

일반회계예산은 지방자치단체의 일반적인 고유사무를 수행하기 위한 세입 · 세출예산으로서 보통예산을 말한다. 일반회계예산은 세입과 세출을 포괄하는 예산으로서 자치단체의 고유기능을 수행하기 위한 예산을 일컫는다. 세입은 조세 · 지방교부세의 일반적 수입으로 구성되며, 세출은 지방자치단체의 존립과 그 유지를 위하여 필요한 기본적 경비를 일컫는다.

- 특별회계예산

특별회계예산은 특별회계에 관련된 예산으로서 특정 세입으로 특정 세출에 충당하거나 혹은 특정사업에 대한 수입과 지출을 명확히 하고 경영합리화를 할 필요가 있는 경우에 설치하며, 공영기업 등 특정 사업을 운영하고자 할 때, 특정자금으로써 특정 세입으로 특정한 세출에 충당하고자 할 때 일반예산과 구분·경리하여 조례로 설치할 수 있다고 규정하고 있다.

예컨대 특별회계 예산은 상수도·하수도특별회계, 주택사업특별회계, 의료보호기금특별회계, 주차장사업특별회계, 지방교육비 특별회계 등이 있다.

② 본예산·추가경정예산

- 본예산

본예산이란 집행 연도 전년도에 지방의회 의결을 거친 예산으로서, 최초 편성되어 의결·확정된 예산으로서 당초예산을 말한다. 본예산은 예산 편성 기본지침 내에서 편성되며 이는 전년도 8월 31일까지 시달되며, 시달 전에 행정안전부 장관은 중앙행정기관의 장과 협의하여 시달한다.

- 수정예산

수정예산은 지방자치단체장이 예산안을 지방의회에 제출한 후 부득이한 경우가 발생되어 그 내용 일부를 수정하고자 할 경우 예산을 수정하여 의회에 다시 제출하는 예산을 말한다. 단 수정예산은 의회를 통과하기 전에 수정한다는 점이 의회 통과 후에 예산 집행 과정에서 추가되는 추가경정예산과는 다르다.

- 추가경정예산

추가경정예산은 이미 지방의회에서 의결된 예산인 본예산이 성립된 이후 예상하지 못한 사유로 인하여 추가로 요구되는 예산이다. 추가경정예산은 본예산을 수정하는 예산으로서 확정된 예산안의 변경이 필요한 경우이다.

- 준예산

준예산은 지방의회에서 예산안 심사를 회계연도 개시 10일 전(기초의회) 혹은 15일 전(광역의회)까지 마쳐야 하지만, 지방의회의 부득이한 이유로 인하여 규정된 회계연도 개시일(1. 1)까지 의결되지 못한 때에는 예산안이 의결될 때까지 집행하기 위하여 편성되는 예산이 준예산이다.

일반적으로는 작년도 예산이 그대로 적용되기도 한다. 준예산으로 집행할 수 있는 경비는 법령이나 조례에 의하여 설치된 기관 또는 시설의 유지와 운영, 법령 혹은 조례상의 지출 의무의 이행, 이미 예산으로 승인된 계속사업에 한하여 전년도 예산에 준하여 집행하는 것이다.

③ 예비비

예비비는 예측할 수 없는 예산 이외의 지출 또는 예산초과 지출에 충당하기 위하여 세입세출에 예비비를 계상하여야 하며, 지방자치단체는 세입·세출 외에 예비비를 계상한다.

예비비는 빈번한 추가경정예산, 빈번한 지방의회 소집 방지, 또한 긴급에 대비하기 위한 것으로서 지출은 다음 연도 지방의회의 승인을 받아야 한다.

(3) 예산의 구조

예산은 협의의 의미로는 일반적 예산인 세입과 세출예산을 의미하며, 광의의 의미로는 예산총칙, 세입·세출예산, 계속비, 채무부담행위, 명시월비 등이 포함된다. 우리나라 예산은 광의 개념으로 규정하고 있다.

(4) 예산안의 편성

예산안의 편성은 1회계연도에 지방자치단체가 시행하고자 하는 사업 및 시책을 화폐가치로 표시한 1년간의 계획안으로서 자치단체 예산은 자치단체장이 예산안을 편성하여 지방의회에서 심의·의결로 확정되는 것을 말한다. 지방자치단체 예산안 편성권은 그 집행기관의 장에게만 있다.

(5) 예산안의 제출

다음 회계연도의 예산안이 편성되면 자치단체장은 규정된 제출 시기 내에 지방의회에 제출하여야 한다. 예산안의 규정된 제출 시기는 <표 8-2>와 같다.

지방자치단체별	예산안 제출 시기
광역자치단체(시·도)	회계연도 개시 50일 전 (11월 11일까지)
기초자치단체(시·군·자치구)	회계연도 개시 40일 전 (11월 21일까지)

(6) 예산안의 심의 및 확정

① 개요

지방자치단체장이 제출한 예산안은 지방의회에서 심의·의결함으로써 지방자치단체 예산으로 확정되며 이는 지방의회의 의결권 중 예산확정권에 해당된다. 지방의회에서는 자치단체장이 제출한 예산안을 다음과 같이 심의하여 지방자치단체장에게 이송하여야 한다.

〈표 8-3〉 지방의회의 예산안 심의 완료일

지방의회별	의회심의 완료일(이송일)
광역의회(시·도)	15일 전(12월 16일까지)
기초의회(시·군·자치구)	10일 전(12월 21일까지)

② 예산안의 심의절차

지방자치단체로부터 예산안을 제출받은 지방의회는 예산안의 심의 절차가 상임위원회가 설치된 의회와 상임위원회가 미설치된 의회가 처리하는 과정이 약간 상이하다.

- 상임위원회 및 예산결산특별위원회가 설치된 의회의 심의 절차
· 심의절차의 개요

상임위원회 및 예산결산특별위원회가 설치된 지방의회에서는 자치단체장의 예산안이 제출되면 의회 의장은 이를 본회의에 상정함으로써 심의 절차가 다음과 같은 순으로 진행되어 확정된다.

ⓐ 지방자치단체장의 예산안 제출

ⓑ 본회의에 상정

ⓒ 지방자치단체장의 예산안 제안 설명

ⓓ 의장에 의한 상임위원회 회부

ⓔ 상임위원회 예산안 예비심사

ⓕ 예산결산특별위원회 종합심사

ⓖ 본회의 부의, 심의·의결

지방자치단체장의 예산안 제안설명은 일반적으로 예산안 외에 내년도 전반적 시정연설을 통하여 예산안 작성 배경과 예산에 반영된 지방자치단체의 발전계획 등이 포함된다.

지방의회 의장은 예산안을 상임위원회에 심사 기간을 정하여 회부하고, 상임위원회가 기간을 초과한 경우에는 바로 예산결산특별위원회에 회부할 수도 있다.

상임위원회 예산안 예비심사는 전문위원의 검토 보고가 먼저 시작된다. 그 후 상임위원회에서는 부서별로 예산안의 심층적 검토를 위하여 소위원회를 구성하고 소위원회의 심사 결과를 상임위원회 전체회의를 통하여 부서별 예산안을 심사·의결한 후 그 결과를 의장에게 보고한다.

예산결산위원회는 상임위원회로부터 이송된 예산안에 대한 종합심사를 한다. 예산결산위원회의 심사도 집행기관의 제안 설명(관련 실무책임자: 실·국장[과장]), 전문위원회 검토 보고, 위원회 의원의 정책 질의, 부서별 심사, 소위원회에서 종합적 조정, 단일 수정안 마련, 예산결산특별위원회에서의 심사·의결되면 본회의에서 최종적으로 심의·의결된다.

사전에 실시하였던 상임위원회의 예비심사는 예산결산특별위원회 심사 시 참고자료로만 사용되며 심사에 영향력은 없다. 그리고 소관 상임위원회의 심사 결과를 예산결산특별위원회에서는 수정할 수 있다.

· **본회의 심의·의결**

예산결산특별위원회에서 심의를 완료한 예산안은 본회의에 회부되어 예산결산특별위원회 위원장이 심사 보고를 하고, 의원 간의 찬반 토론을 거쳐 예산안을 의결·확정한다.

· **예산안 수정**

예산안이 지방의회에서 의결·확정되기 전에 예산안의 합리적 편성과 지방 시책의 중요성이 반영되어 주민의 요구 사항이 반영되었는지의 여부에 대한 위원회 혹은 의원 간의 철저한 검토가 있어야 한다. 또한 지방자치단체장이 예산안을 제출한 이후에 부득이한 사유로 인하여 수정하여야 할 경우에 수정예산안을 제출하기도 한다.

－ **상임위원회 미설치 의회**

기초자치단체 중에 지방의원 수가 13인 이하인 경우에 한하여 상임위원회가 설치되지 않은 시·군 및 자치구의회의 경우에는 다음과 같이 예산안을 심의·확정 처리한다.

회의에서의 지방자치단체장의 예산안 제안 설명 이후 의회 의장은 심사 기간을 정하여 본회의에서 예산결산특별위원회 설치 혹은 본회의에서 바로 심사할 것인가에 대한 의결을 거쳐 심의·확정한다.

예산결산특별위원회 설치의 경우에는 예산안을 예결위원회에서 심의·의결 후에 본회의에 부의하여 예산안에 대한 심의·확정한다. 혹은 예결위원회를 설치하지 않고 바로 본회의에서 예산안에 대한 심의·확정하기도 한다. 예산안에 대한 수정동의 및 의결 방법, 그리고 예산안의 재심 요구는 상임위원회 설치 의회의 경우와 동일하다.

(7) 지방의회 예산안 심의 제한 및 고려 사항

① 입법 과목의 증액·새 비목 설치 제한

지방의회는 세출예산안 각 항의 예산을 증액하거나 새 비목을 설치한 경우에는 자치단체장의 동의를 얻어야 한다. 입법 과목인 장·관·항의 증액 및 새로운 항의 설치 시나 혹은 행정 과목인 세항·목의 증액의 경우에는 항의 입법 과목의 예산액의 증액이 수반될 경우 자치단체장의 동의를 얻는 절차는 필수적이다.

세출예산의 각 항의 예산의 증액 혹은 새 비목 설치 시 자치단체장의 동의를 받지 않고 세출예산안을 의결한 경우에는 법령 위반 사항으로서 재의 요구 및 대법원 제소의 대상이 된다.

② 예산안 수정 시 주의사항

예산안 수정 시에는 세입예산과 세출예산안의 총액이 반드시 일치하여야 한다. 그리고 세출예산안의 삭감 시에는 세입예산의 삭감이 수반되므로 지방세 감면 및 세외수입 관련 조례 등의 개정 및 폐지가 있어야 한다.

③ 예산안에 대한 부결

지방의회에서 예산안에 대한 부결 의결은 할 수 없다. 이는 인건비, 기관 및 시설의 유지비 등 법령과 조례에 의하여 의무적으로 지출하여야 하는 예산안을 부결시킨다는 것은 법령 혹은 조례에 위반하기 때문이다. 그러나 추가경정예산안의 경우에는 법령 및 조례 등에 의하여 의무적으로 지출하여야 할 예산이 없는 경우에는 부결이 가능할 것으로 본다.

(8) 예산의 이송, 고시 및 재의요구

① 이송·고시

예산안이 지방의회에서 의결·확정된 후 의회 의장은 3일 이내에 지방자치단체장에게 이송하여야 하며, 이송받은 자치단체장은 시·도에서는 행정안전부 장관에게, 시·군·자치구에서는 시·도지사에게 지체 없이 보고하고, 그 내용을 고시하여야 한다. 자치단체장이 이송받은 예산을 재의 요구하는 경우는 그러하지 아니하다.

② 예산상의 재의요구 사항

지방자치단체장이 이송받은 예산에 재의를 요구하는 경우는 지방 의결사항을 이송받은 날로부터 20일 이내에 그 이유를 붙여 재의를 요구할 수 있으며, 재의요구에 해당되는 경우는 다음과 같다.

- 집행할 수 없는 경비가 포함된 경우

지방자치단체의 재정 능력으로 부담할 수 없는 경우 혹은 법령에 위반되어 부담을 강요하는 경우 등이 포함된다(예: 지방의원 보수, 의정활동비 증액 등).

- 의무적 부담 경비를 삭감하는 경우

법령의 규정에 의하여 부담하는 경비 및 당해 집행기관의 직권으로 지불하여야 하는 경비 혹은 지방자치단체의 의무에 속하는 경비를 삭감 또는 감액하는 경우이다.

- 비상재해로 인한 소요경비가 삭감된 경우

비상재해로 인한 응급복구비와 전염병 예상을 위한 필요적 경비를 삭감하는 경우로서 천재지변으로 인한 이(수)재민구호비, 수해로 인한 도로·교량의 복구비, 전염병 예방 약품 및 치료비 구입 등이 해당된다.

③ 재의요구에 대한 지방의회 의결 및 수정 의결문제

재의를 접수한 지방의회는 재의요구가 접수된 날로부터 10일 이내에 재의에 부쳐야 한다(단, 폐회 또는 유회 중인 기간은 제외한다).

재의 시에는 재적의원 과반수 출석과 출석의원 2/3 이상 찬성으로 의결하면 재의 안건은 확정된다.

재의요구에 대한 의안 결정은 단순히 가·부만 결정하며 수정 의결할 수는 없다. 재의요구안을 수정하고자 할 경우에는 수정 요구되는 재의요구안을 폐기하고 새롭게 의안을 발의하여 의결시키는 절차를 밟는다.

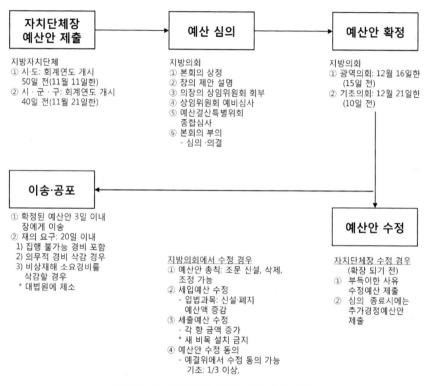

<그림 8-3> 지방의회의 예산안 심의·확정 절차

지방자치단체장은 재의결된 사항이 법령에 위반된다고 인정되는 경우에는 대법원에 소를 제기할 수 있도록 규정하고 있다. 예산상의 대법원에 소의 제기 요령과 절차는 조례안의 경우와 동일하다.

2) 결산승인권

(1) 결산의 의의

결산은 지방의회에서 승인된 예산을 집행기관에서 세입과 세출에 관련된 예산을 사용한 실적을 의미한다. 예산을 한 회계연도의 세입과 세출에 관한 예정적 계수라고 한다면, 결산은 한 회계연도가 종료되고 모든 예산활동이 완료되어 예산의 집행 결과에 의한 수입·지출의 확정적 계수를 말한다.

지방의회는 예산 결산에 관한 승인 권한을 지니며 이러한 승인권은 집행 기관의 재정권 통제인 결산승인권을 의미한다.

지방의회의 예산 확정 심의는 집행기관의 예산을 사전에 심사하여 불필요한 예산이 없는가 혹은 긴요한 예산은 누락된 것은 없는가 등을 심의·확정하여 사전에 예산을 조정 및 통제한다.

그러나 결산은 최초 예정된 예산이 적법성, 효과성 및 정당성 있게 집행되어 행정 목적을 달성하였는가를 확인하는 단계로서 지방의회의 결산 심의를 완료함으로써 사실상 당해 연도의 예산 사항을 마감하는 결과를 준다.

결산은 1년 동안의 세입과 세출 결과를 종합한 것이기 때문에 예산을 집행한 실적과 원칙적으로 일치하여야 하지만, 반드시 일치하지 않는 경우도 있다. 왜냐하면 집행기관의 이월사업 혹은 계속사업 등의 이유로 인하여 일치하지 않는 경우가 발생하며 다음의 경우가 그 예이다.

예산이 성립된 이후에 전년도로부터 이월이나 혹은 예비비 지출의 경우, 예산의 다음 연도의 이월이나 불용액 발생의 경우, 여건 변화에 따른 예산 이용·전용·이체 등의 경우가 있다.

특히 결산은 지방자치단체가 1회계연도의 예산으로 지출한 사업의 효율성, 효과성, 합리성 등 지역 발전에 기여한 내용의 분석과 평가를 위한 기초 자료가 된다.

결산과정에서 잘못 집행된 예산 집행의 평가를 통하여 다음 해 예산사업을 보완, 강화 혹은 축소 및 폐지하는 데 심사의 중요한 기준이 되기 때문에 철저한 결산 심사 과정이 이루어져야 한다.

(2) 결산승인 절차

① 결산승인 개요

지방자치단체의 회계연도는 당해 연도 12월 말에 종료되고, 출납은 회계연도 종료 후 2개월간 지속되기 때문에 다음 연도 2월 말에 출납이 폐쇄되며, 출납사무를 3월 말까지 완결한 후 결산서 및 증빙서류를 작성하여 지방의회가 선임한 검사위원회의 검사의견서를 첨부하여 다음 회계연도 개시 120일 전(9월 2일)까지 지방의회에 제출하여야 한다.

② 결산서 작성

지방자치단체의 결산은 행정안전부 장관이 정한 기준에 의하여 작성하여야 하며, 지방의회에 제출하는 세입결산에는 세입·세출결산서, 계속비결산보고서, 자치단체의 채권채무에 관한 보고서, 검사위원회의 검사의견서를 첨부하여 제출한다.

(3) 세출결산보고서

세출결산보고서는 장·관·항·세항(세세항)·목별로 세출예산액, 전년도 이월액, 예비비 사용액, 전용 및 이용(이체) 증감액 등을 기술하고, 「지방재정법」 제13조 1항 단서 규정에 의한 사항인 수입대체경비 초과지출액, 예산현액, 지출액, 다음 연도 이월액, 불용액은 원단위까지 구체적으로 기재한다.

(4) 예비비 사용조서

예비비는 예산안 편성 시에 예측할 수 없는 부득이한 사유로 인하여 발생될 경우에 지출되는 예산으로서 결산서에 사항별 지출결정액, 배정액, 지출액, 잔액, 단체장 결재일, 지출 사유 등을 명기한 예비비 사용 조서를 첨부한다.

(5) 채권·채무액 조서

채권액 조서는 결산 연도 말 현재 채권 총액과 전년도 이전 발생된 채권액, 본 연도 중 발생된 채권액을 회계별, 소관별, 채권 종류별로 내역을 기재한다.

(6) 계속비 결산

계속비 결산은 결산 연도 말 현재 계속비로 집행되는 각 사업의 총사업비와 각 연도의 연부액의 지출 상황을 기재한다.

(7) 공유재산 증감 및 현재액 조서

공유재산 증감 및 현재액 조서는 결산 연도 말 현재의 공유재산 현재액과 본 연도(결산 연도) 중 증감액을 회계별, 재산 종류별(행정재산, 보존재산, 잡종재산)로 구분 작성한다.

(8) 물품 증감 및 현재액 조서

물품 증감 및 현재액 조서는 결산 연도 말 현재 물품의 현재액과 본 연도 중 증감 내용을 기관별, 회계별, 품종별로 구분하여 기재한다. 여기서 증감 내용은 구입 등 신규 취득, 관리 전환, 가격 재정, 매각 및 폐지, 감가상각 등을 말한다.

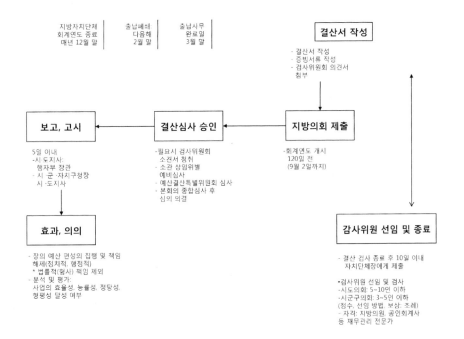

〈그림 8-4〉 예산결산 승인절차도

3) 기타 지방재정 권한

(1) 지방세의 과세권에 관한 의결

① 지방세 과세권의 개요

지방세는 지방자치단체가 행정을 수행하는 데 소요되는 경비에 충당하기 위하여 당해 지방자치단체 주민으로부터 반대급부 없이 강제적으로 부과·징수하는 과징금을 의미한다. 지방세는 지방자치단체의 재정력 향상과 자주재정권의 확보로 지방자치를 구현하기 위한 매우 중요한 세원이다. 지방자치단체는 지방재정의 주체로서 지방세법이 정하는 기준에 의하여 지방세로서 보통세와 목적세를 부과·징수할 수 있으며, 지방세의 세목, 과세 객체, 과세 표준, 세율, 기타 부과·징수 등 지방세의 과세권에 관하여 조례로 하도록 규정하고 있다.

지방세는 과세 주체에 따라 서울특별시세, 광역시세, 도세 그리고 시·군세, 자치구세로 구분되며, 과세의 목적 및 대상에 따라 보통세와 목적세로 나누고 있다.

② 지방세의 제한

현행 지방세의 과세권은 전국적인 균형을 유지하기 위하여 지방세의 세목·세율·과세 방법 등을 지방세법에 규정하고 있는 점은 조세법률주의에 의하여 법에서 인정하지 않은 법정 외 세 설정은 금지하겠다는 의미를 지니고 있다.

지방세 부과·징수 등을 제한하는 것은 헌법상 지방자치 취지를 침해하지 않는가 하는 의문이 제기되고 있다.

지방세에 관한 논의는 조세법률주의인 지방세법률주의냐 지방세조례주의냐에 따라 두 가지 측면을 가지고 있다. 전자인 지방세법률주의는 지방도 국가의 일부분이기 때문에 당연히 지방세법에 근거하여 지방세가 부과·징수되어야 한다는 이론이고, 후자인 지방세조례주의는 지방세의 부과·징수는 조례에 의하여 한다는 주장이다.

지방자치단체의 조례제정권은 '법령의 범위 내'에로 규정하고 있기 때문에 현행 지방세법의 경우에도 벌칙 규정을 제외하고는 지방자치를 구속하고 있다. 그러나 지방세에 관한 직접적이고 최종적인 요인은 조례라 할 수 있기 때문에 세목, 과세 객체, 과세 표준 및 세 등 지방세에 관련된 필수적 요소는 조례에 위임하여야 한다는 것이 일반적 의견이다.

다만 일부 세목에 관하여서만 표준 세율과 제한 세율을 적용하여 그 범위 내에서만 조례로 세율을 정할 수 있는 탄력적이고 신축적인 범위를 부여하고 있는 실정이다.

③ 지방세의 비과세 조치와 감면

국가나 지방자치단체는 정책적 배려에 의하여 법률로 특례적인 비과세 조치 및 감면 조치를 정한다. 이 같은 조치는 세수 확보가 어려운 지방자치단체에서는 지방자치의 본지(本旨), 자주과세권을 침해하므로 위헌성의 여지가 있다고 하지만 법원은 비과세 조치에 대한 위헌의 주장을 인정하지 않고 있다.

지방자치단체는 특정 지방세를 비과세 및 감면할 수 있는 조례를 제정할 수 있으며, 이 경우 사전에 행정안전부 장관의 허가를 득하여야 한다.

(2) 법령에 제외된 사용료·수수료·분담금 가입금에 관한 의결

① 사용료

사용료는 지방자치단체의 공공시설의 사용 및 재산의 사용으로 편익을 얻는 경우 사용 대가로 사용료를 징수할 수 있다. 공공시설 및 재산을 이용하거나 혹은 사용하는 자로부터 징수하는 요금으로서 하천 및 도로점용 사용료, 공유수면 점용 사용료, 도서관 이용료 등에 관하여 조례로 제정할 수 있다.

자치단체 혹은 그 장이 관리하는 국가의 공공시설을 관리하는 데 소요되는 경비를 자치단체가 부담하는 경우에는 법령에 특별한 규정이 없는 한 당해 자치단체의 조례와 규칙이 정하는 바에 의해서 사용료를 징수할 수 있다.

반면 국가가 자치단체의 재산 또는 공공시설을 사용할 경우에도 당해 자치단체가 정하는 바에 따라 국가가 사용료를 부담하여야 하며, 이러한 경우에는 지방의회의 동의를 획득한 경우에는 예외로 한다.

② 수수료

수수료는 행정 서비스의 활동으로 특정인이 이익을 얻은 경우에 반대급부로 사무에 관하여 수수료를 징수하는 것으로서 행정 서비스 비용의 일부를 충당하기 위한 것이다.

지방자치단체는 자신의 고유사무 이외에 국가 혹은 다른 지방자치단체로부터 위임된 위임사무의 경우에도 특정인의 이익을 수반하는 사무일 경우에는 소정의 수수료를 징수할 수 있다. 이러한 경우 수수료 수입은 별도법령에 규정된 바가 없으면 이는 당해 자치단체의 수입으로 귀속된다.

수수료의 예로는 오물수거 수수료, 주민등록 및 인감증명 등 제 증명 발급관계 수수료는 실비를 기준으로 하는 일반 수수료가 있고, 유흥음식점 허가 수수료, 관광호텔 등록 수수료 등과 같이 구분되는 특별 수수료도 있으며, 수수료의 징수에 대하여 조례로 제정할 수 있다.

③ 분담금 및 부담금

분담금은 지방자치단체의 재산 및 공공시설의 설치로 인하여 일부 주민이 이익을 받는 경우에 이익을 받은 사람으로부터 비용의 일부를 징수하는 것이다.

분담금에는 수익자 부담금, 원인자 부담금, 손궤자 부담금 등으로 구분된다. 수익자 부담금의 경우 아래의 요건이 합치되어야 분담금을 징수할 수 있다. 공공사업의 결과 이익을 받은 자가 있는 경우, 분담금의 한도가 이익의 범위 내일 것, 부담금은 당해 사업의 경비에 충당할 것 등의 기준이 전제되어야 한다.

부담금은 시도가 시행하는 토목 및 기타 건설 사업이 시·군·자치구에 이익을 주는 경우에 한하여 그 사업에 소요되는 비용의 일부를 시·군·자치구에서 부담하는 경우로서 부담금의 액수는 시·군·자치구가 동의한 한도 내에서 정하며 이는 조례로 제정하여야 한다.

④ 사용료, 수수료, 분담금 등의 징수 및 이의에 대한 처리 규정

사용료, 수수료, 분담금 등의 부과·징수는 공평하게 시행되어야 하며 그 징수는 지방세의 예에 의한다. 사용료, 수수료, 분담금 등의 징수에 관해서는 당해 자치단체의 조례로 정하며 동 조례에 의하여 사기, 기타 부정한 방법으로 사용료·수수료·분담금의 징수를 면제한 자에게는 그 징수를 면한 금액의 5배 이내의 과태료를, 공공시설을 부정 사용한 자에 대하여는 50만 원 이하의 과태료에 처할 수 있는 규정을 정할 수 있다.

사용료, 수수료, 분담금의 부과·징수에 이의가 있는 자는 그 처분의 통지를 받은 날로부터 60일 이내에 자치단체의 장에게 이의 신청할 수 있고, 자치단체의 장은 이의신청을 받은 날로부터 60일 이내에 결정·통보하여야 한다.

만약 자치단체장이 이 기간 내에 결정을 아니 할 때에는 기간이 종료된 날로부터 60일 이내에 혹은 그 결정에 불복이 있는 경우에는 결정 통지를 받은 날로부터 60일 이내에 관할 고등법원에 소(訴)를 제기할 수 있으며, 이의 신청의 방법과 절차 등에 관해서는 지방세법 제58조의 규정을 준용한다.

⑤ 가입금

가입금은 오랜 관행적으로 특정 공유재산을 오래전부터 사용해 온 주민에게 그의 사용권을 인정하고 공유재산 사용을 신규로 허가하는 자에게 그 특권적 대가로 징수하는 요금을 의미하며, 우리나라에서는 아직 선례가 없는 제도이다.

일본의 경우에는 시·읍·면 자치제가 시행되기 이전부터 관행으로 유류지의 용수이용권, 산림의 초목채취권 등 공유재산을 이용한 주민에게 이용권을 인정해 주고 있으며 신규 이용권을 요구하는 주민에 대하여서는 의회의 의결을 거쳐 허가를 해 주는 대가로 가입금을 징수하고 있는 제도이다.

(3) 기금의 설치·운영에 관한 의결

기금은 지방자치단체가 특수한 행정 목적을 수행하기 위하여 예산 이외에 특정 자금을 조성하여 운용하는 것을 의미하며, 이는 지방자치단체의 예산 활동 이외의 특정 분야에 안정적인 자금의 지원이 필요한 경우에 조성하는 것으로서 기금의 설치·운영에 관해서는 의회의 의결을 거쳐야 한다.

자치단체의 기금은 법령이나 조례로 정하며, 기금조성 재원으로서는 출연금, 전입금, 세계잉여금, 법정과징금, 공공단체지원금, 기탁성금 등이 있으며, 대통령령으로 정하는 사업을 목적으로 하는 기금은 지방채를 발행할 수도 있다.

(4) 중요 재산의 취득·처분에 관한 의결

지방자치단체는 행정 목적의 달성과 공익적 필요에 의하여 재산을 보유할 수 있으며, 이러한 재산의 취득과 처분에는 의회의 조례로 제정되어야 한다. 재산은 현금 이외의 모든 재산적 가치가 있는 물건과 권리를 의미한다. 공유재산은 자치단체의 부담이나 기부의 채납 혹은 법령과 조례에 의하여 제정되어 당해 자치단체의 소유로 된 재산을 말한다.

(5) 공공시설의 설치·관리 및 처분에 관한 의결

지방자치단체는 주민의 복지 증진을 목적으로 주민의 이용에 부응하기 위한 공공시설의 설치관리 및 처분에 관하여 의회 의결 과정을 거쳐야 하며, 공공시설의 설치 및 관리에 관해서는 법령에 규정이 없는 한 조례로 규정한다.

구체적으로 공공시설에 속하는 것으로는 도로·공원·하천 등의 공물, 학교·도서관·병원 등의 영조물, 전화·철도·수도 등의 공기업을 의미한다. 여기서 공물·영조물·공기업에 관한 개념은 실정법적 차원에서의 구분이며 학문적 해석은 분분하다.

(6) 지방교육 재정에 관한 의결

교육재정이란 시·도 단위로 교육자치를 실시하는 데 소요되는 재정을 획득하고 관리·집행하는 것을 교육재정이라고 한다. 지방교육 재정은 시도에서는 지방교육비 특별회계로 운용되며 시·도의회에서는 예산 확정 및 결산 승인, 기타 세외수입에 대한 부과와 징수에 대한 의결권을 갖는다.

① 교육·학예에 관한 예산의 심의·의결

교육감은 예산안 편성 책임을 지며 매 회계연도마다 교육부 장관의 예산 편성 기본지침에 의하여 예산안을 편성하여 회계연도 개시 60일까지 교육위원회에 제출한다.

교육위원회에서 의결된 예산안은 회계연도 개시 40일 전까지 교육감이 시·도의회에 제출하여야 한다. 교육감은 예산안을 제출한 후 부득이한 이유로 그 내용 일부를 수정하고자 하는 경우에는 수정예산안을 작성하여 당해 교육위원회 혹은 시·도의회에 재제출할 수 있다.

교육위원회는 예산안을 회계연도 개시 50일 전까지 의결하여야 하며, 교육감의 동의 없이 지출 예산을 증가하거나 새 비목을 설치할 수 없으며 예산안을 수정하고자 하는 경우에는 사전에 교육감의 동의를 얻어야 한다.

② 결산승인

결산은 교육감이 작성·제출하여 1차 심의·의결은 교육위원회에서, 최종심의·의결은 시·도의회에서 승인을 받는다.

③ 특별부과금, 사용료, 수수료, 분담금 및 가입금의 부과와 징수에 관한 의결

특별부과금, 사용료, 수수료, 분담금 및 가입금의 부과와 징수에 관한 사항은 1차로 교육위원회에서 의결하고, 최종심의·의결은 시·도의회에서 실시한다.

3. 감시권

1) 감시권의 개요

현대 민주주의 국가에서는 국민주권 사상의 구현을 위하여 대의정치인 의회정치의 형태를 취하고 있다. 이러한 의회정치의 개념은 지방자치단체에도

동일하게 적용되고 있으며, 집행기관과 의사결정기관 간의 견제와 균형을 본질로 한다.

더구나 현대 지방행정의 양적 · 질적 강화로 인하여 집행기관의 독점 형태가 발생되어 주민의 권익을 침해할 우려가 증대됨에 따라 의회를 통한 집행기관의 견제의 중요성이 제기되고 있다.

특히 우리나라의 경우 지방자치단체와 지방의회 간의 관계는 기관대립형을 적용하고 있기 때문에 기관 상호 간의 견제와 균형은 필수적 기본 요소이다. 지방의회는 주민의 대표기관으로서 정책 결정과 집행에 대한 비판과 감시 기능인 감사 · 조사권을 부여하고 있으며, 이는 지방의회의 권능으로 보장받고 있다.

이러한 지방의회의 감시권은 집행기관인 지방자치단체장의 독주를 막고 주민의 반대의 요구에 의하여 바람직한 정책을 도모하려는 데 그 의의가 있다.

지방의회의 감시권은 행정사무감사와 조사 제도가 있으며, 이는 국회의 국정감사 및 조사 제도와 입법적 의미에서 동일하다.

지방의회의 감사와 조사 제도의 본질은 지방자치단체 행정사무의 경제성 · 능률성 · 효과성인 실무적 의미보다는 집행기관에 대한 정치적 통제 기능의 비중이 더 크게 고려되고 있다.

감시권은 지방의회가 갖는 의결권과 동일하게 취급하는 중요한 권한의 하나이다. 지방의회는 주민대표기관으로서 자치단체의 행정사무 전반에 걸쳐 올바르게 수행되었는가의 실태를 정확히 파악하여 잘못된 점을 시정 · 촉구하는 등 올바른 행정이 수행될 수 있도록 감시 및 시정하는 지방의회의 권한이다.

지방의회의 감사권은 자치단체의 행정사무에 관한 감사권, 자치단체의 특정 사무에 대한 조사권, 자치단체의 장에게 서류제출 요구권, 자치단체의 장 또는 관계 공무원의 출석 요구권과 행정사무 처리 상황 보고 및 질문권 등을 말한다.

2) 지방행정의 사무감사권

(1) 사무감사의 의의

지방의회는 매년 일정 기간 동안 당해 지방자치단체의 사무에 대하여 행정사무감사를 실시하고, 지방자치단체의 사무 중 특정 사안에 관하여 조사할 수 있도록 규정하고 있다.

행정사무감사란 지방의회의 고유 권한으로서 지방자치단체의 행정사무에 관하여 그 실태와 문제점을 파악하여 잘못된 행정의 시정과 그 결과에 대한 필요한 정보를 수집하여 의회 활동 및 예산 심사에 반영하기 위한 권한을 말한다.

따라서 행정사무감사는 후반기 정례회의 회기 동안에 신년도 예산 심의에 앞서 사무 전반에 걸쳐 실시하는 포괄적 확인 및 감시 기능을 가지고 있다. 사무감사는 일반적으로 사전에 본회의에서 협의된 감사계획서에 의하여 실시하는 것으로서 상임위원회나 특별위원회 혹은 본회의가 주관이 되어 실시할 수 있다.

(2) 감사의 시기, 기간 및 장소

① 감사의 시기와 기간

행정사무감사는 매년 후반기 정례회 기간 중에 실시되며 시·도의회는 11월 20일부터 10일 이내에, 시·군·자치구의회는 11월 25일부터 7일 이내에 실시한다.

〈표 8-4〉 감사의 시기와 기간

구 분	실시 시기	실시 기간
시·도의회	11월 20일부터	10일 이내
시·군·자치구의회	11월 25일부터	7일 이내

감사실시를 위하여 본회의에서는 감사의 시기와 일정, 감사 대상기관을 사전에 결정하기 위하여 본회의에 상정하여 의결하여야 한다.

현 행정사무감사의 시기와 기간에 따른 문제점은 다음과 같다.

첫째, 행정사무감사는 후반기 정례회 초기에 기간 내에 종료하여야 하기 때문에 의회 및 감사 대상기관의 준비 부실과 의원의 감사 준비 부족으로 감사의 효율성이 반감된다.

둘째, 정례회 시작과 동시에 감사계획서 작성과 감사계획의 본회의 의결, 이에 따른 서류 제출 요구에 의한 감사 대상기관인 집행기관의 자료 준비 시간의 부족(특히 원거리에 있는 하급 행정기관), 의원의 제출된 자료의 분석과 대안 작성 시간 부족이 감사의 부실로 나타난다.

이러한 문제를 해결하기 위한 하나의 방안으로 고려해 볼 수 있는 것은 전반기 정례회의 폐회 전에 후반기 감사계획서를 작성하여 본회의 의결과 감사 대상기관에 대한 감사 준비 및 자료 요청을 한 후에 폐회를 하는 것이다.

그리고 후반기 감사 시작 전에 요구한 감사에 필요한 자료를 넘겨받아 사전에 의원에 의한 자료분석과 대안을 검토한 후, 후반기 정례회의 시작과 동시에 감사를 실시하게 되면 준비 부실과 시간 부족으로 인하여 감사가 부실하다는 비판을 받지 않을 것이다.

② 감사장소

행정사무감사 실시의 장소는 감사 대상기관이나 혹은 의회 회의실에서도 실시할 수 있다. 그러나 일반적으로 현실감 있는 감사를 위하여 감사 대상기관 혹은 감사 대상의 현장까지 파견하여 감사를 실시하는 것이 더욱 바람직하다.

감사를 위한 정보와 자료는 사전에 분석한 결과를 가지고 현장에서 직접 확인하여 문제점 파악은 물론 실무자의 직접적인 대면과 대화를 통하여 해결점을 모색하기 위하여서는 현장의 생동감 있는 감사가 요구된다.

따라서 감사 대상기관은 지방의회의 요구대로 감사 대상 자료를 사전에 세밀히 준비하여 제출하고 감사 대상 장소를 준비하여야 한다.

(3) 감사위원회의 구성

행정사무감사를 위한 감사위원회의 구성은 상임위원회 설치 여부에 따라 다르다.

① 상임위원회 설치 의회의 경우

시·도의회나 13인 이상의 시·군·구의회에서는 상임위원회가 설치되어 있으며, 상임위원회가 설치된 의회에서는 행정사무감사를 소관 상임위원회 별로 실시하도록 규정하고 있다. 또한 필요한 경우에는 본회의 의결을 거쳐 특별위원회를 구성하여 실시할 수 있다.

특별위원회는 의회 운영위원이나 의원이 '감사특별위원회 구성결의안'을 발의하여 본회의 의결을 거쳐 실시하지만, 일반적으로는 소관 상임위원회가 소관 업무 보고와 조례안 심사, 예산안 및 결산 심사 등의 업무를 수행하기 때문에 소관 상임위원회가 감사를 주관하는 것이 타당하다.

② 상임위원회가 설치 안 된 의회의 경우

상임위원회가 설치 안 된 시·군·자치구 의회에서는 일반적으로 '감사 특별위원회 구성결의안'을 본회의에 발의·의결 후 '감사특별위원회'를 구성하여 감사한다.

③ 본회의에서 직접 감사할 경우

지방의회 본회의에서는 직접 감사를 실시할 수 있다. 그러나 본회의에서 실시하게 되면 책임성보다는 정치적 분위기에 따라 결정될 수 있는 위험이 있으므로 가급적 소관 상임위원회나 혹은 특별위원회에서 감사를 주관하는 것이 바람직하다 할 것이다.

(4) 감사계획서 작성 및 본회의

소관 상임위원회가 감사를 실시하기 위해서는 감사계획서를 작성하여 본회의에 제출, 본회의에서 승인을 얻어야 한다. 지방의회 의장은 본회의에서 승인된 감사계획서를 당해 자치단체장에게 지체 없이 통보하되 감사위원회 편성은 기재하지 않고 통보한다. 그리고 감사는 본 계획에 의하여 실시되어야 한다. 감사계획서에는 감사위원회의 편성, 감사일정, 감사요령, 조사의 경우에는 그 목적과 범위, 기타 조례로 정하는 사항 등이 포함된다.

(5) 감사사무의 범위 및 대상기관

① 감사 대상 사무 범위

행정사무감사 대상 사무는 당해 자치단체가 수행하는 고유사무(자치사무)와 국가 혹은 시·도의 위임사무(단체위임사무와 기관위임사무)가 포함된다.

지방자치단체 및 그 장이 위임받아 처리하는 국가사무와 시·도의 사무에 대하여 국회와 시·도의회가 직접 감사하기로 한 사무 외에는 그 감사를 각각 해당 시·도의회와 시·군 및 자치구의회가 할 수 있다. 이 경우 국회와 시·도의회는 그 감사결과에 대하여 그 지방의회에 필요한 자료를 요구할 수 있다.

지방의회의 감사의 범위는 일반적으로 다음과 같다.

- 입법 활동에 관련된 사안

지방의회는 입법에 관련된 조례 제정과 개폐, 조례의 운용 실태와 규칙이 법령이나 조례의 범위 내에서 운용되는지의 여부 등에 관하여 감사할 수 있다.

의회의 입법 활동에 유의하여야 할 점은 다음과 같다.

첫째, 조례를 제안하여 실현하고자 하는 목적이 무엇이고 이익과 피해가 어떤 것인가에 대한 표현이 분명하여야 한다.

둘째, 조례의 시행상 주민의 참여를 기대할 수 있어야 한다. 즉 법적 적격성의 측면에서 규법성을 지녀야 하며 실효성 확보는 물론 통일성과 형평성이 보장되어야 한다.

셋째, 조례의 입법 취지에 맞도록 적절하게 표현되어 있는가는 객관성과 해석상의 문제가 야기되지 않도록 정확성과 평이성이 포함되어야 한다.

- 재정 활동에 관련된 사안

지방의회는 집행기관의 재정 활동에 관한 재정의결권, 감독 및 통제권을 가지고 있으므로 예산과 결산, 지방세의 부과 및 징수, 재산의 취득과 관리, 처분 등 지방자치단체의 재정 활동 전반에 걸쳐 감사 혹은 조사할 수 있다.

재정 활동을 세분하여 보면 다음과 같다.

첫째, 예산심의 및 확정권이다. 지방자치단체의 예산은 자치단체가 1년간 시행하고자 하는 사업에 소요되는 경비를 계상하고 이에 필요한 재원을 조달하는 활동을 금액으로 표시한 것이다. 따라서 이러한 예산은 주민에게 어느 만큼의 부담을 시키고, 어떠한 행정 서비스를 제공하여 복지 증진에 봉사하였는가의 문제이다.

지방의회는 집행기관의 요구 예산에 대한 심의·확정도 중요하지만 집행 후에 주민 전체의 복지 증진에 어떻게 기여하였는가에 대한 결과 확인과 발생된 문제점 분석에 치중하여야 하며 특정인의 이익에 기여되어서는 안 된다.

둘째, 결산승인권은 공개적인 재정과 경제의 보장을 하고 또한 책임성과 민주성을 확보하기 위한 효과적인 재정통제의 수단이다.

셋째, 지방세 등의 부과·징수 조례 제정을 통하여 지방세 수입과 세외수입의 부과에 대한 적법성과 적절성 여부를 확인하여야 한다.

넷째, 지방채 발행동의권이다. 지방채는 지방자치단체의 사업을 추진하면서 부족한 재원을 행정안전부 장관의 승인을 얻어 지방의회의 승인을 얻은 후에 충당되는 재원이다. 이 지방채는 지방자치단체의 빚이고 그것이 바로 주민의 부담이기 때문에 지방의회의 감시 기능이 더욱 정확하고 구체적이어야 한다.

다섯째, 지방자치단체의 재정부담행위, 주요 재산 등의 취득과 설치, 관리 및 처분 그리고 지방공사(공단)의 설치와 운용 등 전반에 걸쳐 지방자치단체의 재정 활동에 대하여 감사 및 조사한다.

- 행정 활동에 관련된 사안

지방의회는 집행기관과의 일반 사무의 전반 혹은 특정 사무에 대하여 합법성은 물론 타당성・정당성・합리성 및 효율성까지 감사・조사한다.

이는 조직 및 행정관리에 관한 사무, 복지 증진에 관한 사무, 산업 진흥 및 개발에 관한 사무, 생활환경에 관한 사무, 과학・문화・체육・예술 등 고유사무와 법령에 의하여 지방자치단체에 속하는 사무 일체를 포함한다.

지방의회의 감사는 자치단체의 행정사무의 실태를 정확히 파악하여 이를 기초로 하여 조례 제정의 기초 자료로 이용하고 또한 집행기관의 행정을 감시・비판하여 그 비행을 적발하고 시정하는 기능을 의미한다.

② 감사(조사) 대상기관

행정사무감사(조사) 대상기관은 지방의회의 조례로 정하여지며 당연 대상기관과 본회의 승인 대상기관으로 구분된다.

(6) 감사의 방법과 시행 절차

① 개요 및 제척 회피

- 개요

지방의회의 감사(조사)는 필요시 서류 제출과 현지 확인을 요구할 수 있고, 자치단체장 또는 관계 공무원 혹은 당해 사무에 관계되는 자에 대하여 증인 출석을 요구할 수 있다.

만약 서류 및 자료 제출, 현지 확인 및 증인 출석을 요구할 경우에는 3일 전까지 의장을 통하여 제출하여야 한다. 요구를 받은 관계인 및 관계 기관은 법령이나 혹은 조례에 특별히 규정한 경우를 제외하고는 이에 응해야 함은 물론 감사 또는 조사에 협조하여야 한다.

이러한 요구를 받은 자치단체장 또는 관계 공무원, 그리고 관계자는 이에 응할 수 없는 정당한 사유가 있는 경우에 이유서를 작성하여 1일 전까지 의장에게 제출하여야 한다.

특히 감사의 실효성을 보장하기 위하여 증인으로 출석한 자에게 증인선서를 하게 하고, 증인이 허위 증언을 할 경우에는 고발할 수도 있으며, 또한 요구받은 자들이 정당한 사유 없이 요구를 거부한 경우에는 자치단체장이 조례의 정하는 바에 의하여 500만 원 이하의 과태료를 부과할 수 있다.

- 의회의 제척 회피와 주의 의무

감사위원은 감사와 관련하여 직접적인 이해관계가 있거나 혹은 공정성을 기할 수 없는 현저한 사유가 있는 경우에는 당해 안건에 대하여 감사 및 조사할 수 없다.

본회의 혹은 감사(조사)위원회에서 이러한 사유가 인정될 경우에는 의결로써 당해 관련 의원의 감사(조사)를 중지시키고 다른 의원으로 교체하여야한다. 만약 이러한 경우 이의가 있을 때에는 본회의의 의결에 의하여 결정한다.

또한 자치단체의 행정사무감사(조사) 시에 그 대상 기관의 기능과 활동이 저해되거나 기밀이 누설되지 않도록 주의하여야 한다.

또한 이를 의원 또는 사무보조자는 감사(조사)를 통하여 알게 된 비밀을 정당한 사유 없이 누설하여서는 안 된다. 그러나 감사(조사)는 공개를 원칙으로 하며, 다만 본회의와 감사(조사)위원회의 의결로 이를 공개하지 않을 수도 있다.

② 행정사무 감사시행 절차 개요

- 행정사무감사 시행 절차

감사계획은 일반적으로 준비 단계, 결과 처리 단계로 구분하여 실시하고 감사계획서는 최초 위원회의 직원이 초안을 작성하여 위원장에게 보고하고 위원장은 간사와 협의하여 위원회의 초안을 결정한 후에 위원회를 거쳐 본회의에서 의결한다. 행정사무 감사시행 절차를 <그림 8-5>와 같이 제시한다.

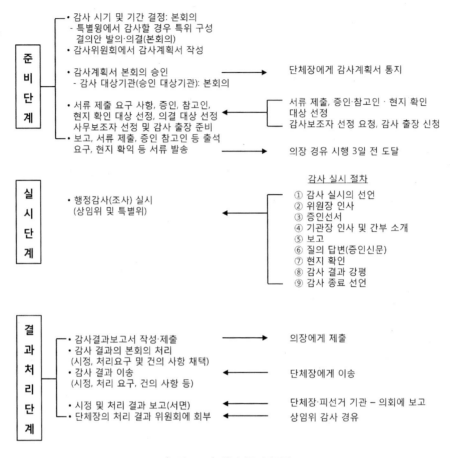

<그림 8-5> 행정사무감사절차

(7) 행정사무감사의 한계와 문제점

지방의회 감사권은 집행기관의 행정 과정을 통제하고 견제할 수 있는 법적 보장을 받고 있기 때문에 그 중요성을 지닌다. 그러나 지방자치단체는 국가의 일부로서의 지위도 갖고 있기 때문에 지방의회의 감사권은 그 한계를 지닐 수밖에 없다. 또한 기관대립형을 취하고 있는 우리나라의 지방자치제도는 근본적으로 집행기관 장의 권한이 우월하게 편중되어 있는 실정을 감안한다면 제도적으로 감사권은 그 한계와 문제를 지닐 수밖에 없다.

① 기초자치단체에 대한 시·도 행정사무감사의 범위와 한계(위임사무)

지방의회의 감사대상 사무는 고유사무와 단체위임사무뿐만 아니라 기관위임사무까지도 포함하고 있다. 지방자치의 본질적 가치를 보호하고 확대하기 위하여 상급기관이 하급기관의 행정사무에 대한 감사는 당해 지방의회와 중복된 감사를 피하고 불필요한 낭비와 갈등과 마찰을 배제하기 위하여 국회와 시·도의회의 감사 사항은 가급적 제한하는 것이 바람직하다.

그러나 지방자치단체 및 그 장이 위임받아 처리하는 국가사무와 시·도 사무에 대하여 국회와 시·도의회가 직접 감사하기로 한 사무를 제외하고는 지방자치단체가 수행하는 사무에 대하여 시·도의회와 시·군·자치구 의회가 행할 수 있다고 규정하고 있어, 지방자치의 권한을 제한하는 요소가 강하게 작용하고 있다.

특히 국가사무 중 단체위임사무는 명목상 국가사무라는 점과 사업비의 일부를 국가가 부담하고 고유사무에 비하여 국가의 적극적 감독과 통제가 가능하다는 점을 제외하고는 고유사무와 단체위임사무의 구별이 명확하지 않아서 혼란을 불러오고 있는 실정을 감안한다면 「지방자치법」의 개선에 대한 제도적 검토가 요구되고 있다.

② 행정작용에 대한 감사의 제한

지방의회의 감사는 의회의 주요 기능인 입법권과 재정권에 관한 권한을 효과적으로 수행하기 위한 보조적 기능이다. 또한 감사는 이러한 권한에 대한 의결 사항이 집행기관에 의하여 적절하게 수행되었는가를 점검하는 확인적 권한이다.

따라서 감사는 의회 기능의 효율성을 제고하기 위하여 자치단체의 기본적 사항과 중요한 사항 위주로 제한하여야 하며 부득이한 경우에도 감사의 범위를 최소화하는 것이 필요하다.

자치단체의 사무가 효율적으로 수행되지 못하면 그 영향은 주민에게 미치므로 감사를 실시할 때에는 그 대상기관의 기능과 활동이 현저하게 저해되지 않도록 주의하여야 한다.

③ 의회와 관련 공무원 출석 및 답변 등 집행부 간 마찰

행정사무감사가 상임위원회별로 실시되어 해당 실국과장들의 출석과 충분한 답변이 있었음에도 불구하고 단체장을 본회의에 출석을 강요하는 등 집행부의 행정 업무 수행에 지장을 초래하는 행정적 낭비가 많다는 지적이다.

반면 성의 없는 자료나 책임성 없는 답변으로 일관하여 감사권의 권위를 손상시키는 행위가 빈번하여 지방의원과 관련 공무원 간의 마찰과 갈등이 빈번하게 발생되어 감사의 효율이 반감되는 경향이 있다.

(8) 행정사무감사의 개선 방향

① 행정사무감사의 공개와 주민 의사 반영

행정사무감사 내용과 그 결과에 대하여 시정 질문과 행정사무감사 현황을 지역 TV에 반영하거나 지역 언론 및 지방의회 홈페이지 등에 상세하게 보도하여 줌으로써 열린 의회 구현과 주민의 알 권리를 충족시켜 줄 수 있을 것이다.

또한 지방의회의 감사 활동 전반에 걸쳐 주민의 관심을 유도하고 행정 개선에 동참을 할 수 있는 기회를 부여하여 주민의 요구와 지지, 그리고 반대가 무엇인가를 명확하게 파악함으로써 새로운 지방행정 건설에 기여할 수 있어야 한다.

② 지방의원 현장 활동 강화로 문제점을 정확히 파악하도록 노력

행정사무감사 기간이 제한되어 있기 때문에 잘못하다간 수박 겉핥기식으로 감사가 종료될 가능성이 높다. 이렇게 되면 주민들로부터 매년 똑같다는 비판이 있을 수 있고 또한 지방의원의 피상적인 대안만을 제시할 수밖에 없다.

가급적 밤에라도 전등불을 비추어 가면서 공사장, 사업소, 주택 등을 확인함으로써 공사 시행상의 문제점 발굴과 대안 제시, 그리고 주민의 불편사항을 확인하여 시정 대안을 제시하고 논의할 수 있는 자세와 강력한 의지가 발휘되어야 한다.

지방의 모든 사업장이나 행정기관의 활동은 전부 주민의 세금으로 충당될

뿐만 아니라 주민의 세금으로 봉급을 받기 때문에 일체의 낭비나 비효율이 포함되어서는 안 되며, 이러한 문제는 지방의원만이 문제점을 찾아내고 이를 해결할 수가 있다고 판단한다.

③ 형식적인 감사 관행 탈피하려는 노력과 의지가 필요

지방의원의 경우는 전문성 결여와 감사 준비 및 실시 시 시간제한으로 지방의원의 참여 정도는 매우 소극적이라는 비판을 받고 있는 실정이다. 이의 문제점을 해결하기 위해서는 의원 스스로 전문적 지식을 함양할 수 있는 노력이 전제되어야 한다.

그리고 매년 정기적으로 실시되기 때문에 사전에 일정을 예상하여 감사내용과 감사 절차를 숙지하여 감사 기간을 좀 더 효율적으로 사용할 수 있는 사전적 준비가 긴요하다.

반면 공무원의 경우에는 의회의 요구가 있을 때만 자료를 준비하는 소극적 자세로부터 사전적·적극적으로 준비하고 대처할 수 있는 교육과 훈련이 필요하다. 그리고 감사에 소극적인 공무원에 대해서는 징벌을 할 수 있는 권한을 의회에 부여함으로써 감사 활동을 좀 더 엄정하고 효율적으로 운용하는 지혜가 필요하다.

④ 주민의 기본권에 대한 감사의 제한

지방의회 감사는 주민의 알 권리를 실현하고 그 자치단체의 행정 과정의 공정성과 효율성을 제고하는 데 그 의의가 있다. 그렇다고 하여 주민의 사생활에 관련한 기본권을 침해하는 감사를 실시할 수 없으며, 감사를 실시함에 있어서 주민의 기본권이 침해되는 경우에는 감사를 할 수 없다.

또한 개인의 사생활을 침해하거나 계속 중인 재판 혹은 수사 중인 사건의 소추에 관여할 목적으로 행하여서는 안 된다.

3) 지방행정의 사무조사권

지방의회는 주민의 대표기관으로서 지방자치단체의 정책 결정과 집행에 대한 비판과 감시 기능인 감사 및 조사권을 지니며 이를 의회의 권능으로 보장받는다.

여기에서의 감시권의 일부인 조사권에 대해서는 앞서 기술한 감사권과 그 내용이 중복되기 때문에 여기에서는 다른 점만을 기술한다.

(1) 조사권의 의의

조사권은 헌법에서 보장된 국회의 국정조사권과 동일한 지방의회의 권한을 의미한다. 조사권은 현재 의제와 여론의 초점이 되어 있는 '행정사무 중 특정 사안'에 대하여 사실을 조사하고 이의 시정을 요구하거나 대책을 강구하기 위한 제도이다.

조사는 주로 주민 생활과 밀접한 관련이 있는 주민 숙원사업 등 도시 건설 분야, 쓰레기 매립장, 상수원 확보 등 환경·위생 분야와 긴급 재해대책 분야에 중점적으로 실시되고 있다.

(2) 감사와 조사의 차이점

행정사무감사는 지방자치단체의 사무 전반을 대상으로 실시하는 지방의회의 포괄적인 감시 기능이며, 조사는 지방자치단체의 사무 중에서 특별히 문제가 되거나 현안이 되는 특정한 사안을 대상으로 하는 제한적 감시 기능을 말한다.

또한 감사는 매년 정례회의의 회기 내에서 정기적으로 예산 심의에 앞서 실시하나, 조사는 필요시 의원의 발의에 의하여 수시로 특정한 사안에 대하여 행하며 기한이 정해져 있지 않다.

그리고 감사 실시는 의원의 발의 요건이 아니지만, 조사는 재적의원 1/3 이상의 연서로 이유를 명시한 서면으로 발의하여야 한다.

〈표 8-5〉 감사와 조사의 차이점

구 분	실시 시기	기 간	대 상	대상 사무	관련 근거
감사	정기적 (정례회 중)	시도: 10일 이내 시군구: 7일 이내	행정사무 전반	고유사무 및 위임사무 전반	법과 시행령, 조례에 의하여 정기적 실시
조사	필요시	무제한	특정 사안	고유사무 및 단체위임사무 (기관위임 제외)	재적의원 1/3 이상 요구 본회의 의결로 결정

(3) 조사 대상사무 및 기관

① 조사 대상사무

조사 대상사무는 자치단체의 고유사무와 단체위임사무에 해당하며, 기관 위임사무는 조사 대상에서 제외된다. 단, 당해 자치단체가 기관위임사무를 처리하기 위하여 예산 부담을 하였거나, 또한 그의 경비를 자치단체의 세입·세출에 계상하여 예산을 집행한 경우에는 조사의 대상이 될 수 있다.

일반적으로 조사 활동은 의안조사, 정치조사, 사무조사 등으로 구분된다.

- 의안조사 활동

의안조사는 현재의 의제와 장래 의제가 될 내용에 대한 기초조사를 말한다. 주민의 요구인 조례 제정·개폐에 대한 배경과 영향 등에 대한 서류 제출과 증인신문(證人訊問) 등을 통하여 그 실태를 정확히 파악하기 위하여 실시하는 활동이다.

- 정치조사 활동

정치조사는 시책 사항이나 여론의 초점이 되는 사안과 그 실상을 파악하기 위한 지방자치단체의 사무에 관한 조사 활동이다. 여론의 방향을 분석하여 의회의 입법 활동과 정책 방향에 영향을 미친다.

- 사무조사 활동

사무조사는 당해 자치단체와 관련된 전반적인 사무를 대상으로 하여 조사하는 활동이다. 특정 사안에 대한 사무조사는 주민의 요청이나 문제의 제기

혹은 여론의 초점이 되는 사안에 대하여 문제점을 분석하고 이에 대한 책임과 대안을 찾고자 하는 조사 활동이다.

② 조사의 대상기관

행정조사의 대상기관은 당해 자치단체의 집행기관과 그 소속 행정기관, 하부 행정기관, 지방공기업 등으로서 감사 대상기관이 바로 조사의 대상기관이 된다. 감사 대상기관과의 본회의의 승인이 필요한 대상기관도 동일하게 조사의 대상이 된다.

(4) 조사 기간 및 방법

조사 기간은 지방의회에서 작성된 조사계획서에 의하여 본회의 의결로 결정된다. 조사위원회는 조사계획서를 작성 시 조사할 사항의 업무량 및 상황을 고려하여 조사계획서에 기재하여 본회의 승인을 얻어야 한다.

또한 조사 기간은 조사 실시 과정 중에서 조사위원회의 요청이나 의장 제의 혹은 의원 동의에 의하여 기간 단축이나 연장에 관하여 본회의 의결로 가능하다.

조사 방법은 감사 방법과 동일하게 이루어지며, 서류 및 자료 제출의 요구, 보고 요구 및 청취, 현지 확인, 증인 등 관계인 출석 요구 및 의견 진술의 청취 등의 방법은 감사 방법과 같은 방법으로 이루어진다.

(5) 조사의 발의 및 의결

조사의 발의는 재적의원 1/3 이상의 연서로 발의되며, 조사의 목적, 조사하는 사안의 범위, 조사위원회의 구성을 위한 명시 등을 기재하여 서면으로 발의하고, 본회의 의결로 확정된다.

의회가 휴회 혹은 폐회 중일 때에 의원의 발의가 있는 경우에는 의회의 집회 및 재개 요구가 있는 것으로 인정한다. 이와 같이 조사 발의 시에는 의회가 휴회 기간 중일 때에는 지체 없이 본회의를 재개하여야 한다. 또한 폐회 중일 때에는 의장이 집회일시를 정하여 임시회 집회 공고를 한다.

(6) 조사위원회의 구성

의회에서 조사에 대한 발의가 본회의에서 의결되면 의장은 조사할 위원회인 '조사특별위원회'를 구성하거나 혹은 조사 대상 업무를 주관하는 소관 상임위원회에 회부하여 조사를 실시할 것인가를 본회의에서 의결한다.

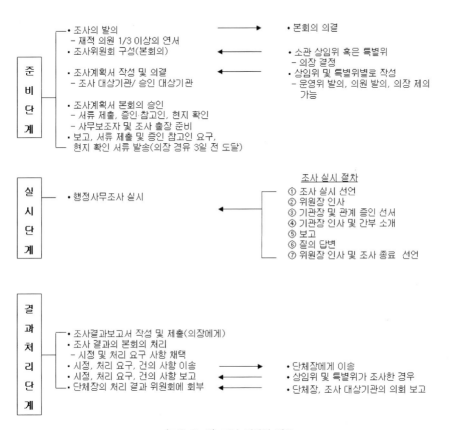

〈그림 8-6〉 조사 절차의 개요

'상임위원회'가 설치된 의회나 '조사특별위원회'에서는 조사계획서를 작성하여 본회의 의결을 거쳐 시행한다. 조사계획서에는 조사 목적, 조사의 범위, 조사 방법, 조사 경비, 조사를 위한 증인 및 현지 확인 대상기관 등에 관하여 본회의의 승인을 얻는다.

(7) 조사 실시 및 결과 처리

행정사무조사의 조사 준비 사항으로 조사위원회의 조사계획서 작성 및 본회의 승인 요령, 보고 서류 제출, 증인 등 출석 요구, 사무보조자 선임 및 출장 준비, 그리고 조사 실시 과정, 조사 결과 보고 및 처리 과정은 전술한 감사 사항과 동일하다.

(8) 행정사무조사 실시 상황

조사는 그동안 주로 주민 생활과 밀접한 관계가 있는 주민 숙원사업 등, 도시 신설 분야, 쓰레기 매립장 확보, 상수원 선정 등 환경 위생 분야와 긴급 재해대책 분야에 중점적으로 실시되어 왔다.

조사의 주요 내용은 지적된 사항의 시정 처리 혹은 문제점에 대한 개선 방안 제시, 주민과 마찰을 빚는 사업에 대한 상호 타협과 해결 방안 제시 등에 집중적으로 활동하여 왔다.

4. 청원심사권

1) 청원권의 의의

"모든 국민은 법률이 정하는 바에 의하여 국가기관에 문서로써 청원할 권리를 가지며, 국가는 청원에 대하여 심사할 의무를 진다."고 헌법 제26조에서 규정하고 있다. 국민(주민)은 국가기관이나 혹은 지방자치단체의 장 및 지방의회를 포함한 기관에 대하여 어떠한 사항에 관한 의견이나 희망을 개진할 수 있는 국민의 권리를 갖는다. 또한 모든 국가기관은 청원을 수리하여 성실하게 처리하여야 할 의무가 있다.

청원권의 범위는 국가 및 지방자치단체의 소관사무 전반에 걸쳐 개인 권익의 침해, 행정의 위법성 및 부당성, 미래 설계에 대한 것까지 제시할 수 있다. 문제의 제기는 피해 당사자는 물론 제3자에 의해서도 공공의 이익을 위해서는 누구나 문제를 제기할 수 있다. 청원은 기관과 관계없이 언제든지 요청할 수 있다. 접수기관은 청원 사항에 대하여 심사할 의무가 있으며, 그 결과에 대하여 속박은 받지 않는다.

2) 청원권의 내용

지방자치단체에서의 청원권의 주체는 주민이며, 자연인 혹은 법인이나 단체도 포함된다. 단 공무원과 군인 등의 경우에는 직무에 관련된 청원이나 집단적 청원은 제한되어 있다.

청원의 대상은 국정이나 자치행정에 관한 사항은 물론 국가(입법, 사법, 행정)기관과 지방자치단체의 집행기관과 의결기관의 의회까지 포함된다. 헌법상에 제시된 청원의 내용은 공권력의 행사로 인한 피해의 구제, 공무원의 비위 시정 및 징계나 처벌의 요구, 법령·명령·규칙의 제정, 개정·폐지, 공공의 제도 및 시설의 운용, 기타 공공기관의 권한에 속하는 사항 등이 청원의 대상이 된다.

그러나 다음의 경우는 청원 대상에 제외된다. 재판에 간섭하는 청원, 국가원수를 모독하는 청원, 타인을 모해(謀害)할 목적으로 허위 사실을 적시한 청원은 수리되지 않거나 할 수 없다.

3) 청원의 접수 및 심사 절차

(1) 청원의 접수

지방의회는 청원을 수리하고 이를 처리하여야 한다. 의회에 청원을 제출하는 경우에는 당해 의회에서 소속하는 의원 1인 이상의 소개를 얻어 청원서를 제출하여야 하며, 청원서에는 청원인의 성명(법인의 경우에는 그 명칭과 대표자의 성명), 주소와 서명을 날인하여야 한다. 또한 이를 소개하는 의원의 의견서가 첨부되어야 한다.

청원서에는 청원의 취지와 이유를 구체적으로 명시하여야 함은 물론 필요한 자료를 첨부할 수 있으며, 이러한 청원의 요건을 첨부하지 않은 경우 의장은 기간을 정하여 필요한 자료의 첨부를 요청할 수 있다.

(2) 청원의 불수리 및 이의 신청

청원을 접수한 의장은 재판에 간섭하는 청원, 국가기관의 모독, 동일기관에 2개 이상 혹은 2개 이상의 기관에 제출, 법령 위배의 청원은 불수리하며, 불수리 이유를 명시하여 의장 명으로 소개 의원과 청원인에게 통지한다.

또한 의장이 요구하는 사항이 보완되지 않은 경우에도 불수리되는데 이러한 이유로 청원에 대한 의회의 불수리에 관하여 이의가 있는 경우에 청원인은 소개 의원을 경유하여 이의를 신청할 수 있고, 의장은 청원을 회부할 소관 상임위원장 또는 청원심사특별위원장과 협의하여 이의 신청에 이유가 있다고 판단되면 그 청원을 접수한다.

(3) 청원의 심사

청원의 경우에도 일반 의안과 동일하게 심사·처리하게 된다. 청원에 대한 처리는 의회의 구성에 따라 소관 상임위원회 혹은 특별위원회, 아니면 본회의에서 직접 처리하는 경우도 있다.

① 상임위원회가 미설치된 의회의 경우

의회 의장이 청원서를 접수하면 청원인의 성명, 주소, 청원의 취지, 소개 의원의 성명과 접수 연월일 등을 기재한 청원 요지서를 작성하여, 각 의원에게 배부하여 소관 상임위원회나 특별위원회에 심사·회부하고 혹은 '청원심사특별위원회'를 구성하여 회부한다.

② 상임위원회가 미설치된 의회의 경우

의회 의장은 청원서를 접수하면 전술한 내용의 청원 요지서를 작성하여 각 의원에게 배부하여 본회의 의결을 통하여 본회의에서 직접 심사하거나 혹은 '특별위원회' 및 '청원심사특별위원회'를 구성하여 위원회에서 심사하도록 할 수 있다.

③ 심사 절차

청원심사는 일반 안건의 위원회에서 심사하는 절차와 비슷하다. 의사일정, 청원 취지의 설명, 질의, 토론, 표결의 순으로 진행되며, 청원 취지의 설명은 청원인은 본회의 및 위원회에 출석하여 발언할 수 없기 때문에 통상 의원의 설명으로 갈음한다. 위원회에서 청원을 심사할 때에는 청원원인, 이해관계자, 학식과 경험이 풍부한 자로부터 청원에 대한 진술을 청취할 수 있다.

이러한 경우 청원인을 제외하고 이해관계자 등 출석하는 자에 대해서는 의원의 일비 및 여비 지급 기준을 준용하여 여비와 일비를 지급할 수 있다.

위원회는 청원 심사 시 청원 사항이 본회의에 부의(附議)되어야 할 것인가, 아니면 부의하지 아니할 것인가에 대한 의결을 하여야 한다.

청원을 심사할 때 심사의 기준은 지방자치단체의 권한 내의 것인가, 청원의 내용이 합리적·합당한 것인가, 청원 자체가 실현 가능한 것인가 등에 적용되어야 한다.

의원은 청원을 심사하여 타당한 경우와 타당하지 않은 경우를 그 청원 내용에 대한 의회 의사로서 '의견서'를 첨부하여 본회의에 부의할 것인가 혹은 부의하지 않을 것인가를 결정한다.

첫째, 위원회가 심사하여 타당한 경우와 타당하지 않은 경우를 그 청원 내용에 대한 의회 의사로서 '의견서'를 첨부하여 본회의에 부의할 것인가 혹은 부의하지 않을 것인가를 결정한다.

둘째, 위원회가 본회의에 부의하기로 의결한 청원 중에서 의회에서 처리함이 타당하다고 의결되는 청원은 의회에서 직접 처리하고(조례의 제·개정 등), 자치단체의 장이 처리함이 타당하다고 의결되는 청원은 자치단체장에게 이송하여 장이 처리하도록 한다.

셋째, 본회의에 부의하지 않은 청원의 경우는 심사 과정에서 집행기관 및 관련 기관이 조치를 완료하였거나 혹은 이해관계자와 타협이 되어 청원의 취지가 달성되는 경우, 청원의 이유는 충분하지만 현지 사정, 법적 근거, 재정 부담 등의 이유로 현실적으로 실현이 불가능한 경우 등이다. 청원의 취지나 내용이 위법 및 국가와 지방자치단체의 시책과 상이하여 타당성이 없는 경우에 한한다.

따라서 위원회에서 본회의에 부의할 필요가 없다고 의결된 경우에는 그 심사 결과를 의장에게 보고하며, 의장은 청원인과 소개 의원에게 통지한다. 이러한 경우 의회가 폐회 중이거나 휴회 중인 경우를 제외하고는 7일 이내에 의장 또는 재적의원 1/3 이상의 요구가 있는 경우에는 그 안을 본회의에 부의하여야 한다.

④ 본회의 심사

위원회에서 청원 심사 결과 타당하다고 하면 위원회에서 '의견서'를 첨부하여 의장에게 보고하면 그 청원은 본회의에 상정되어 처리된다. 위원회에서의 청원 심사 시 신속한 처리를 위하여 심사 기간을 제한하고 있다.

청원 심사의 경우에는 특별한 사유가 없는 경우를 제외(폐회 중인 경우)하고는 청원이 요구된 날부터 20일(기초의회 10일) 이내에 심사하여 그 결과를 의장에게 보고하도록 하고 있다.

이 기간 중에 심사를 마치지 못하는 경우에는 위원장은 의장에게 중간보고를 하고 심사 기간의 연장을 요구할 수 있으며(청원규칙 제6조 ④), 본회의에서는 위원회 결정에 구애됨이 없이 청원 내용을 채택하거나 혹은 채택하지 않을 수도 있다.

본회의에서는 청원 내용을 수정할 수는 없지만, 위원회의 '의견서' 내용을 수정하여 의견서를 채택하거나 혹은 다른 의견을 채택할 수도 있다.

⑤ 심사의 처리

청원 위원회의 심사의 경우에도 최종적으로 본회의의 심사와 의결을 거쳐 처리한다. 의회가 처리하여야 할 청원 사항은 의회에서 조례의 제정 및 개정을 처리하고, 자치단체 장이 처리하여야 할 경우에는 의견서를 첨부하여 자치단체장에게 즉시 이송하여야 한다.

청원을 이송받은 자치단체장은 당해 청원사항을 처리한 후에 그 처리 결과를 지체 없이 의회에 보고하여야 한다. 의장은 의회에 접수된 청원 사항을 청원인에게 통지하여야 한다.

⑥ 제척 및 회피

지방의회는 위원회나 본회의에서 청원을 심사하는 경우 청원과 직접 이해관계가 있거나 공정을 기할 수 없다는 현저한 사유가 있는 경우에 관련 의원은 청원의 심사 및 의결에 참여할 수 없도록 하는 청원심사규정에 제척과 회피 규정을 두고 있다.

본회의 혹은 위원회에서 청원 심사 시 특정 의원을 제척시킬 필요가 인정될 때 당해 의원은 그 청원의 심사 및 의결에 참여할 수 없도록 하고 있다. 이러한 경우에는 그 위원에 속하지 않는 다른 의원을 선임하여 심사의결에 참여시키고, 만약 제척 의원이 이의를 제기하는 경우에는 본회의 의결로 결정한다.

그리고 청원 심사와 관련하여 제척 사유가 있는 의원은 자발적으로 본회의 및 위원회의 허가를 받아 회피할 수 있다. 만약 제척 사유가 있는데도 불구하고 의원 스스로 회피하지 않을 때에는 징계 대상이 된다.

⑦ 청원의 이송 및 보고

본회의에서 자치단체장이 처리함이 타당하다고 판단되는 경우에는 본회의의 의견서 및 제출된 청원 내용을 단체장에게 이송한다. 의장으로부터 청원 내용을 이송받은 자치단체장은 청원을 처리하고, 그 처리 결과를 지체 없이 의회에 보고하여야 한다.

5. 의견표명권

지방의회는 주민의 대표기관으로서 지방자치단체의 공익에 관련된 사항이라면 언제든지 의견을 표명할 수 있어야 한다. 지방자치단체의 의사를 결정하는 지방의회는 주민 혹은 자치단체의 입장에서 의회의 의사를 결정하고 표명함으로써 법적 및 정치적 효력을 갖는 것을 원칙으로 하고 있다.

의회의 의견표명권은 외국의 경우에는 의견서제출권, 자문답신권(諮問答申權)과 같이 광의의 의미로 적용되고 있지만 우리나라의 경우에는 「지방자치법」상에 다음과 같이 제시하고 있다.

첫째, 지방자치단체의 폐치·분합 혹은 그 명칭 또는 그 구역 변경 시에 대한 지방의회 의견표명

둘째, 시를 설치하고자 하는 경우 관할 도의회 의견표명 등

6. 자율권

1) 자율권의 의미

지방의회의 자율권이란 자신의 의사 표명과 내부조직의 구성, 그리고 의원 신분에 대한 사정권 등에 대하여 외부의 간섭이나 구속 없이 자신의 판단과 책임하에 결정함을 의미한다. 이러한 자율권은 의회의 입법 활동, 예산 심의와 결산, 감시 및 비판 기능을 수행하는 데 필요 불가결한 요인이며, 만약 이러한 용인이 외부의 간섭과 요구에 응한다면 지방자치는 말살되고 말 것이다. 특히 의회의 자율권은 국가기관의 관여로부터 독립, 집행기관의 관여 배제는 물론 정당의 영향력 행사도 배제하는 것을 의미한다.

2) 의회 내부 조직권

지방의회는 법령에 의하여 자신의 내부조직을 외부의 관여나 간섭을 받지 않고 자신이 결정하는 권한을 말한다.

① 의회의 의장·부의장의 선거, 임시의장 선출 및 보궐선거에 대한 외부의 영향력 배제
② 상임위원회 위원장 및 상임위원 선출 혹은 특별위원회 위원장 및 위

원 선출에 대한 외부의 영향력 배제

③ 시·도 교육위원회 선출

④ 사무기구 설치 및 요원의 인사에 대한 자율성 확보

3) 의사의 자율권

(1) 회의규칙의 제정권

지방의회의 회의는 의회 자신의 의사가 자율적으로 표현될 수 있도록 자율권이 보장되어 있다. 회의 진행을 위한 기본적인 사항에 대하여서는 「지방자치법」에 규정되어 있지만, 좀 더 회의를 효율적·민주적·합리적으로 수행하도록 법령의 범위와 법령으로 규정한 것을 제외하고는 회의에 필요한 사항에 대하여 좀 더 폭넓게 인정하고 있다.

회의규칙은 의원 또는 위원회의 제안에 의하여 의회의 의결로 제정하여야 하고, 그 효력에서도 그 내부의 소속 의원 및 소속 사무직원에 해당되지만 회의를 위한 의사의 정리와 질서 유지에 필요한 사항은 집행기관의 공무원과 방청인 등에 적용될 수 있다.

회의의 효율적인 운영을 위하여 위원회에 관한 사항, 선거, 징계, 의원 자격 심사에 관한 사항, 의원 신분증규칙, 진정서 처리규정, 포상규정 등에 대한 좀 더 구체적인 사항에 대한 회의규칙은 필요할 것이다.

(2) 법령 이외의 의회 일정 제정

법령에 규정된 의회 일정을 제외한 의회의 개회, 휴회 및 폐회, 정기회의 결정, 회기의 연장, 의사일정 등에 관한 규정은 자주적으로 제정할 수 있다. 회의 일수에 대한 제한은 규정되어 있다.

(3) 회의의 비공개 결정

지방의회는 공개하는 것이 원칙이지만 본회의 및 위원회의 의결로 비공개로 할 수 있다.

4) 의원신분에 관한 사정권

(1) 소속 의원에 대한 자격심사

지방의회는 소속 의원 자격에 대하여 이의가 있는 경우에는 그 의원의 자격을 심사하여 자격 유무를 의결한다. 단, 여기서 자격이란 선거무효소송이나 당선무효소송과 같이 법원의 판결에 의한 것을 제외한 경우를 말한다. 소속 의원의 자격에 대한 이의가 있는 경우 의원으로서의 적격성 여부를 심사하기 위하여 재적의원 1/4 이상의 연서로 의장에게 자격심사를 청구할 수 있으며, 이런 경우 피심의원은 자신의 자격에 대하여 회의에 출석하여 변명할 수 있지만 의결에는 참여할 수 없다.

자격 상실의 의결은 재적의원 2/3 이상의 찬성이 있어야 하며 피심 의원은 자격 상실이 확정될 때까지 그 직을 상실하지 아니한다.

(2) 의원의 사직 허가 결정

지방의회 의원은 의회의 허가를 받아 사직할 수 있다. 사직서를 제출할 때 이에 대한 허가 여부를 의결한다. 의원이 사직을 원할 때에는 사직서를 의장에게 제출하여야 하며 의장은 본회의에 부의하여 결정한다. 단 의회가 폐회 중일 때에는 의장이 이를 허가할 수 있다.

5) 의원에 대한 징계권

지방의회는 자율권의 의미로 의회에 대하여「지방자치법」또는 회의규칙에 위배되는 경우 의결로써 징계를 할 수 있다. 징계사유가 발생하였을 때 의장은 소관 상임위원회 또는 본회의에 회부한다. 동료 의원에게 모독을 당하였거나 혹은 회의 중에 폭력을 행사하거나 소란한 행위로 인하여 타인의 발언을 방해하였을 때도 징계사유가 된다.

징계 요구는 의장, 재적의원 1/5 또는 의원 10인 이상, 모욕을 당한 의원, 위원장의 요구가 있을 때 가능하며, 징계 요구가 있을 때에는 징계자격특별위원회를 거쳐 본회의에서 심의·의결한다.

징계는 주민이 선출한 의원에 대하여 취하는 행동이기 때문에 신중을 기하여야 하며, 특히 제명을 요구한 경우에는 재적의원 2/3 이상의 찬성이 있어야 한다.

징계의 종류는 다음과 같다.

① 공개회의에서 경고
② 공개회의에서 사과
③ 30일 이내의 출석 정지
④ 제명

6) 의회 내의 질서유지권

지방의회는 회의의 순조로운 진행과 발언의원을 보호하기 위하여 회의장 내의 질서 유지를 확립시켜야 한다. 의회의 의장 및 위원회 위원장은 의회 내의 질서 유지에 필요한 권한을 부여받고 있다. 이에 의장은 의원이나 방청인이 본회의 및 위원회 회의장에서 회의에 위배되는 발언이나 행위를 하는 경우에는 이를 경고 또는 제지하거나 발언 취소를 명할 수 있다.

의장 및 위원장은 발언을 금지시키거나 퇴장을 명할 수 있으며, 회의장이 소란하여 도저히 회의를 진행할 수 없을 때에는 회의를 중지시키거나 산회를 선포할 수 있다.

만약에 방청인에 의하여 회의장의 질서를 방해하거나 혹은 의안에 대하여 가부를 강요하거나 소란스러워 회의 진행이 곤란할 때에는 경찰관에게 인도하거나 아니면 방청인에게 퇴장 명령을 할 수 있다. 이러한 모든 사항은 회의규칙으로 제정할 수 있다.

7) 의장·부의장에 대한 불신임권

지방의회는 의장과 부의장이 법령에 위반하거나 혹은 정당한 이유 없이 직무를 수행하지 않을 때에는 불신임을 의결할 수 있다. 불신임 의결은 재적의원 1/4 이상의 발의와 과반수의 찬성으로 의결된다.

의장과 부의장이 불신임되면 그 직에서 해임되나 의원직은 의장·부의장 직과는 별도로 계속 유지된다.

7. 의결권

1) 지방의회 의결권의 의의

(1) 지방의결권의 개념

지방의회 의결권은 의회의 권한 중 가장 기본적이고 핵심적 권한이며, 지방자치단체의 의사는 의회의 의결 과정을 거쳐 결정된다. 지방의회 의결권은 자치단체의 의사를 결정하는 권한과 기관 의사를 결정하는 권한을 의미한다.

지방의회 의결권은 지방의 전반적인 의사를 결정하는 것이 그 본질적 기능이지만 그렇다고 해서 지방의 세부적이고 중요하지 않은 사무까지 의결권을 적용한다는 것은 지방의회가 감당할 수 없을 뿐만 아니라 미미한 사무까지 의회 의결 과정을 거치도록 하는 것은 의회의 비능률성과 비효율성, 그리고 비현실적이기 때문에 지방자치단체의 주요하고 기본적인 사항만을 의결하도록 하는 것이 더욱 바람직하다 할 것이다.

의회의 의결권은 지방의 전반적인 사무를 포함하는 개괄주의(概括主義, generalization)를 적용할 것인가, 아니면 법률로 제정해 준 범위 내에서의 의결권을 행사하는 제한주의(制限主義, restriction)를 적용할 것인가 따라 그 의결권의 내용과 범위는 다르게 나타난다.

의결권 중 개괄주의는 지방자치단체의 주요 사무를 모두 의회의 의결 사항으로 하여 개괄적인 요목만을 법에 예시하는 제도로서 의결권의 범위가 폭넓다는 장점이 있는 반면, 집행기관이 지나치게 의회의 간섭을 받는다는 단점이 지적되고 있다.

제한주의는 법령에 의하여 구체적으로 제시되어 의회가 의결권행사에서 매우 제한을 받는 제도이다. 이는 의회의 의결권은 제한을 받지만 집행기관의 자율성을 보장함으로써 집행기관의 기능을 더욱 강화하는 제도이다.

현행 우리나라 「지방자치법」에서는 의회가 의결하여야 할 사무를 열거하고, 또한 조례로 의회가 의결하여야 할 사항을 별도로 정할 수 있도록 규정함으로써 우리나라의 의결권은 제한적 열거주의를 적용하고 있다.

이와 같이 우리나라의 경우에는 제한적 열거주의를 채택하고 있기 때문에 「지방자치법」 또는 관련 법령에 규정되어 있지 아니한 사항에 대해서는 지방의회의 의결권 행사는 불가능하도록 규정하고 있다.

전술한 바와 같이 우리나라가 제한적 열거주의를 채택하고 있는 이유는 첫째, 지방자치 행정은 민주성과 능률성이 최고 가치로 인식되고 있다. 민주성이 지나치게 강조되는 경우에는 주민 요구가 양적으로 확대되고 질적 요구가 증폭되어 행정 수요에 적절하게 대처할 수 없을 뿐만 아니라, 지방의회가 의결권을 폭넓게 행사하기에는 많은 제한과 문제를 안고 있기 때문으로 여겨진다.

둘째, 복잡해지고 다양해지는 지방의 의사를 결정할 때 좀 더 명확하고 분명하게 의회 의결권과 지방자치단체장의 권한을 구분하여 줌으로써 집행기관의 책임행정과 능률행정을 달성하기 위함으로 본다.

(2) 의사 결정, 의결 및 결의의 효력

① 의사 결정의 효력

지방의회의 의사는 의결권 행사에 따라 결정하는 것으로서 단체 의사와 기관 의사로 구분한다. 단체 의사는 의회의 의사 결정행위 절차를 통하여 의결된 의사에 대하여 통상 집행기관에 의한 대외적 표시행위가 있어야 그 효력이 발생된다. 예를 들어 단체 의사인 경우에는 의회가 의결한 조례안(條例案)이 집행기관에 이송되어 장(長)의 공포 절차를 통하였을 때 소정 시행일에 그 효력이 발생되는 것이다.

반면, 기관 의사의 경우에는 의회가 의결 행위를 함으로써 그 효력이 발생되지만 주로 의회의 내부적 사항에 관련되며 예외적으로는 대외적인 표시를 요하는 경우에 한하여 그 표시 행위에 의하여 효력이 발생되기도 한다.

② 의결과 결의의 효력

의회의 의사 결정 행위는 의결 및 결의 형식으로 표현되고, 이들의 개념상의 차이는 명확하지가 않다. 일반적 해석은 첫째, 의결은 법령상의 근거에 따라 의사를 결정하는 행위를 뜻하고, 결의는 법령과 관계없는 사실상의 의사를 결정하는 행위를 의미한다.

둘째, 의결은 단체 의사를 결정하는 행위이고 결의는 기관 의사를 결정하는 행위로 보는 견해이다.

셋째, 효력이 발생되기 위해서는 의결은 자치단체장의 표시행위를 필요로 하는 것이고, 결의는 의회의 결정행위만으로 효력이 발생되는 경우이다.

이 해석 중 두 번째 해석이 가장 적절한 의미로 이해되고 있으며 첫 번째와 세 번째 해석은 유사한 개념으로 해석하는 것이 일반적 견해이다.

예컨대, 의장과 부의장의 불신임에 대한 의사 결정 행위는 '결의'로 표현되고 있는 반면, 의원에 대한 자격 상실 및 징계에 대한 의사 결정 행위는 '의결'로 규정하고 있는 것이 그 특징이다.

따라서 법령에 특별히 규정되어 있지 않은 의사 결정 행위, 즉 의회가 주민의 대표기관의 지위와 의회의 자율권에 의하여 기관 의사를 결정하는 행위는 '의회의 결의'로 보는 것이 타당하다 할 것이다. 의회에 의하여 '환경도시 선언' 혹은 '시민의 날 선포' 등은 의회의 결의 사항에 해당하는 것이 그 예이다.

③ 의회 의결의 유효와 무효 및 재의결 요구

지방의회가 의결할 사항을 집행기관이 의회의 의결 절차를 거치지 않고 집행하는 경우 그 행위는 위법 및 월권행위로서 무효가 된다. 단 부득이한 경우에 의회가 이를 추인하는 경우에는 집행기관의 집행행위가 유효한 행위로 인정된다.

예컨대 선결처분권의 경우가 이에 해당된다. 의회의 추인에 의하여 집행기관의 집행행위가 유효하게 이해되지만, 무분별한 허용이나 집행기관의 남발로 인하여 지방자치 사상에 위배될 뿐만 아니라 의회의 존재적 가치마저 흔들릴 수 있기 때문에 유의하여야 할 문제이다.

또한 의회는 일단 의결한 사항에 대하여 스스로 취소할 수 없지만 의회의 결에 대하여 집행기관의 재의요구가 있을 때 의회는 재의 절차를 통하여 그 가부를 다시 결정하여야 한다.

2) 지방의회 의결권의 범위

우리나라 의결권의 범위는 제한적 열거주의를 채택하고 있으며, 이는 법령 혹은 조례에 의하여 열거되거나 규정되지 않은 사항에 대하여는 의회의 의결권이 배재되고 있다. 지방의회의 의결권은 법률로 정하도록 헌법에 규정되어 있으며, 이에 의하여 「지방자치법」상에서는 의결하여야 할 조항을 약 10개 항목으로 열거하고 있다.

또한 조례로 의회가 의결할 사항은 별도로 정하도록 규정하고 있다. 제한적 열거주의하에서는 법령 또는 조례로 열거되거나 규정되지 않은 경우에는 의회의 의결권이 배제되어 있다. 그러나 의결 사항이 법정 의결 사항은 아니지만 지방자치단체 장이 의회 의결에 회부하는 경우, 의회 결정은 법적 구속력은 없지만 이는 일종의 자문적 성격으로서의 특징을 갖는다.

8. 의회의 선거권

지방자치단체의 선거는 의결기관인 지방의회의 선거와 집행기관의 구성원에 대한 선거로 구분된다. 집행기관의 장에 대한 선거는 주민이 직접 선출하도록 되어 있기 때문에 제도적으로 지방의회가 개입할 수 없다. 여기에서의 지방의회 선거는 일반적으로 지방의회의 내부조직 구성원에 대한 선거와 외부기관 구성을 위한 선임 및 추천 등에 관한 것을 말한다.

1) 지방의회의 내부조직을 위한 선거

(1) 의회의 의장·부의장의 선거

시·도의회는 의장 1인과 부의장 2인을, 시·군·구 의회는 의장 1인과 부의장 1인을 선거한다.

(2) 임시의장 선출

의회의 의장과 부의장이 모두 유고 시 선출한다.

(3) 보궐선거

의회 의장 또는 부의장이 궐위 시 보궐선거를 실시한다.

(4) 상임위원회 위원장 선출

상임위원회별로 소관 상임위원 중에서 의장선거에 준하여 본회의에서 선거를 한다.

(5) 특별위원회 위원장 선출

특별위원회 구성 시 소관 위원 중에서 호선하여 본회의에 보고한다.

2) 외부기관 구성을 위한 선임 및 추천

(1) 결산검사위원 선임

의회의 결산검사를 위한 검사위원은 시·도의회는 5인 이상 10인 이하로, 시·군·구의회는 3인 이상 5인 이하로 선임하며, 세부 인원은 조례로 정한다.

(2) 시·도 교육위원회 선출

시·도의회는 시·도 교육위원회의 교육위원을 선출한다. 교육위원은 시·군 및 자치구 의회로부터 2인의 후보자를 추천받아 시·도의회에서 시·군·구별로 각 1인씩을 선출한다. 특별시 및 광역시의 교육위원은 자치구 및 군별로 1인을, 도의 교육위원은 각 교육청마다 각 1인을 선출한다.

1. 회의원칙

1) 의사정족수의 원칙

지방의회는 다수인에 의한 합의체로서 최소한의 회의 구성을 위한 일정 수 이상의 구성원의 참석으로 회의가 개시된다는 것을 원칙으로 한다. 회의에는 가급적 전원출석이 가장 바람직하지만 개인 혹은 공적 사정으로 인하여 의원 전원이 항상 이루어지는 것은 아니다.

그렇다고 해서 결석자가 과다하면 의회 운영에 문제점이 발생하기 때문에 회의의 의사를 결정할 수 있는 최소한의 출석의원의 수가 보장되어야 한다. 「지방자치법」에서는 이를 의사정족수라고 칭하며 재적의원 1/3 이상의 출석으로 의회의 개의(開議)가 가능하도록 규정하고 있다.

현재 우리나라에서는 회의의 개회 가능 의원 수를 의사정족수의 원칙으로 규정하고 있으며, 의사정족수는 재적의원 1/3 이상으로 규정하고 있다. 의원 수가 많은 경우에는 개회 의원 수가 문제되지 않으나 의원 정수가 가장 적은 7명의 의원으로 구성되어 있는 기초의회의 경우에는 모순이 있다.

예컨대, 의원 정수가 7인인 경우 1명의 결원도 없는 경우 의사정족수는 3인이 되지만, 만약 4인이 결원되었다면 의사정족수는 1인의 경우에도 의사정족수에 충족되기 때문에 회의 개회가 가능하다는 문제가 제기된다.

이러한 문제 발생을 사전에 예방하기 위해서 인근의 일본의 경우에는 지방의회 의사정족수를 의원 정수에 기준으로 하여 그 반수(2분의 1) 이상으로 규정하고 있는 점을 참고할 필요가 있다.

의회 의장은 만약 회의 중 정족수가 부족한 경우에 회의를 중지하거나 또는 산회를 선포할 수 있다. 그리고 정해진 개의 시로부터 1시간 이내 재적의원 1/3 이상이 부족한 경우에는 유회를 선포한다.

여기서 재적의원 3분의 1의 의미는 재적의원 수가 30인 경우 의회에 10인이 출석하면 회의의 개의와 회의 계속이 가능하고 정족수에 미달한 경우 의사가 진행될 때 그 의사는 무효가 된다.

2) 과반수 의결의 원칙

과반수 의결의 원칙은 민주정치의 기본 원리인 다수결의 원리에 기초하는 것으로서, 다수의 의사가 의회의 의결을 결정하는 원칙을 말한다. 의회 의사는 전 의원의 일치된 의사가 가장 바람직하지만 특수한 경우를 제외하고는 현실적으로 곤란하다. 따라서 다수의 의사로써 과반수 의결의 원칙을 적용하는 것이 일반적 원칙이다.

다수결의 원칙에는 절대다수와 비교다수가 있다. 절대다수는 과반수와 특별 다수로 구분되고 있으며 지방의회 의결에서는 절대다수의 원칙이 적용된다. 예컨대 과반수의 개념은 출석의원이 짝수 28인 경우의 과반수는 13인 이상이면 과반수가 된다.

특별한 경우에는 「지방자치법」상 과반수 의결의 원칙이 적용되지 않는 예외의 경우가 있는데 그 내용은 다음과 같다.

첫째, 지방의원의 자격 상실 의결, 의원의 제명 의결의 적용에는 재적의원 3분의 2 이상의 찬성이 있어야 한다.

둘째, 조례안·일반의안 및 예산안 등에 대한 재의결은 재적의원 과반수 출석과 출석의원 3분의 2 이상의 찬성으로 한다.

셋째, 비공개회의의 의결은 출석의원의 3분의 2 이상의 찬성이 있어야 한다.

3) 발언 자유의 원칙

지방의회의 회의를 위한 발언은 다양한 의견의 발표는 물론 대화와 타협이 자유롭게 이루어지도록 발언 자유의 원칙이 보장되어야 한다. 이와 같이 회의를 위한 발언은 의원들 간 대화와 타협과정을 통하여 이루어지는 의회의 최종적 자유의사로 결정해 가는 과정을 말한다.

회의는 모든 과정이 발언과 토론의 과정을 통하여 이루어지기 때문에 자유로운 발언의 보장과 안건에 대한 원활한 심의와 공정한 토론을 기대할 수 있어야 한다.

지방의회에서 발언 자유의 원칙이 보장되기 위해서는 질의, 토론 등 자유스러운 발언이 보장되어야 하며, 아울러 다음과 같은 내용이 보장되어야 한다.

① 다른 의원의 발언 방해 금지
② 다른 의원의 발언으로 진행 중인 발언 중단 금지
③ 발언 중에 산회 또는 회의가 중지되었을 때, 회의 재개 시 발언권
   계속 보장

그러나 회의는 많은 시간이 소요되지만 항상 진행에 필요한 시간 제약이 수반되고 또한 소정의 시간 내에 의원 발언의 평등한 보장은 물론 질서가 유지되도록 제한되는 제한 사항은 다음과 같다.

① 의제 외 발언 금지
② 타인 모독 금지, 타인의 사생활 발언 금지
③ 의사 진행 방해를 위한 발언 금지
④ 발언 횟수 제한
⑤ 발언 시간 제한 등

특히 지방의원의 발언은 국회의원 발언과 달리 면책특권이 부여되지 않고

있기 때문에 의회에서 공적으로 발언한 내용에 대해서 민사상 혹은 형사상의 책임이 주어진다.

4) 회의 공개의 원칙

지방의회는 지역 주민의 대표기관으로서의 회의 진행 과정을 공개하는 것이 바람직하며, 이는 주민에 의한 의회 감시와 차후 올바른 투표권 행사를 위한 판단 자료를 제공할 수 있기 때문에 특별한 경우를 제외하고는 회의를 공개하는 것이 원칙이다.

(1) 방청의 자유

회의장 내의 질서 유지와 방청석 규모 등을 고려하여 지방의회는 방청권을 발행하여 회의장의 공개를 원칙으로 한다. 일반 방청객은 사전에 방청권을 부여받아 지정된 좌석에 착석하여야 한다. 방청 대상자는 주민 누구에게나 똑같이 기회가 제공되며 방청 시에는 규정된 내용에 따라 행동하여야 한다.

지방의회 의장은 방청객 중 흉기 소지자 등에 대하여는 입장 불가 조치를 취할 수 있으며 장내에서 소란을 피우거나 발언 중에 있는 의원에 대하여 야유나 발언을 방해할 목적으로 행동하는 방청자에게는 질서 유지를 위하여 퇴장명령을 발할 수 있다.

(2) 보도의 자유

회의 내용에 대하여 지방의회는 이를 녹화하거나 중개 방송 혹은 활자 등 기타 수단으로 일반인에게 널리 알려야 한다.

(3) 기록의 공포

지방의회는 회의 내용을 기록하는 회의록을 작성하여 이를 공개하여야 하며, 필요시 이를 일반 주민에게 열람이 가능한 조치를 취하여야 한다.

5) 회기 계속의 원칙

회기 계속의 원칙은 "한 회기 중에 의결되지 못한 안건도 폐기되지 아니하고 다음 회기에 계속 심의"된다는 원칙으로서 미국, 프랑스, 한국 등의 국가에서 적용하고 있다.

그러나 의원의 임기가 만료되는 경우에는 계속 심의가 곤란하기 때문에 심의가 불가능하다.

반면 한 회기 중에 의결되지 못한 안건은 회기 불계속의 원칙에 의하여 폐기된다. 영국과 일본 등의 국가에서 적용하고 있다.

6) 일사부재의의 원칙

의회에서 일단 부결된 의안은 같은 회기 중에 다시 발의 또는 제출할 수 없다는 원칙을 일사부재의의 원칙이라고 말한다. 이미 결정된 안건에 대해 계속 발의하는 행위가 원활한 의회 진행을 방해한다는 것을 근거로 하며, 특히 소수파의 의사방해의 배제를 주요 목적으로 한다.

단, 재의가 가능한 경우는 다음과 같다.

① 의제된 의안이 철회되어 의결에 이르지 아니한 경우
② 다음 회기에 다시 발의 가능
③ 의장 또는 재적의원 1/3 이상 요구 시
④ 의결된 안건이 집행 불능의 경비에 포함되는 경우, 특정 경비를 삭감한 경우 또는 공익을 현저히 해한다고 판단되는 경우

7) 제척의 원칙

의장 및 의원은 본인 또는 직계존비속과 직접 이해관계가 있는 안건에 관하여 그 의사에 참여할 수 없다. 직계존속에는 부모, 조부모, 양부모에 한하고 배우자의 부모는 포함되지 않는다. 직계비속에는 자녀와 양자녀, 손자와

손녀가 포함된다.

본인 및 직계존비속과 관련된 안건은 자치단체 혹은 공공기관의 납품과 공사계약, 공유재산의 교환 및 양도, 보조금 교부의 청원 등 안건이 해당된다.

의장과 의원은 제척사유가 해당되는 경우이지만 의회의 동의가 있을 때에는 의회에 출석하여 발언할 수 있다. 그러나 어떠한 경우에도 의장 또는 의원 본인은 의결에는 참가할 수가 없다.

8) 1일 1차 회의의 원칙

지방의회의 본회의 또는 위원회는 1일 1차 회의를 원칙으로 한다. 의사정족수가 미달되어 의장이 유회를 선포하거나 당일 회의가 산회되는 경우 그날은 회의를 다시 개회할 수가 없다.

오후 12시를 넘어서 계속 회의를 할 필요가 있는 경우에는 이 원칙을 적용하여 오후 12시가 되기 바로 전에 그날 회의를 산회하고 잠시 중단하고 1일 1차 회의 원칙을 설명한 다음, 당일 회의의 산회를 선포한 후 12시 01분이 되면 다음 차의 회의를 개회하여야 한다.

2. 회의소집 및 개회

1) 회의소집

지방의회는 항상 회의를 하는 것이 아니라 일정한 기간, 즉 회기를 정하여 회의를 한다. 그렇다면 필요에 의해서 회의를 하기 위해서는 누군가가 회의를 하고자 요구하여야 할 것이다. 이를 집회요구라 한다.

임시회는 거의 대부분의 의원들이 소집을 요구하게 되는데 재적의원 1/3 이상의 찬성이 있어야 한다. 이렇게 소집요구가 있으면 의장은 당연히 이 요구에 의해서 언제, 몇 시에 집회한다는 집회공고를 내게 된다.

임시회가 집회되면 최대 15일간 회의를 할 수 있다. 이 범위 내에서 얼마

동안 회의를 할 것인가는 집회한 날 바로 본회의에서 정하게 된다. 그리고 단체장, 즉 도지사·시장·군수·구청장 등도 임시회의 집회를 요구할 수 있다. 단체장이 일을 하다 보면 시급히 지방의회에서 결정해 주어야 할 상황이 발생하기 때문이다.

그러나 정례회는 매년 열리는 날짜가 법으로 정해져 있기 때문에 의원이나 자치단체장의 소집요구가 없이도 자동적으로 집회한다. 정례회는 매년 2회 집회하되 제1차 정례회는 6, 7월 중에, 제2차 정례회는 11, 12월 중에 집회하며, 정례회의 집회일, 그 밖에 정례회의 운영에 관하여 필요한 사항을 대통령령으로 정하는 바에 따라 해당 지방자치단체의 조례로 정하고 있다.

위원회는 회기 중이거나 폐회 기간이거나 상관하지 않고 회의를 할 수 있다. 위원회를 열기 위해서 회기 중에는 위원장 또는 그 위원회에 소속된 위원 1/3 이상의 요구가 있어야 한다. 폐회 기간 중에는 본회의의 결정이 있거나 의장이 필요하다고 할 때, 그 위원회의 소속위원 1/3 이상의 요구가 있을 때, 자치단체 장의 요구가 있을 때 위원회를 열 수 있다.

그렇다면 본회의를 진행하고 있는 도중에도 위원회를 열 수 있는가? 원칙적으로는 회의를 할 수 없다. 왜냐하면 본회의 회의 중에 위원회의 회의를 하게 되면 본회의나 위원회 모두가 회의를 할 수 있는 의원 수를 채우지 못하여 회의를 할 수 없게 되어 문제가 발생할 염려가 있기 때문이다. 더 나아가서 의원은 본회의나 위원회 중 어느 회의 하나를 포기해야 하는 문제가 발생하게 된다. 그러나 불가피한 사정이 있어서 본회의의 결정, 즉 의결이 있으면 본회의 회의 중에도 위원회를 열 수 있다.

그리고 본회의의 회의시작 전이라든가 끝난 후에는 위원회를 얼마든지 열 수 있다. 본회의 시작 전에 위원회를 여는 경우 본회의가 시작되는 시간 전까지 위원회의 회의를 마치지 못한다면 미진한 대로 위원회를 끝내든가, 아니면 회의를 일단 정지하고 본회의가 끝난 후 다시 회의를 계속하게 된다.

2) 회의개회

어떤 회의체든 간에 여러 사람이 모여서 회의를 하기 마련이다. 그러나 모든 구성원이 모여서 회의를 하기란 매우 어렵다. 따라서 최소한 일정한 수 이상만 출석하면 회의를 시작하는데 이를 의사정족수라고 한다.

지방의회의 본회의나 위원회에서는 그 구성원, 즉 의원의 1/3 이상이 출석하면 회의를 시작하여 일을 논의할 수 있다. 위원회의 경우에는 그 위원회에 소속되어 있는 위원의 1/3 이상 출석해야 한다. 다른 위원회에 소속되어 있는 위원이 회의에 출석하더라도 아무 소용이 없다.

재적의원 1/3 이상이 출석하여 일단 회의가 시작되었다고 하여도 그 일에 대해 최종적으로 결정하는 단계에서는 더 많은 의원 수가 필요하다. 일반적으로 지방의회에서 안건을 결정, 즉 의결하는 데는 재적의원의 과반수가 출석하고 출석한 의원 중 과반수가 찬성해야 통과시키기 때문이다.
물론 중요한 일, 예컨대 의원의 제명 등은 더 많은 의원의 출석과 찬성을 요한다. 여기서 일을 결정하는 데 필요한 최소한의 의원 수를 의결정족수라고 한다.

3) 정족수 부족의 경우

지방의회에서 회의를 시작하기 위해서는 재적의원 1/3 이상이 출석해야 한다. 그런데 회의시작 시각에 이 인원이 회의에 참석하지 않으면 이 인원이 될 때까지 무작정에서다릴 수는 없는 노릇이다. 그래서 회의시작 1시간이 지나도록 시각에 이 인원의원 수가 출석하지 않때까지는 본회의는 의1/, 위원회는 위원1/3그날 회의를 열지 않겠다고 선포할 수 있다. 이것을 '유회되었다'고 한다.

만약 회의시작 시각에 충분한 의원이 출석해서 회의를 시작했는데 회의 중간에 의원 수가 부족한 경우에는 회의를 계속할 수가 없다. 회의를 일단 중단시키고 일정한 의원 수가 출석할 때까지 기다려야 한다. 이를 '자동 산회되었다'고 한다.

3. 회의구분 및 운영

1) 정기회의와 임시회의

(1) 정기회의

지방의회의 정기회의는 총선거가 실시되는 해를 제외하고 제1차 정례회는 매년 6월 · 7월 중에, 제2차 정례회는 11월 · 12월 중에 열어야 한다.

서울특별시의회의 경우 정례회의 회기를 제1차 · 제2차 정례회를 합하여 60일 이내로 정하고, 일반적으로 제1차 정례회는 매년 6월 20일에 제2차 정례회는 매년 11월 10일에 집회한다.

정기회의 중 주요 활동 사항은 다음과 같다.

① 다음 해의 예산 · 심의 · 확정, 이에 관련된 조례안 심의 · 의결, 그리고 그 외 필요한 의안 심의 · 의결활동이다.
② 자치단체장 시정연설, 대집행부 질문(정책 심의)
③ 회기 전에 행정사무감사를 실시하며, 사무감사 기간은 시 · 도의회에서는 10일 이내, 시 · 군 · 자치구의회는 7일 이내에 실시한다.

(2) 임시회의

지방의회의 임시회의는 필요시 특정 안건의 심의를 위하여 소집되는 회의로서 다음의 경우이다.

① 총선거 후 최초 집회로서 당해 지방자치단체장이 임기 개시일로부터 25일 이내 소집되는 회의이다.
② 필요시 소집되는 임시회의로서 자치단체의 장이나 재적의원 1/3 이상 요구 시 15일 이내 소집되는 회의이다. 소집 시기는 시 · 도의회에서는 7일 전에 공고하며, 시 · 군 · 자치구의회는 5일 전 공고를 하며, 단 긴급 시는 그러하지 아니하다.

2) 회의구분

지방의회의 회의구분은 일반적으로 본회의, 위원회로 구분되며, 위원회는 상임위원회와 특별위원회, 그리고 소위원회 등으로 구분·운용된다.

(1) 본회의

① 본회의의 의미

본회의는 당해 지방의회의 의원 전원이 참석하는 전체 회의적 성격으로서 지방의회의 최종 의사결정 회의를 말한다. 본회의는 지방의회의 의사를 최종 의결·승인·결정하는 단계로서 지방의회의 결정된 의사가 바로 본회의의 결과로 나타나며, 지방의회의 예외적 기능으로 표현된다.

본회의에서 일반적으로 처리되는 절차를 보면 다음과 같다.

- 본회의에서 처리하는 절차

안건의 제출→의장의 의안 상정→제안자의 취지 설명(제안 이유 설명)→질의 및 답변→토론→표결 및 의결

- 위원회를 거쳐 처리하는 절차

안건의 제출→본회의 보고→위원회 회부→위원회의 심사→위원회의 심사보고→본회의 부의→위원장의 심사보고→질의 및 답변→본회의 표결 및 의결

② 본회의 운영

본회의에는 원칙적으로 의원 전원이 참석하는 것을 원칙으로 하며, 최소한 의사정족수 원칙에 의하여 재적의원 1/3 이상 출석으로 개의를 하도록 규정하고 있다.

만약 회의 시작 시 혹은 중간에도 정족수가 미달하는 경우 의장은 회의 중지 또는 산회를 선포하여야 한다. 회의 운영은 별도 규정이 없는 한 재적의원 과반수 출석에 과반수 찬성으로 의결하는 것을 원칙으로 한다. 본회의

에서 의장은 표결권을 가지며, 가부 동수인 경우에는 부결한다.

③ 본회의 운영 절차

－시·도의회와 의원 정수 13인 이상의 시·군·자치구 의회의 경우

본회의 심의 전에 상임위원회의 심사를 거친 후 본회의에서 심사 절차를 갖는다. 상임위원회에서는 각 소관 상임위원회별로 심의·의결하는 내용을 예비적으로 심사한 후에 본회의서 의결을 하는 사전적 의미를 지닌다.

－의원정수 13인 미만의 시·군·자치구의회의 경우

이 경우의 의회는 본회의에서 직접 처리하지만, 필요시에는 특별위원회를 구성하여 예비적 심사를 거친 후 본회의에서 최종 의결 절차를 갖는다.

(2) 위원회

지방의회는 지방자치단체의 조례가 정하는 바에 의하여 위원회를 설치할 수 있도록 하고 있다. 의회의 성격상 모든 안건은 의원 전원이 참석하는 본회의에서 심의·의결하는 것이 원칙이다. 그러나 본회의에서 많은 안건들을 한꺼번에 심의하고 의결한다는 것은 현실적으로 어렵기 때문에 안건 처리를 전문화하고 의회의 기능을 더욱 능률적으로 운용하기 위하여 위원회 제도를 채택 운용하고 있는 추세이다.

① 상임위원회

－성격

상임위원회는 각 분야별 전문적 지식이 요구되는 위원회로서 지방행정이 더욱 복잡해지기 때문에 해당 분야별 전문화와 주민의 요구에 즉각적으로 대응할 수 있도록 하는 상설기관이다.

이 상임위원회는 예비적·사전적 심사기관으로서 안건 심사 결과를 본회

의에 보고하여 본회의에서 결정할 수 있는 판단 자료를 제공하는 것이 주요한 기능이다. 특히 상임위원회의 의원은 의안 처리의 전문성을 보장할 수 있도록 준비되어야 함과 동시에 능률적인 의회의 운영을 도모할 수 있도록 노력하여야 한다.

- 상임위원회 설치 및 미설치 경우

상임위원회의 설치 및 미설치의 경우는 첫째, 시·도의회는 의원 수를 고려하여 상임위원회를 설치한다. 둘째, 시·군·자치구의회의 경우 의원 수 13인 이상의 의회는 상임위원회 설치가 가능하고, 의원 수 13인 이하의 의회에서는 상임위원회의 설치를 제한하도록 규정하고 있다.

각 상임위원회의 관련 사항은 당해 지방의회의 조례로 결정하며, 지방자치단체의 부서별 업무 소관인 행정실·국별로 담당 위원회를 설치한다.

- 위원회 명칭 및 소관사무

각 상임위원회 명칭은 집행기관의 직제별로 관련하여 위원회 명칭과 같이 다음과 같은 요령으로 일치시킨다.

① 국(局)이 있는 자치단체: 국명에 일치
② 국이 없는 자치단체: 예시에 준함
③ 소관 사항은 집행기관 직제명으로 표시

각 상임위원회의 소관사무는 국이 있는 자치단체에서는 해당 관련국 소관에 속하는 사항을 부여하고, 국이 없는 자치단체에서는 해당 관련국과 유사한 국에 속하는 사항을 부여하고 있다.

- 상임위원회의 권한

각 상임위원회의 권한은 당해 위원회의 소관 사항의 심의, 각종 조례안 등 각종 의안·청원에 관련된 사항 처리, 소관 국·실별로 업무 보고를 받고, 소관 업무에 대한 질의·답변, 행정사무감사·조사 등 직무수행 등에 대한 업무를 수행한다.

– 위원회의 의원 정수

상임위원회의 의원 정수는 의원 1인은 반드시 1개의 상임위원회의 위원으로서 활동하여야 하며, 의장도 위원이 될 수 있다. 각 상임위원회 정원정수는 조례로 확정하도록 한다. 불균등 정수 차이가 나지 않도록 조정하고 특히 소관사항의 중요한 업무량 등을 고려하여 정수를 정한다.

② 특별위원회

– 성격

특별위원회는 지방자치단체의 특별한 사안에 대한 의안 결정 및 조사 활동을 수행하는 위원회이다.

첫째, 시·도의회 및 13인 이상의 시·군·자치구의회의 경우에는 각 의원은 어느 상임위원회에도 전속이 안 되며, 수개의 상임위원회에 관련된 안건의 심의할 수 있다. 주요 기능은 예산안 및 결산심사, 행정사무감사 및 조사, 특정의안의 심의를 수행한다.

둘째, 13인 이하의 시·군·자치구의회의 위원회를 설치하지 못하는 의회는 바로 본회의에서 심사 및 의결하지만, 필요시에는 본회의 의결로 특별위원회를 설치·운용할 수 있다. 주요 기능은 예산안 및 결산심사, 행정사무감사 및 조사, 재해대책 및 청원 등의 특정 의안의 심의를 수행한다.

– 구성

특별위원회의 구성은 조례에 의하여 특별위원회를 운영하되 필요한 시점까지 한시적으로 운영하며, 특별위원회의 수는 무제한으로 설치할 수 있다. 그리고 의원 1인이 2개 이상 위원이 되기도 한다.

③ 소위원회

소위원회는 상임위원회와 특별위원회 소속하에 필요시 설치·운영하는 위원회로서 주요 역할은 조례안 및 건의안, 수정안 등의 좀 더 심도 있는 심의를 하기 위하여 인원수에 제한 없이 설치 운용할 수 있다.

(3) 공청회 및 청문회

공청회는 위원회가 중요한 안건, 전문 지식을 필요로 하는 안건 심사를 위하여 이해관계자 혹은 전문적 지식과 특별한 분야의 지식을 갖는 전문가로부터 의견을 청취하기 위한 회의를 말한다.

공청회는 단순한 의견을 청취하기 위한 수단이지 토론이나 표결 행위는 하지 못한다.

청문회는 중요한 안건심사와 감사 및 조사 시 필요한 증인, 감정인, 참고인으로부터 증언, 진술의 청취와 증거를 듣기 위한 회의의 일종이다. 이 청문회를 국회에서는 「국회에서의 증언 감정 등에 관한 법률」 등에 의하여 청문회를 개최할 수 있지만, 지방의회에서는 법률적으로 제한을 받고 있기 때문에 청문회를 개최할 수 없다.

(4) 연석회의

위원회가 안건을 심사하기 위하여 필요한 의견을 청취하기 위하여 관련 다른 위원회와 함께 의견을 교환하는 회의 방식을 연석회의라 한다.

심사하기 위한 안건에 관련된 사항을 보고받고 이에 대하여 질의와 상호 의견 교환을 하며 연석회의에서는 토론이나 표결 행위는 할 수 없다. 연석회의는 상임위원회나 특별위원회의에서도 가능하며, 안건을 심사하는 소관 위원회에서 관련 위원회에 연석회의를 요청하기도 하고, 관련 위원회가 소관 위원회에 연석회의를 요청하여 이루어지기도 한다.

(5) 간담회

① 간담회의 의미

간담회란 특별한 주제에 관하여 상호 격의 없이 의견을 교환하는 회의의 유형이다. 지방의회는 의원과 자치단체장, 관계 공무원, 일반 주민 등 주제와 관련 있는 인사와 함께 개최한다.

간담회는 현안 안건에 관하여 상호 입장을 확인하고 의견을 사전에 조율함으로써 지방의회 운영을 능률적이고 합리적으로 진행하고자 하는 데 그 의의가 있다. 간담회는 자치법령 및 회의규칙상 공식적인 회의가 아니라 일정한 형식이 없으며 간담회 결과에도 여하한 법적 구속력이 없다.

② 간담회 절차

간담회에서 논의할 안건은 의회 운영상 필요한 현안, 집행기관의 현안, 주민의 요구 사항에 대한 논의, 주민과 첨예하게 대립되는 사안에 대한 의회, 집행기관의 장, 관련 주민의 기본적 의견에 대한 접근 방법 등에 대한 의견을 듣는다.

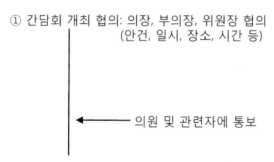

① 간담회 개최 협의: 의장, 부의장, 위원장 협의
  (안건, 일시, 장소, 시간 등)

◄── 의원 및 관련자에 통보

② 간담회 실시: 인사, 간담회 배경, 절차 등 설명
③ 안건 제안, 내용 설명
④ 보고에 대한 질의 및 답변
  - 의견과 의견 교환
  - 주민 참석시 주민의 질의에 대한 의원 답변
⑤ 의장(위원장) 토의 내용 요약, 강평 : 필요시 결론
⑥ 간담회 종료

〈그림 9-1〉 간담회 절차

간담회는 공식적인 회의가 아니기 때문에 회의록을 작성하지는 않지만 사무국의 직원은 간담회에서 논의된 사안에 대한 진행 절차와 논의 내용 등을 기록하여 유지하여야 할 것이다.

필요시 조례나 규칙 제정 시 의원이나 관계 공무원은 간담회 결과를 주목하여 정책 결정에 참고하도록 하여야 하고, 사후 이에 대한 논쟁이 있는 경우에 증거로 사용할 수 있다.

4. 발언

발언의 종류에는 제안설명, 질의 및 답변, 토론, 보고, 의사진행발언, 신상발언, 질문, 연설, 인사 등이 있다.

1) 제안설명

제안설명은 안건을 심사함에 있어서 첫 번째 단계에서 행하는 발언이다. 이는 안건을 제출한 자, 즉 의원 또는 지방자치단체의 장이 안건을 제출하게 된 이유나 배경, 주요 내용 등을 의원에게 설명하고 제출한 대로 통과시켜 줄 것을 호소하는 발언이다. 이를 취지설명이라고 한다.

2) 질의 및 답변

질의와 답변은 심사하고 있는 안건에 대해서 불명확한 사항이 있거나 질문이 있는 경우에 그 안건을 제출한 자에게 물어보는 발언을 가리키는데, 질의가 있으면 반드시 상대자의 답변이 있기 마련이다. 질의나 질문에 대한 답변이 미흡할 경우 다시 묻고 답변을 구하게 된다. 이렇게 미진한 부분을 다시 묻는 발언을 보충발언이라고 한다.

3) 토론

토론은 질의·답변이 끝난 후 안건을 최종적으로 결정하기 전에 의원들이 논의할 안건에 대해 찬성 또는 반대의견을 밝히고 설득함으로써 다른 의견을 가진 의원을 자기 쪽의 의견에 찬성하도록 유도하기 위한 발언이다.

4) 보고

보고는 집행기관에서 지방의원에게 알릴 사항이 있는 경우나 또는 지방의회의 요구를 받는 경우에 집행기관 쪽의 도지사·시장·군수 또는 간부 공무원이 나와서 하는 발언을 보고(예: 업무보고)라고 한다. 이 보고에는 지방의원과 의회직원이 하는 발언도 있다. 본회의에서 위원회의 위원장이나 소속위원이 심사결과를 설명하는 발언을 '심사보고'라고 하고, 의회직원이 의원에게 알릴 사항이 있는 경우에 의장의 지시에 의하여 회의시작 처음에 알려주는 발언을 '보고'라고 한다.

5) 의사진행발언

의사진행발언은 회의를 진행하는 과정에서 의장이 회의진행방법에 문제가 있다고 생각하여 어떤 사항을 희망하거나 이의를 제기하기 위해서 하는 발언이다. 그리고 회의 중에 동의를 발의하고자 하는 경우에도 일단 의사진행발언을 신청하고 발언 허가를 얻어서 동의에 관한 내용을 발언하게 된다.

6) 신상발언

신상발언은 어느 의원의 개인적인 문제와 관련하여 좋지 못한 내용이 신문이나 잡지에 보도되는 경우, 회의 중에 어떤 의원이 특정 의원에 대해서 나쁜 발언을 하는 경우가 있다. 이때에 당사자인 의원이 사실은 그렇지 않다는 것을 말하거나, 의원에게 섭섭하다는 뜻과 해명을 요구할 때 하는 발언을 의미한다. 그리고 징계 또는 자격심사의 대상이 된 의원이 나와서 변명하는 발언도 신상발언이라고 할 수 있다.

7) 질문

질문은 집행기관의 업무전반이나 일부에 대해서 그 실적이나 계획 또는 의문 나는 사항에 대해 물어보는 것을 말한다. 의원의 질문에 대해서는 집행기관 측의 답변이 있게 되는데 이 답변이 미흡할 경우에는 다시 질문하고 답변을 구하게 된다. 이렇게 다시 묻는 행위를 보충질문이라고 한다. 질문과 질의의 의미상의 차이는 존재하나 지방의회에서는 이를 혼용하여 사용하고 있다.

8) 연설

연설은 지방의원이 하는 발언이 아니고 외부의 인사가 와서 발언할 때를 말한다. 국회에서 대통령이나 외국의 원수가 와서 발언할 때 연설한다고 하고, 특정 정당의 대표자가 나와서 행정의 전반적인 사항에 대해서 자기 정당의 의견이나 계획에 대해 발언하는 것을 대표연설이라고 한다.

9) 인사

인사는 보궐선거에 의해서 새로 선출된 지방의원이나 새로 임명된 자치단체의 장이나 공무원이 본회의나 위원회의 회의에 처음 출석하여 앞으로 일을 열심히 하겠다는 포부를 밝히는 것을 뜻한다.

5. 표결

안건의 심사가 끝나면 논의한 안건을 통과시킬 것인가, 아닌가를 결정하게 된다. 이 결정을 하기 위해서는 먼저 그 안건에 대해 어느 정도의 의원이 찬성하고 반대하는가를 알아야 한다. 이를 위해서 의장은 의원에게 찬성과 반대의 의사를 표시하게 하고 그 의원 수를 집계한다. 이 과정을 표결이라 한다. 구체적으로 표결은 찬성과 반대의사를 말로써 표시하는 토론이 끝난 후 실시한다.

1) 거수표결

찬성·반대표시를 하게 하는 방법 중에서 가장 흔히 이용하는 방법으로 손을 들어서 표시하는 것이다.

2) 기립표결

표결에 있어서 많이 사용하는 방법으로 일어서게 하는 기립(起立)표결방법이 있다.

3) 무기명투표, 기명투표

무기명투표라는 것은 누가 찬성 또는 반대, 기권 표시했는가를 모르게 하는 표결방법이다. 이 방법은 주로 의원을 징계한다든가, 의장·부의장의 사임을 요구하는 불신임과 같이 사람과 관련된 안건이나, 의장·부의장선거, 상임위원장 선거 등에 주로 이용한다. 무기명투표는 어느 의원이 어떤 표시를 했는가를 알 수가 없기 때문에 부당한 지시나 압력에서 벗어나 자유스럽게 공정한 의사표시를 할 수 있다.

이에 반하여 기명투표는 투표용지에 투표하는 사람의 이름을 쓰고 찬성·반대의 표시를 하는 것이다. 이 방법은 어느 의원이 어떤 의사표시를 했는가를 분명히 하여 후에 정치적 책임을 명백히 하기 위해서 사용된다. 이 표결방법이 지방의회에서는 거의 사용되지 않고 있다. 그러나 국회의 경우 헌법개정안에 대해서 투표를 할 때에는 기명투표 방법을 사용하도록 해 놓았다.

4) 이의유무

이의유무방법은 간단한 표결방법이다. 이는 내용이 간단한 안건이나, 안건 심사하는 과정에서 반대의견이 없었던 안건에 대하여 주로 이용한다. 의장은 "이 안건에 대하여 반대하는 의원이 안 계십니까?" 하고 묻고, 의석에 있는 의원들이 "없습니다." 하면 통과시키는 방법이다. 여기에서 의장의 물음에 한 의원이라도 "반대합니다."라고 하면 거수표결이나 기립표결 또는 전자표결로 찬성·반대의원 수를 계산한다.

5) 전자표결

우리나라 지방의회에서는 일반적으로 표결할 경우에 찬성·반대하는 의원 수의 집계를 사무직원이 그 수를 일일이 세어서 계산한다. 그러나 외국 의회의 경우에는 표결 시에 의원들의 자리에 설치된 찬성·반대 버튼을 누르면 찬성·반대하는 의원 수와 기권하는 의원 수가 자동으로 계산되는 전자표결방식도 활용하고 있다. 서울특별시의회, 부산광역시의회 본회의장에서 전자표결시스템을 시행하고 있으며 전자표결방식은 시간을 절약하고 예산을 절감한다는 측면에서 회의진행의 효율성을 향상시키는 바람직한 표결방식이라 할 수 있다.

제10장 지방의회와 자치단체장 간의 상호작용

1. 개요

지방의회와 지방자치단체장 간의 관계는 기관분립형을 채택하는 제도하에서 기관 상호 간의 견제와 균형을 그 기본 원리로 한다. 어느 한쪽에만 권한을 주고 어느 한쪽에는 권한이 약하다고 하면 종속관계가 형성되어 지방자치 개념에 위배된다. 현행 제도하에서의 양 기관 간의 관계를 보면 다음과 같다(<그림 10-1> 참조).

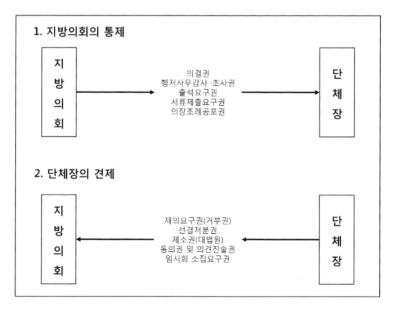

〈그림 10-1〉 지방의회와 자치단체장 간의 상호작용

2. 의회의 자치단체장에 대한 통제

1) 의결권

의회의 의결권은 의회의 가장 기본적인 권한이다. 지방의회는 자치단체의 의결기관으로 지방의 의사를 결정하며 단체 의사를 결정하는 권한과 기관 의사를 결정하는 권한이 포함된다. 여기에서의 의결권은 기관 의사를 결정하는 권한은 의회 내부적 권한이기 때문에 제외되며, 단체 의사 결정 권한만 이에 포함된다.

지방의회는 조례의 제정·개정, 그리고 예산의 심의·확정 및 결산 승인, 동의·승인 등의 의결권을 통하여 자치단체장을 통제한다. 단체장은 의회 의결대로 집행하여야 하며, 차후 이는 다시 감사와 조례로 통제를 받게 된다. 이에 의회는 단체장이 제출한 조례안 및 예산안 등에 대한 수정, 부결 등의 방법으로 정책 집행에 관여한다. 우리나라의 지방의회 의결사항은 「지방자치법」에 지방의회의 의결사항 10개 항목이 규정되어 있고, 당해 자치단체가 필요시에는 조례로써 따로 정하도록 규정하고 있다. 「지방자치법」에 명시된 의결사항은 다음과 같다.

① 조례의 제정·개폐
② 예산의 심의·확정
③ 결산의 승인
④ 법령에 규정된 것을 제외한 사용료·수수료·분담금·지방세 또는 가입금의 부과·징수
⑤ 기금의 설치·운용
⑥ 중요 재산의 취득·처분
⑦ 공공시설의 설치·관리 및 처분
⑧ 법령과 조례에 규정된 것을 제외한 예산의 의무 부담이나 권리의 포기
⑨ 청원의 수리와 처리

⑩ 기타 법령에 의하여 그 권한에 속하는 사항

2) 행정사무감사 · 조사권

지방의회는 집행기관에 대한 감사 및 조사권을 갖는다. 지방의회가 주민의 대표기관의 지위에서 집행기관이 사무를 올바르게 수행하도록 집행기관을 감시하는 권한으로서 의결권과 거의 동등한 권한이다.

우리나라 「지방자치법」에서 부여한 감시권은 다음과 같다.

① 자치단체의 사무에 대한 감사권
② 자치단체의 사무 중 특정 사안에 대한 조사권
③ 자치단체의 장에 대한 서류 제출 요구권
④ 자치단체의 장 또는 관계 공무원의 출석, 행정사무 처리 상황 보고 및 질문권

3) 단체장 출석요구 및 서류 제출요구권

(1) 단체장 출석요구권

지방의회는 본회의 및 위원회에서 행정사무 집행 또는 안건심사가 주민의 권익에 적합한지의 여부, 행정사무 진행상황은 물론 피해상황 등에 대하여 질의 및 질문하기 위하여 단체장 및 관계 공무원의 출석을 요구한다. 또한 지방의회가 휴회·폐회 중이라도 자치단체의 행정 집행에 대하여 질문을 하고 답변을 요구할 수 있는 '서면 질의' 제도를 수행하고 있다.

(2) 서류(자료) 제출요구권

의회는 집행기관의 사무를 감시하고 안건심사를 위하여 감사와 조사, 안건의 심사와 관련 있는 서류의 제출을 단체장에게 요구할 수 있는 권한을 지닌다.

4) 의장의 조례공포권

지방의회 의장은 의회가 의결하여 단체장에게 이송한 조례안에 대한 공포권을 지닌다. 단체장이 이송되어 온 조례안을 20일 이내에 공포하지 않거나 또는 재의요구를 하지 않고 공포하지 않은 경우, 그리고 재의요구안에 대하여 의회에서 재의결되어 확정된 조례안이 이송된 후 5일 이내에 공포하지 않을 때에는 지방의회 의장은 조례를 공포한다.

3. 자치단체장의 지방의회에 대한 견제권

1) 재의요구권

자치단체장은 의회로부터 이송된 조례안에 대하여 이의가 있는 경우, 월권이거나 법령에 위반되거나 현저히 공익을 해하는 경우, 예산상 집행이 불가능한 사항이 있는 경우, 상급지방자치단체 및 중앙정부의 재의요구가 있는 경우 등은 지방의회 의결 사항에 대하여 재의를 요구함으로써 견제기능을 갖는다.

자치단체장의 재의요구 시에는 20일 이내에 그 이유를 붙여 지방의회에 환부시켜 재의를 요구할 수 있다. 이와 같이 자치단체장으로부터 재의요구가 있는 경우 지방의회는 재의에 붙여 재적의원 과반수 출석과 출석의원 2/3 이상의 찬성으로 전에 의결한 것과 같이 의결한 경우 그 조례안은 조례로서 확정된다.

만약 재의요구 안건이 출석 및 찬성 의원이 미달하는 경우에 그 조례안은 폐기된다.

2) 제소·집행정지 결정 신청권

자치단체장은 재의 요구한 의결 사항에 대하여 재의결·확정된 경우에 재의결된 조례안이 법령에 위반된다고 판단되는 경우 재의결된 날로부터 20일 이내에 대법원에 소를 제기할 수 있다.

또한 자치단체장은 필요시에 재의결된 조례안에 대하여 대법원 제소와 더불어 그 의결의 집행을 정지하게 하는 집행정지결정을 신청할 수 있다.

3) 선결처분권

자치단체장의 선결처분권이란 의회가 의결 또는 결정하여야 할 사항이 긴급 또는 특별한 사유가 있을 때 의회의 의결이나 결정을 할 수 없는 경우에 단체장은 스스로의 판단과 자기의 책임하에 우선 행정 집행할 수 있는 권한을 말한다.

선결처분의 요건은 다음과 같다.

① 의회가 성립되지 아니한 경우
② 의회를 소집할 시간적 여유가 없는 경우
③ 의회에서 의결이 지체되어 의결되지 아니한 경우

4) 동의권 및 의견진술권

지방의회가 예산 심의 과정에서 예산을 증액하거나 새 비목을 설치하는 경우에는 단체장의 동의가 있어야 한다. 또한 의회가 추가로 경비 부담을 하는 조례나 안건을 심의할 때, 단체장의 의견을 들어야 할 때, 단체장은 의회에 자신의 의견을 피력함으로써 의회를 견제한다.

5) 임시회의 소집요구권

자치단체장은 지방의원 총선거 직후 최초 임시회의 소집을 할 뿐만 아니라 필요시 지방의회 임시회 소집을 요구할 수 있다. 단체장의 임시회의 소집 요구는 의회의 의도적 회의 기피를 방지할 수 있다.

제4편

지방의회의 비교론

본 편에서는 미국, 일본, 영국, 프랑스, 그리고 독일의 지방의회 특성을 살펴봄으로써, 우리나라의 지방의회와 비교를 지향하고자 한다(최근열 외, 2001; 김기옥, 1994; 김동훈, 1995; 김영종, 1997).

제11장 미국의 지방의회

1. 개관

미국은 국토가 광대하고, 다수의 인종이 혼재하고 있으며, 지역마다 종교와 풍습도 서로 다르다. 이러한 다양성 때문에 미국의 지방자치제도 역시 다양한 형태로 운영되고 있다. 대체로 미국의 초기 지방자치는 17세기부터 정착되어 온 영국의 제도를 그대로 답습하여 발전하였으나, 독립 이후에는 다양한 형태로 변화하게 되었다. 즉 독립 이후에는 도시단체에 헌장을 부여하는 권한이 총독에서 주의회로 이관되어, 주의회는 연방 및 주헌법에 저촉되지 않는 한 지방정부의 지위를 결정할 수 있었으며, 19세기 중엽에 이르러 독자적인 지방자치제도를 형성하게 되었다. 독립 이후에 새로이 부여되었거나 개정된 도시헌장은 의결기관과 집행기관을 명확히 분립시켜 서로 대립시킴으로써 영국적인 기관통합형의 체제에서 탈피하였으며, 의결기관에도 권력의 집중에 의한 권력 남용을 방지하기 위하여 이원제를 도입하였다.[3]

행정권 역시 대부분의 시에서 시의회로부터 분리되어 시정부의 권력분립 체제가 형성되었다. 그러나 시의회에서 분리된 행정권은 시장에게만 주어지지 않고 시민으로부터 직접 선거된 여러 행정기관에 부여되었다. 남북전쟁에 이르기까지 중요한 행정직원을 보다 많이 선거한다는 원칙이 보편화되었다.

---

3) 1796년에 개정된 필라델피아 시의 헌장에 의하면 시장을 집행기관으로 하여 시의회에서 분리시켰고, 의결기관을 선인의회(selected council)와 보통의회(common council)의 이원제로 하였다. 볼티모어 시의 1796년 헌장 역시 의결기관과 집행기관을 분리하고, 의결기관은 제1원(the first branch)과 제2원(the second branch)으로 구성되는 2원제를 채택하였다. 1840년까지는 양원제가 시의회의 보편적인 유형이었다.

남북전쟁 이후 주의회의 지방정부에 대한 간섭은 더욱 심해졌다. 특별법을 통하여 지방정부의 활동을 규제하였으며, 정당제도의 발달에 따라 주의회의 다수 정당은 지방정부를 장악하기 위하여 관직에 대한 엽관제와 특별법을 이용하였다. 따라서 지방정부는 독립행정기관의 분화에 따른 책임의 부재와 비능률, 부패 등이 만연하게 되었다. 시의회 규모 역시 자본주의의 발달로 도시가 팽창되고 구(ward)가 증가하게 됨에 따라 규모가 크게 확대되어 비능률적이 되었다. 이에 따라 19세기 말부터는 지방정부에 대한 강한 비판과 개혁운동이 일어나게 되었다. 종래의 보스체제(machine politics)와 난립한 행정조직에 기인한 무책임성, 비능률성, 부패를 타개하기 위하여 시장의 지위를 강화하여 권한의 집중과 기구의 단순화, 신뢰를 촉진하는 개혁이 추진되었으며, 이러한 측면에서 강시장제, 위원회제, 의회 – 관리인제 등의 여러 형태의 지방정부형태가 등장하게 되었다.

2. 지방자치단체의 계층

미국은 연방주의를 채택하고 있으며, 연방정부는 입법, 행정, 사법 등 삼권의 모든 것에 대하여 합중국(合衆國) 헌법에 의하여 부여된 권한을 가지며, 기타의 권한은 모든 주에 속하는 연방국가체제를 채택하고 있다. 연방정부는 연방헌법에 명시된 권한만을 갖는 반면에 주정부는 연방헌법 혹은 주헌법에 금지되지 아니한 모든 권한을 갖는다. 미국의 지방자치단체에 관한 기본사항은 주헌법 또는 주법에서 규정하고 있으며 지방제도의 형성, 확립에 대한 권한은 주에 유보하고 있다. 즉 미국의 지방자치제도는 주정부가 각기 자신들의 역사와 필요에 의하여 만든 제도이다. 그 결과 미국의 지방자치제도는 주나 지역에 따라 그 구조와 형태가 매우 다양하고 복잡하다.

일반적으로 미국의 지방정부는 주(state) 아래에 있는 다양한 형태의 지방자치단체를 의미하며 이들은 카운티(county), 시정부(municipality), 타운(town or town – ship), 교육구(school district) 및 특별구(special district)로 구분된다.

이러한 지방정부들은 크게 지방자치단체와 준지방자치단체로 구분할 수 있는데, 이러한 분류는 지방자치단체의 설립 경위와 설립 목적에 따른 구분이다.

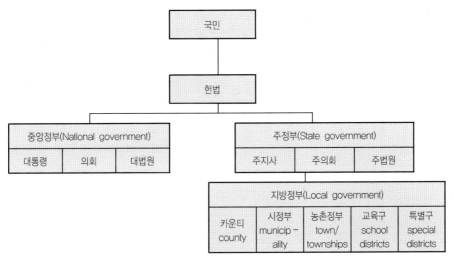

〈그림 11-1〉 미국의 계층제도

　지방자치단체의 설립은 주의 승인을 조건으로 하지만 기본적으로 그 지역의 주민들이 자발적으로 주민의 편의와 이익을 증진할 수 있는 행정서비스의 확보를 목적으로 그러한 행정서비스의 공급주체로서의 지방자치단체를 주의회로부터 헌장을 부여받음으로써 지방자치단체가 된다. 이때에 헌장은 법인격을 갖는 자치단체를 창설하여 그 조직과 권한을 명확히 하게 된다. 통상적으로 시정부(municipality)에 해당되는 지역을 의미한다.

　준 지방자치단체는 지역주민의 의사와는 직접적으로 관계없이 주의회에 의하여 창설되는 것으로서 이것 역시 헌장을 갖게 되며 주정부의 일선기관으로서의 성격이 강하다. 여기에 해당되는 것은 카운티(county), 타운십(township), 교육구(school districts) 및 특별구(special district) 등이 있다.

3. 지방의회의 형태와 구성

　미국은 강력한 행정권을 부정하고 의회의 우위성을 강조해 왔으며, 주민의 의사를 존중하기 위하여 다수의 행정가들도 주민이 직접 선출하였다. 시의회는 19세기까지는 이원제였다. 그것은 시정을 이원제에 의하여 심의·의결토록 하고 입법권을 분산함으로써 시정을 민주화하는 데 목적이 있었다. 그러나 20세기에 이르러 시정의 기능이 질적으로나 양적으로 강화·확대됨에 따라 능률적인 심의가 요청되어 일원제로 개편되게 되었다. 다만 매사추세츠(Massachusetts) 주의 에베레트(Everett) 시, 메인(Maine) 주의 워터빌(Waterville) 시 등이 이원제를 갖고 있다.

　의회의 의원 수는 보통 3명에서 5명, 많은 경우도 10명 내외로 적다. 다만 시장－의회제를 채택하는 대도시에서는 다수의 의원에 의해 의회가 구성되고 있다. 의원은 보수를 받는 유급직이며, 임기는 보통 2년 내지 4년, 대부분의 경우 4년이다. 의원 선거는 일부씩을 개선(改選)하는 방식을 채용하는 경우가 많다.

1) 카운티(county)

　카운티는 미국의 가장 일반적이고 포괄적인 주의 직무를 집행하기 위하여 설치된 주의 기관으로서 법인격을 갖고 있지 아니하며, 각각의 카운티는 크기, 기능, 행정조직 등에서 다양한 형태를 보이고 있다.

　카운티의회는 크게 네 가지의 유형으로 나눌 수 있는데, 이들은 ① 이사회제(board of commissioners), ② 타운십의 감독관으로 구성된 의회(board composed of township supervisors), ③ 1인의 판사와 이사로 구성된 의회(board composed of one judge and commissioners), ④ 1인의 판사와 치안판사로 구성된 의회(board composed of one judge and justices of the peace) 등이다.

　카운티의회의 전형적인 형태는 선거로 선출된 3명 내지 7명 정도의 위원으로 구성되는 이사회제이며, 주의 광범위한 행정을 담당하고 있으며 사법권을 갖는 경우도 있다.[4] 가장 중요한 입법권은 재정에 관한 것으로서, 세금의 부과징수, 세출, 기채 등에 관해서 주헌법 및 주법의 범위 내에서 입법권을 갖는다.

2) 시정부(municipality/city)

시정부의 형태는 크게 권력분립을 지향하는 시장 – 시의회(Mayor – Council)제도와 권력통합적인 위원회(Commission)제도, 시의회 – 지배인(Council – Manager)제도로 구분된다.

(1) 시장 – 시의회제도

이 제도는 미국의 식민지시대에 영국으로부터 도입되었다. 그 당시 식민지의회는 전권을 행사하였으며 시장은 식민지 주지사에 의해 임명되었다. 지방정부의 기능은 한정된 서비스를 제공하는 데 그쳤고, 독립 이후 단일의 행정수장에게 권한이 집중되는 것을 방지하기 위한 제도적 장치를 강구하게 되었다. 의회는 입법기관으로서, 시장은 집행기관으로서 권력분립의 원칙에 따라 기능을 분담하고 서로 견제 균형하면서 시정을 운영하는 방식이다.

시장의 권한이 약하냐 또는 강하냐에 따라 약시장제와 강시장제로 나눠진다.

① 약시장형(weak mayor system)

시장은 선거로 선출되지만 명목상·형식상의 대표자임에도 불구하고 매우 제한된 권한만을 갖게 된다. 즉 시장의 거부권은 매우 제한적이거나, 거부권을 전혀 갖지 못하는 경우도 있으며, 시 공무원의 임명 및 해임 권한도 전혀 없거나 제한적이고 아울러 중요 행정권한은 거의 갖지 못하고 있다. 반면에 시의회는 예산편성, 주요 계약의 체결 및 하위직 공무원의 임명과 해임에 대한 승인 등의 행정기능을 수행한다. 이 제도하에서는 다수의 전문위원회가 구성되는데, 이들은 상당한 정도의 독립성을 부여받아 운영된다.

---

4) 오늘날 대부분 카운티의회의 사법권은 쇠퇴하였으나 웨스트버지니아 주나 미주리 주 등에서는 카운티의회가 정식 재판소가 되고 있는 경우도 있다.

각 위원회의 국장은 선거로 선출하는 예가 많지만 선거제와 임명제의 양쪽을 겸용하는 예도 있다. 이 외에 검사, 감사역, 수입세 등 선거에 의한 행정관이 있으며 선거로 선출된 위원으로 구성되는 공원위원회, 병원위원회 등 각종 위원회가 설치되어 있다. 이 제도는 미국에서 20세기 초에 이르기까지 보편적인 형태였으나 최근에는 주로 소도시에서 시행하고 있다.

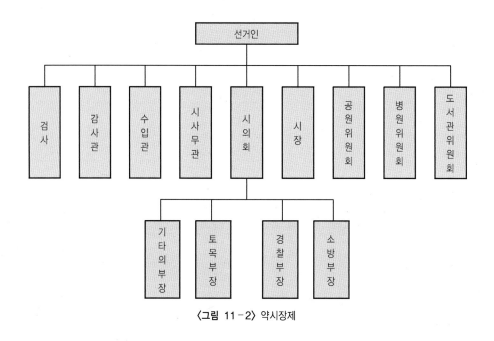

〈그림 11 - 2〉 약시장제

약시장형의 특징은 첫째, 시의회가 입법과 행정의 양대 권한을 행사하는데, 시의회는 정책 결정 권한뿐 아니라 고위직 공무원에 대한 인사권과 행정활동에 대한 감독권을 갖는다. 둘째, 시의회 의원 수는 다양하나, 대개 5명에서 50명까지 다수이며, 구 단위로 선출된다. 셋째, 시장은 선거에 의해 선출되지만 인사권, 거부권, 행정권에 있어 많은 제약을 받는다. 넷째, 시장 외에 심계원(審計院), 검사 등과 주요 전문위원회의 구성원이 시민에 의해 직접 선출되기 때문에 그만큼 시장의 권한은 축소된다. 다섯째, 여러 행정부서와 전문위원회는 원칙적으로 상호 독립적이므로 조정이 힘들다. 따라서 행정에서의 중복과 비능률이 발생한다.

② **강시장형**(strong mayor system)

19세기 후반에 들어서면서 미국의 대도시들은 그들 도시구조의 조직구조를 단순화하고, 시장직의 권한을 강화시키며, 별도로 선출되는 시공무원의 수를 줄이고자 노력한 결과 강시장제가 등장하였다. 이 제도는 시장을 시행정의 최고책임자로 하고 있는 형태로서 시장이 모든 행정책임을 지고 의회의 입법과정에 참여하며 거부권을 행사할 수 있는 제도이다. 대도시의 주민들은 강력한 시장을 원했는데, 시장은 책임 있는 정치지도자로서 도당정치(徒黨政治)의 폐해를 막는 역할을 수행하였다.

강시장제의 특징은 첫째, 민선시장에게 행정책임과 통제권이 전적으로 주어진다. 즉 시장은 대부분의 행정부서 책임자에 대한 인사권과 예산안 제출권 및 거부권 등을 행사한다. 둘째, 궁극적인 정책 결정권은 시의회가 가지나 시장은 이 같은 기능을 시의회와 공유한다. 셋째, 시장은 시정부 안팎에서 강력한 정치적 리더십을 발휘한다. 넷째, 시의회 의원의 수는 대개 7명 내지 9명 내외의 소수이며, 이들은 시 전역의 선거구나 혹은 구 단위 선거구에서 선출되며 정당 추천을 받는 경우도 있고, 그렇지 않은 경우도 있다. 다섯째, 약시장형과 비교해 시장과 시의원의 임기는 대개 4년으로서 더 길다. 아울러 약시장형이 갖고 있는 많고 다양한 전문위원회들을 거의 설치하지 않는다.

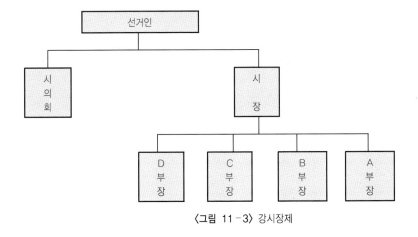

〈그림 11-3〉 강시장제

(2) 위원회제도(commission system)

이 제도는 남북전쟁 이후 정치행정의 부패를 시정하는 하나의 방법으로 남부의 몇몇 도시에서 채택하였다. 처음에는 5명의 위원 가운데 3명은 주지사에 의해 임명되고 2명은 선거를 통해 선출되었으나 이후 전원이 직선에 의해 선출되었다. 일반적으로 3명 내지 9명의 위원으로 구성되는 위원회가 입법기관이며, 각 위원은 시의 주요한 행정에 관하여 각 부서의 장으로서 행정책임을 지고 있다. 시장은 위원 중에서 선출되는 경우가 많은데, 시를 공식적으로 대표하고 있으며, 위원회를 주재하고 일반적으로 하나의 국장을 겸직하고 있다.

위원회는 단일기관주의를 채택하고 있다. 즉 위원회에 입법과 행정의 기능이 집중되어 있다. 이러한 의미에서 이 제도는 미국의 권력분립원칙과는 상이한 영국의 기관통합형과 유사하다.

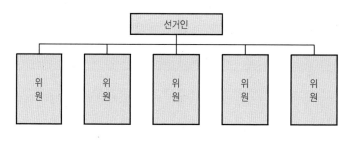

〈그림 11-4〉 위원회제

위원회제도의 특징은 첫째, 지방정부의 권력을 통합시키는 데 있다. 즉 소수의 시위원들(통상 3명, 5명 또는 7명)이 시정부의 입법 및 행정권 모두를 갖고 집단적으로는 시의회라는 기구로서 결의안을 통과시키고, 조례를 제정하며 조세를 징수하고 예산을 배정한다. 둘째, 각각의 위원은 지방정부의 각각의 집행부서의 장이 되어 실제 행정을 수행한다. 셋째, 시의회의 역할을 수행함에 있어 위원회는 통상 시장칭호를 갖는 위원에 의해 주재된다. 시장은 주민직선으로 선출되기도 하고 위원들 가운데 선정되기도 한다. 넷째, 시장은 그가 감독하는 집행부서 외에는 아무런 행정권한도 갖지 않으며 거부권 역시 없다.

(3) 시의회 – 지배인제도(council – manager system)

지배인제도의 출발은 1908년 버지니아 주의 스텐톤(Stanton) 시에서의 총 지배인직을 신설하는 조례를 제정함으로써 시작되었으며 점점 증가추세에 있다. 정책 결정의 모든 권한과 행정의 최종적인 통제권을 시의회가 장악하고 있으며, 시의 모든 행정운영에 대하여 책임을 지는 전문가로서 지배인을 의회가 임명하는 제도이다. 시장은 일반적으로 의원 중에서 선출되며, 모든 의사를 관장하고 시를 공식적으로 대표한다. 이 제도는 중소규모의 시에서 일반적으로 채택하고 있으며, 중산 혹은 상류계층이 거주하는 교외지역, 앵글로색슨, 기독교 및 백인 등이 거주하는 지역에서 많이 보인다.

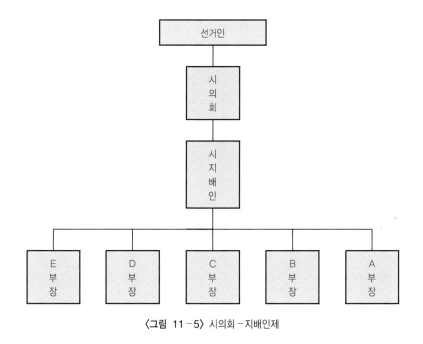

〈그림 11 – 5〉 시의회 – 지배인제

시지배인 제도의 특징은 첫째, 일반선거에 의해 선출된 위원들은 대부분 당적을 갖지 않는 무당파(non – partisan)이며 5명 내지 10명 미만의 소규모 시의회를 갖는다. 둘째, 시의회는 입법과 정책 결정을 갖는다. 셋째, 유능한 전문행정가를 시지배인으로 고용한다. 넷째, 시지배인은 시의 모든 행정을 감독하고 지시하는 권한을 가지고 있으며, 또한 부국장의 임면권, 예산편성권, 시의회에 대한 권고력을 가지고 있다. 지배인의 임기는 시의회와의 계약에 의하여 정하지만 시의회는 언제든지 지배인을 해고하는 권한을 갖는다. 다섯째, 지배인은 행정집행에 관한 책임을 의회에 대해서만 지고, 주민에 대한 책임은 시의회가 진다.

제12장 일본의 지방의회

1. 개관

　도쿠가와(德川)봉건제가 무너지고 천황제가 시작한 명치유신(1868년) 이후 군국주의 통치체제 위에 프로이센으로부터 근대적인 지방제도를 받아들였다. 지방제도는 1888－1889년에 만들어진 시제, 정촌제, 군제, 부현제에 의하여 그 체제가 형성되었다. 1873년 군구정촌편제법(郡區町村編制法), 부현회규칙(府縣會規則), 지방세규칙(地方稅規則) 등 삼신법을 공포하게 되었다. 삼신법은 지방의 체계를 관치와 자치의 이원체제로 하였는데, 중앙정부가 지방자치단체에 위임한 사무의 처리에 국가행정의 범위 내에서 주민이 참여하고 경비를 부담하였다. 따라서 관치체제의 각 단계마다 이에 따른 자치의 권능과 기구를 설치하여 계통적으로 통제할 수 있게 편성하였다. 또한 부동산 소유자층만으로 부현회를 구성하게 하고, 의회의 권한을 극도로 제한, 지사에게는 원안집행권을, 내무대신에게는 의회해산권을 부여하였으며, 중앙정부가 의회의 집행기관 선임을 승인하고, 의회보다 집행기관에 우월한 권한을 주었다.

　패전 후 일본의 중앙집권적 군국주의의 형태는 붕괴되고, 미국의 영향을 받아 영미식의 성격이 가미된 지방자치를 실시하였다. 미군정하에서 새로운 지방자치의 제도적 변화를 가져왔다. 1947년의 헌법이나 「지방자치법」으로 지방자치가 실시되고 내무성도 해체되었다. 이 배경에는 전전(戰前)의 지방자치를 요구하는 민주적 운동과 함께 미국의 일본점령정책, 즉 일본의 군국주의를 괴멸시키고, 평화와 민주주의를 추진하여 이곳에 미국경제의 시장을 확대하고자 하는 정책도 뒷받침되었다. 즉 자치단체장의 공선제, 지방의회의 권한 강화, 지방자치단체의 권한 강화, 주민투표권, 주민감사청구권 등을 포함하는 「지방자치법」 개정이 있었다.

2. 지방자치단체의 계층

일본의 정치에 있어 지방자치는 대단히 중요한 것으로 인정되고 있고, 1947년에 제정된 헌법에도 제8장이 지방자치의 장으로 되어, 그 92조에 <지방공공단체의 조직 및 운영에 관한 사항은 지방자치의 본지(本旨)에 따라 이를 정한다.>라고 규정되고 이 규정에 따라 동년 「지방자치법」이 제정되었다. 제1조에는 지방공공단체의 종류가 규정되어 있다. 즉 부현(府縣)과 시정촌의 보통지방공공단체와 기타의 특별지방공공단체로 구성되어 있다. 일본에는 1991년 현재 47개의 도도부현(東京都, 北海道, 京都府, 大阪府 및 43개의 縣) 그리고 그 밑이라기보다는 속에 약 3,200개의 시정촌, 그 가운데 650개의 시가 있다.

3. 지방의회의 형태와 구성, 규모

일본의 「지방자치법」 제89조에는 보통 지방자치단체인 도도부현(都道府懸)과 시정촌(市町村)에 의회를 두도록 규정하고 있다.

의원은 주민들이 직접 선출하고 임기는 4년이다. 보통 작은 정촌에는 12명, 큰 시에는 48명의 의원이 있고, 동경도의 경우 116명의 의원이 있다. 지방의원은 자치단체의 고급직원과 마찬가지로 급여가 지급되고, 연구를 위해 의원도서관이나 의원을 위해 다른 직원도 대규모 자치단체에는 설치되어 있다.

도도부현의 의회의원의 정수는 인구 70만 이하일 때는 40명, 인구 70만 이상 100만 이하일 경우 인구 5만을 초과할 때마다 의원 1명을 추가하고, 100만 이상의 경우에는 7만을 초과할 때마다 의원 1명을 추가하는데 120명을 상한으로 하고 있다.

　시정촌의 경우 시는 인구 5만 미만인 경우 30명, 5만 이상 15만 미만은 36명, 15만 이상 20만은 40명, 20만 이상 30만은 44명, 30만 이상은 48명, 30만 이상 50 미만은 인구 10만 초과마다, 50만 이상인 시는 인구 20만 초과마다 의원 4명을 추가하고 100명을 상한으로 하였다. 정촌의 경우, 인구 2천 미만은 12명, 2천 이상 5천 미만은 16명, 5천 이상 1만 미만은 22명, 1만 이상 2만 미만은 26명, 2만 이상은 30명으로 정하고 있다.

〈그림 12 - 1〉 일본의 계층제도

　지방의회는 조례에 의하여 상임위원회를 두고 특별위원회를 설치할 수 있다. 의원들은 반드시 하나의 상임위원회 위원이 되고, 조례에 특별히 규정된 경우를 제외하고는 의원의 임기 중에 재임한다. 특별위는 특정 안건을 심사하기 위하여 설치된다.

　지방의원의 임기는 원칙적으로 일반 선거일부터 기산해서 4년이며, 지방의원은 보수를 받는 유급직이다. 보수는 각 지방자치단체별로 다르다.

　지방의회는 지방자치단체의 의사기관이고, 최고 의사결정기관이다. 의회는 입법에 관한 권한으로서 조례제정권과 재정에 관한 권한으로서 예산의결권, 선관위원 선거권, 부지사나 공안위원 등의 임명동의권 등을 갖고 있다.

　의회의 회기는 정기회와 임시회로 나눌 수 있다. 지방의회 소집권한은 의장에게 없고 단체장에게 있는데, 의원정수의 4분의 1 이상이 회의에 부의해야 할 사항을 적시하여 소집청구가 있을 때 장은 반드시 소집하여야 한다.

제13장 영국의 지방의회

1. 개관

영국은 가장 오래된 근대 의회제도를 갖고 있다. 등족회의에서 출발된 영국의 의회제도는 1215년 대헌장(Magna Charta)이 공표됨으로써 고승과 귀족이 참여하는 귀족원이 생기고, 1295년에는 이들 고승 이외에도 일반승려, 주민기사, 시민대표가 모이는 모범의회가 생겨났고, 1330년에는 모범의회에서 일반 승려단이 이탈하여 고승과 귀족은 귀족원에, 주 기사와 시민대표는 서민원에 모임으로써 양원제를 뿌리내리기 시작하였다. 영국의 의회제도는 1642년의 청교도혁명을 전후하여 크게 신장되고, 1649년의 국민협약과 1653년의 정부조직법에 의하여 의회가 비로소 전 국민을 대표하게 되었으며, 1688년 명예혁명을 계기로 근대적 의미의 의회제도가 확립되었다.

영국의 지방자치는 16세기까지 지속되었던 봉건제도 이후 시민의식이 깊숙이 뿌리내리면서 발전하여 왔다. 영국에서 지방자치의 기원을 정확히 알 수는 없지만, 지방자치가 시작된 것은 앵글로색슨(Anglo - Saxon)시대로 거슬러 올라가, 지방에 있어서의 공동사무처리는 카운티(county), 자치도시(township or borough), 교구(parish)에 의해 수세기 동안 수행되었다.

지방의회는 도시자치단체법(1835년)과 「지방자치법」(1888년, 1894년), 런던자치단체법(1899년) 등을 통하여 발달하여 왔다. 1835년 도시자치단체법(The Municipal Corporations Act)은 최소한의 중앙통제로서 지방대표의 권위를 강조하는 주민참여권을 확대시켰으며, 일반시민에게 피선거권과 선거권이 주어져 공선에 의한 시의회를 구성토록 하였다. 1888년의 「지방자치법」에 의한 개혁은[5] 1894년의 「지방자치법」을 통해 대부분 완성되었다. 즉 통합된 위생구(sanitary district)를 바탕으로 도시구의회(urban district)와 농촌구의회(rural district)를 신설하였으며, 300명 미만의 유권자를 갖는 교구를 제외하고는 유권자가 선출한 교구의회를 신설하도록 하였다. 1899년 런던자치단체법에서는 런던지역에 있는 구위원회와 교구를 28개 대도시 구의회로 대체하였다. 즉 1888년 런던지역이 미들섹스, 켄트, 서레이 등으로 분리·신설되었고 광역 런던 내에는 런던 시와 함께 새로이 대도시 구의회가 신설되었다.

1930년대 이후 영국의 지방정부는 ① 국유화 정책의 실시에 따른 일부 기능 상실, ② 새로운 기능유인의 실패, ③ 재정적 독립의 상실, ④ 중앙통제의 증가 등으로 쇠퇴경향을 보여 왔다. 1972년 「지방자치법」에 따라 82개의 특별시가 폐지되었으며, 잉글랜드의 웨일즈의 58개 카운티의회가 47개(잉글랜드 39개, 웨일즈 8개)로 축소되었다. 이들은 주로 기획, 보호 및 인적 서비스의 기능을 수행토록 하였다. 이와 같이 광역계층정부를 폐지함에 따라 정부는 갈등의 근원을 제거하고, 예산을 절감하며, 국민들이 이해할 수 있는 보다 단순화된 체계를 갖추게 되었다. 그러나 광역의회의 해체는 구의회와 많은 특별위원회에 이전됨으로써 기능의 혼란을 가져왔다.

2. 지방자치단체의 계층

지방자치단체 계층구조의 합리화는 1894년 「지방정부법」을 통하여 대부분 완성되었으며, 이러한 합리적 원칙에 근거한 과정은 약 5세기에 걸쳐 발

---

5) 1888년 「지방자치법」의 주요 개혁 내용은 다음과 같다. 첫째, 도의회(county council)를 신설하였다. 행정구역의 조정을 통하여 새로운 도의회를 구성하였으며, 지방세 납세자의 선거를 통하여 이루어졌다. 둘째, 주의회와는 독립하여 구의회(county borough council)를 신설하였다. 이의 신설기준은 인구수로서 5만 혹은 그 이상의 인구를 갖는 도시가 이를 요구할 수 있도록 하였다. 셋째, 중앙정부와 지방정부 간의 재정적 관계를 재정립하였다. 즉 지방정부에게 재정적 도움을 주려는 규칙과 원칙을 체계화시켜 교부금(교육, 경찰, 고속도로)을 지급하도록 하였으며 이러한 교부금은 점차 증대하였다.

전하여 왔다. 지방행정제도는 1972년 「지방자치법」(Local Government Act)에 의하여 오랫동안 유지하여 왔던 3단계의 지방자치계층을 2단계로 대폭 개편하여 그 골격이 유지되어 왔다. 즉 잉글랜드(England)와 웨일즈(Wales)에서 종전의 지방자치단체를 모두 폐지하고, 전역에 걸쳐 이층구조를 채택하였으며, 새로운 지방자치단체로서 카운티(county)와 구(district)를 창설하였다.

잉글랜드는 런던지역을 제외한 전역을 광역지방자치단체로서 대도시카운티(metropolitan county)와 비대도시카운티(non-metropolitan county)로 구분하고, 이들을 다시 기초자치단체인 구(district)로 세분하였다. 구에는 특수한 지방자치단체인 교구(parish)를 두고 있다. 수도인 런던지역에 대해서는 특례가 설정되고 있다.

그러나 보수당의 대처정부는 1983년의 선거공약에 입각하여 1985년 지방정부법을 입법화하였다. 1985년의 입법은 1963년 런던정부법에 의하여 수립된 런던광역정부와 1972년 지방정부법에 근거하여 설립된 6개의 대도시 광역정부를 해체하였다.[6] 런던광역정부의 해체로 인하여 중앙정부의 런던지역에 대한 권한이 강화되었다. 중앙정부의 부서 중 환경성, 교통성, 교육성, 내무성 등의 권한이 강화되었다. 이와 더불어 런던광역정부가 해체됨에 따라 종래 런던광역정부가 수행하던 행정기능은 런던지역 소방 및 민간방위청(The London Fire and Civil Defense), 런던쓰레기규제위원회(The London Waste Regulation Authority), 런던지역계획자문위원회(The London Planning Advisory Committee), 런던보조금위원회(The London Boroughs Grants Schemes) 등의 특별자치체에 이전되기도 하였다.

이 같은 특별자치체의 특징은 행정관할이 런던지역 전체를 포함하고 있다는 점과 특별자치체의 구성이 각 구정부의 대표들로 구성된 간선제 정부라는 점이다. 런던지역의 경우 런던광역정부의 해체로 광역정부의 행정기능을

---

6) 1985년의 구조개편은 런던광역정부와 대도시 광역정부의 해체와 더불어 1963년 이후 런던광역정부와 1972년 이후 대도시 광역정부가 수행하던 행정서비스를 소멸시키는 것이 아니고 하위 지방정부와 그 외의 특별자치제 및 특별기구에 이전하는 것이었다.

이전함에 있어서 가능한 한 런던지역 전체 또는 부분적으로 통괄하는 광역정부의 창설을 의도적으로 중앙정부는 기피하였다.

그러나 6개의 대도시에 있어서는 대도시광역정부의 해체에도 불구하고 많은 행정기능(소방, 경찰 및 대중교통)들이 새로운 특별광역정부에 의하여 계승됨으로써 많은 행정기능들이 광역정부에 의하여 수행되는 결과가 되었다.

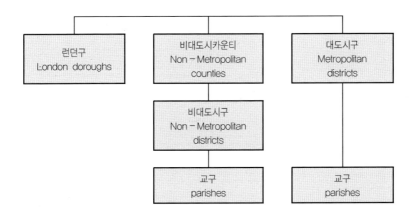

〈그림 13-1〉 영국의 계층제도

런던광역시와 도시광역정부의 해체로 런던 및 도시지역에서는 구정부(Borough) 및 도시구역정부(Muni- cipal Districts)가 일차적 지방정부로서 주요한 행정기능을 수행하게 되었다.

광역지방정부의 해체로 그들이 담당하였던 행정기능은 크게 세 가지 형태로 분산되었다. 첫째, 하위 지방정부인 런던구정부, 런던시 및 도시구역정부로 이전, 둘째, 중앙정부로의 이전, 셋째, 특별위원회 및 연합위원회 등 특별기구의 창설에 따른 이전 등이다.

3. 지방의회의 형태와 구성, 규모

영국의 지방자치제도는 의회가 의결기관인 동시에 집행기관이다. 의회는 유권자에 의해서 직접 선거된 의원으로 구성되며 의원의 임기는 4년이다. 비대도시 카운티에서 의원은 전원 동시에 개선되는 반면에 도시구에서는 매년 3분의 1씩 개선되는 방식을 취한다. 비도시구의 경우는 전원동시개선과 3분의 1개선의 두 가지 방법 중 하나를 선택한다.

지방정부는 자기의 내부조직과 직무수행을 위하여 상당한 정도의 재량권이 있는데, 일반적으로 기본정책 및 기본방침에 대해서는 본회에서 결정하고 각종 행정의 구체적인 집행은 각종 위원회(Committee)의 책임하에서 이루어지는 것이 특징이다. 각종 위원회는 학식과 경험을 갖춘 자를 위원으로 선출할 수 있지만 각 위원회의 위원은 적어도 3분의 2 이상을 의회의 의원으로 구성하고 있다. 이 위원회는 지방의회의 실정에 맞게 자율적으로 설치하고 있으며, 위원회에 각 행정실 또는 국을 설치하여 공무원들로 하여금 행정집행을 하게 되는데 이들의 채용, 임용, 보수, 근무조건은 지방의회마다 자율적으로 결정한다.

영국의 지방자치에 있어 정당의 영향력이 뚜렷이 증가하기 시작한 것은 노동당의 출현에서 본격화된다. 즉 노동당의 지방자치개입은 반사회주의자, 보수당, 자유당 및 무소속의원들이 방어적 기반을 형성하였다. 이를 계기로 웨스트민스터 스타일(Westminster style)이라고 하는 중앙의 정치형태가 지방자치단체에까지 확산되었다.[7] 정당참여가 확산되는 것에 대한 지방자치단체나 주민들의 반발이 있었는데, 특히 비도시지역의 경우 1960년대까지도 비경선에 의한 지방의원의 선출이나 꾸준한 무소속의원 지지가 이를 설명하고 있다. 그러나 이러한 전통은 1972년 「지방자치법」 개정 이후 급격히 변화하였으며 지방자치는 정당정치로 완전히 탈바꿈되는 경향을 보였다.

---

7) 웨스트민스터 스타일이란 정당정치의 상징으로 집단 책임주의, 원내총무제, 정당의 정치공약, 선거위임제도 등을 내용으로 한다.

1) 비대도시 카운티의회(Non - Metropolitan County Council)와
비대도시 구의회(Non - Metropolitan District Council)

카운티의회와 구의회는 직접선거를 통하여 선출된 의원으로 구성되어 있으며, 의원정수는 일반적으로 카운티의회는 60명에서 100명, 구의회는 30명에서 60명으로 구성되어 있다.

지방의회의 의원은 무보수이나 주로 야간에 소집하는 의회 일정에 따라 본회의 또는 위원회에 출석할 때에는 일당(subsistence allowance)과 여비 (travelling allowance)를 받을 수 있다.

2) 런던구(London Borough) 및 런던 시(City of London)

영국 자치의 중심인 런던은 구민 수 13만 5천에서 32만 명(1988년 인구 기준)의 32개 자치구로 나뉘어져 있다. 각 구의 의회는 구민의 직접선거로 선출된 임기 4년의 의원들로 구성된다. 각 구에는 선거의 편의상 선거구 (ward)가 있는데 각 선거구마다 1명 내지 3명의 의원을 선출한다. 구의회 의원의 정수는 구에 따라서 30명에서 60명의 의원으로 구성된다.

제14장 프랑스의 지방의회

1. 개관

프랑스는 전통적으로 중앙정부에 보다 많은 권한이 주어져 왔으며, 지방자치는 중앙권력에 항거하는 수단으로 이해되어 왔다. 프랑스의 지방자치역사는 크게 세 단계로 구분되는데, 첫 단계는 대혁명(1789년) 이전까지의 구체제하이고, 두 번째 단계는 대혁명 이후부터 1981년까지 중앙집권의 바탕 위에 지방분권요소가 가미된 시기이며, 세 번째 단계는 1982년 이후의 지방분권화가 본격적으로 추진되어 온 시기이다.

2. 지방자치단체의 계층

1982년 대통령선거에서 지방분권화의 실시를 선거공약으로 내세웠던 사회당의 미테랑이 대통령에 당선되면서 지방자치는 새로운 국면을 맞이하였다. 미테랑정부는 1982년 3월 「지방분권법」을 제정하여 중앙정부가 임명하고 있는 데파르뜨망 지사의 직을 폐지하고 레종이 지방자치단체로서 법인격화되었다.

레종(région)이 지방 영조물법인에서 보통 지방자치단체로 변경되면서 계층구조는 2층제에서 3층제로 바뀌었다. 즉 레종은 경제사회의 발전에 따라 데파르뜨망 구역이 행정수요에 적응하지 못함에 따라 지역계획을 비롯한 광역행정의 기능을 담당하게 하기 위하여 설치한 것인데, 초창기에는 지방분산적 기능을 갖는 행정구역으로 설치되었으며, 그 후 법인격과 예산상의 자율권이 보장되는 영조물법인으로 1972년에 승격되었다가 1982년 일련의 지방분권화법의 제정 및 개정으로 완전히 보통지방자치단체의 지위로 변경되어 3층제로 되었다.

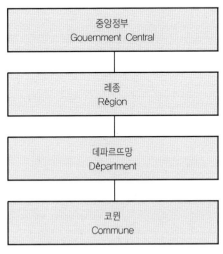

〈그림 14-1〉 프랑스의 계층제도

3. 지방의회의 형태와 구성, 규모

1) 레종(Région)

레종은 종래 간접선거에 의한 위원회와 중앙정부의 임명에 의한 지사에 의해서 관리·운영되어 왔지만, 이제는 지방자치단체로서의 레종회의(Counseil Régional)가 이것을 관리하게 되었다.

레종은 데파르뜨망의 권한과 비슷하지만 일체성 확보를 위한 권한을 가지고 있는데, 그중 종합적인 레종 발전계획의 수립이 가장 중요하다.

2) 데파르뜨망(département)

데파르뜨망의 집행기관은 지방분권화 성립 이전에는 중앙정부의 내무장관의 제청에 의하여 대통령이 임명하였지만 지방분권법에 의하여 지사(préfet)가 폐지되고, 데파르뜨망의 의회의장이 집행기관이 되었다. 의장은 데파르망의 집행기관을 담당하는 각 부서의 위에 위치하며, 의회의 절대 다수결에 의하여 3년을 임기로 하여 선출된다.

의회의원은 칸톤(선거구)에서 1명씩 선출되고 임기는 6년이며 3년마다 반수가 개선된다.

의회의원은 국회의원을 겸하고 있는 이외에 중앙정부의 특정한 직책을 겸임할 수 있다. 의원정수는 지역 내 칸톤 수에 의하여 결정되는데 20명에서 68명이다. 의회회기는 짧으며 연 2회의 정기회와 임시회가 있으며, 정기회는 2회를 합하여 45일이며, 임시회는 15일이다.

의회는 예산, 재산과 토지의 처분, 주요 도로의 건설과 유지, 의무교육을 위한 일정한 시설의 설치 등을 의결하고 결산을 승인한다. 의회의 대행기관으로 데파르뜨망위원회(Commission Départmentale)가 설치되는데, 의회에서 선출하는 4명 내지 7명의 위원으로 구성되며 위원의 임기는 1년이다.

3) 코뮌(Commune)

코뮌의 최고 행정기관장은 시장(Maire)인데, 의원 중에서 선출된 의장이 겸하게 되고 임기는 6년이다.

시장은 의회를 주재하고 의회가 의결한 예산을 집행하고 행정사무를 수행한다. 코뮌에는 규모에 따라서 1명 내지 12명의 집행보조 담당관(Adjoint)을 둔다. 특히 규모가 큰 코뮌에는 일상적인 행정집행에 대하여 시장을 직접 보좌하는 담당부장이 있으며, 그 위에 담당부장의 사무집행을 종합 조정하는 사무총장이 있는 곳이 많다.

의회의 의원 수는 인구의 규모에 따라 9명에서 37명으로 구성되어 있으며, 임기는 6년이다.

인구 3만 명 이상의 코뮌에서는 유권자가 후보자 명부에 대하여 투표하여
야 하는 고정명부식 투표제를 채택하고, 그 밖의 코뮌에서는 비고정식 투표
제를 채택하고 있다.

의회는 시장을 의장으로 하고 적어도 분기마다 개최되며 시장은 필요시
언제라도 회의를 열 수 있고, 지사 또는 의원의 반수 이상의 요청에 의하여
의회를 개회한다.

의회는 코뮌재산의 관리, 예산의결, 코뮌 차입금액의 결정, 인원과 조직
및 급여율의 결정, 도로건설 및 유지, 복지시설 및 공기업의 설치 등의 권한
을 갖는다.

제15장 독일의 지방의회

1. 개관

독일은 중세 이후 1871년에 이르러서야 통일국가를 형성하였으며, 2차전 이후 동·서독으로 분리되었다가 통일되었다. 독일의 지방자치는 10세기를 전후하여 새로운 도시의 형성과 발전에 대한 왕의 권한부여로부터 시작된 조세권 및 재판권과 같은 도시의 자치권한은 새로운 자치도시의 등장을 가져왔고 12세기 말경에는 대부분의 도시에서 시의회중심의 행정이 정착되었다. 영주제의 발전과 함께 촌락은 영주에 종속되어 촌락의 자유가 상실된 반면, 자치권이 부여된 도시는 시민의 자유가 더욱 발전되었다. 그러나 30년 전쟁(1618－1648)을 거치면서 도시재정이 빈곤해지고, 도시 내부의 타락, 신성로마제국의 쇠퇴, 절대주의 지배체제의 확립 등은 도시발전의 쇠퇴를 가져왔다.

이후 18세기 말경 프랑스혁명의 정신이 독일의 지방으로 침투하면서 절대군주의 권력이 약화되었고, 1808년 슈타인(Stein)의 시제개혁을 통하여 도시자치가 다시 강화되었다. 이에 따르면 도시는 주민 수를 기준으로 대·중·소로 구분되며, 시정부는 비순수 이사회제도(Unechte Magistratsverfassung)로 하였으며, 시의회(Stadtvero－rdnetenversammlung)는 시민으로부터 선출되었으며, 시이사회(Magistrat)는 시의회가 선출하였다.

슈타인의 시제개혁은 1831년 시제개정법의 등장으로 ① 도시의 자치권 축소·제한, ② 도시에 대한 국가감독권의 강화, ③ 순수이사회제도(Echte-

Magistratsverfas‒sung)의 도입 등으로 시의회보다 집행기관(시이사회)의 권한 강화가 이루어졌다. 이어 1848년 독일혁명의 결과 도시자치권은 다시 확대되었다.

제1차 세계대전 이후 성립된 바이마르공화국에서는 헌법 내에 지방자치에 대한 제도적 보장이 이루어졌다. 즉 지방자치라는 제도를 헌법차원에서 기본권과 동일하게 보장하며, 지방자치제도의 본질적 내용을 제거하거나 해치지 못하도록 헌법으로 보호하고 있다. 바이마르공화국의 헌법적 보장에도 해치지 못하도록 헌법으로 보호하고 있다. 바이마르공화국의 헌법적 보장에도 불구하고, ① 지방재원의 축소, ② 지방자치행정에 대한 법규제의 과다, ③ 위임사무의 확대, ④ 도시화·산업화에 따른 게마인데(Gemeinde) 공동체의 붕괴, ⑤ 지방정치화에 따른 정치적 갈등 등의 요인에 의하여 지방자치는 위기를 맞게 되었으며 이후 1933년 시작된 히틀러의 나치체제하에서 지방자치의 실체는 실종되었다.

제2차 세계대전의 패전 결과 독일은 동·서독으로 양분되어 미국·영국·프랑스·소련 등 연합국의 지배하에 들어가게 되었다. 점령국들은 정치적 권력구조와 분권화 및 지방자치의 발전 등에 관해 의견일치를 보고 지원하였다. 그러나 구체적인 지방자치제도화는 점령국에 따라 다르게 나타났는데, 미국과 프랑스가 전통적으로 다양성을 지닌 독일지방자치제도의 재탄생을 많이 허용한 반면, 영국은 상대적으로 이질적인 영국지방자치제도의 모형 이식을 많이 요구하였고, 소련의 경우는 지방자치와 상관없이 중앙집권적 구조 속의 형식적 지방정부를 구성하였다.

2. 지방자치단체의 계층

독일은 연방주의를 기초로 연방행정(Bundesverwaltung), 주행정(Landesverwal‒tung), 그리고 지방행정(Kommunalverwaltung) 등의 세 단계로 구성되어 있다. 이들 각 단계는 수평적인 관계를 유지하며 서로 독립된 자율성을 지니고 있다.

독일 기본법 제28조 2항은 지방자치단체의 종류와 자치권을 규정하고 있다. 동 조항에 의하면 독일의 지방자치단체는 게마인데(Gemeinde)와 게마인데 연합(Gemeindeverbande)의 두 종류가 있으며, 게마인데 연합의 범위 속에 군(Kreis)이 포함된다. 주(Land)는 독일연방을 구성하는 국가이며, 지방자치단체는 아니다. 또한 독일의 지역적으로 광범위한 주들의 경우 주가 몇 개의 행정단위로 구분되는데, 이러한 행정단위 역시 지방자치단체가 아니라 주정부의 지방관구(Bezirke)이다.

동독지역에서는 2차 대전 후 1952년 강력한 단일국가체제형성의 목표 아래 주제도가 해체되었고 그 대신 관구제도가 도입되었다. 이러한 관구 이하의 지방행정제도로는 독일의 전통적인 지방자치단체들이 최하위의 행정단위로서 명맥을 유지하여 왔다. 그러나 통일 이후 동독지역이 서독연방으로 들어오는 형식을 취함에 따라 동독지역은 5개의 주로 재편되었으며, 그 이하의 지방자치단체들은 동독의 소멸 시에 있던 그대로 독일연방제하에서의 지방자치의 실제와 별다른 차이가 없다(김해룡, 1990).

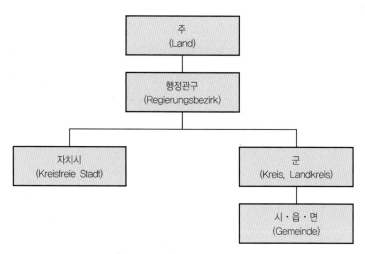

〈그림 15-1〉 독일의 계층제도

통일 이후 연방국가인 독일은 16개 주로 구성되어 있는데, 세 개의 도시

주(Berlin, Hamburg, Bremen)가 혼재하여 복잡한 정부형태를 지니고 있다.

독일의 경우 법률상 지방자치구조는 2계층제를 취하고 있으나, 대규모 주의 경우는 지방행정상의 구조가 여러 단계로 나뉜다. 「지방자치법」상의 계층구조에 관계없이 실질적인 행정 계층구조를 살펴보면 다섯 단계로 구성된다.

1단계: 연방(Bund)
2단계: 주(Land)
3단계: 주정부관구(Regierungsbezirk) 및 광역게마인데 연합
4단계: 군(Kreis) 및 자치시(Kreisfreie Stadt)
5단계: 게마인데(Gemeinde)

이 중에서 연방, 주, 군, 자치시, 군소속 게마인데 등 각자의 법인격을 갖고 민선의 대의기관을 갖는 행정행위들이나, 주정부관구는 주의 일선기관(중간단계)으로서 독립성이 없다. 시·읍·면(Gemeinde)은 자율권이 강하게 보장되어 있는 기초자치단체이며, 군(Kreis)은 시·읍·면의 상급자치단체이다. 도시주는 자유시를 설치하여 1계층인 데 반하여, 도시주를 제외한 주는 군(Kreis), 시·읍·면(Gemeinde)의 2계층제이다.

3. 지방의회의 형태와 구성, 규모

포괄적인 헌법보장에 근거한 독일의 분권화는 주마다 상이한 모델을 채택함으로써 다양성을 보이고 있다.

1) 군(Kreis)의회

군의회는 의결기관인 동시에 대표기관인데, 주민이 선출한 의원으로 구성되는 경우도 있고, 의원과 군수로 구성되는 경우도 있다. 군수는 의회의장이

되며, 의회에서 투표권이 있는 경우와 없는 경우가 있다.

의회의원의 임기는 4년, 5년, 6년이 있으며, 의원 수는 20명에서 50명 정도이나 군의 광역화에 따라 증가하는 추세에 있고, 의회의원은 명예직이다. 의장은 의원 중에서 의회에 의하여 선출되는 때 군수가 되는 경우가 많으며, 의회에서 선출되지 않은 군수가 의장을 겸임하는 경우도 있다.

군의회의 기능은 주요 안건에 대한 의결권, 조례의 제정·개폐권, 예산의 결권, 위원회의 구성권, 군의 주요 전문직원(군수, 행정관리관)의 임명권 등이다. 군의회에 위원회가 있는데 의결기관과 집행기관의 성격을 가지며, 위원회의 구성은 주법에 따라 군의회 의원으로 구성되는 경우, 의회의원과 군수로 구성되는 경우, 군 행정관리관과 군수로 구성되는 경우 등 세 가지가 있다.

위원회의 인원수는 10명 내외이지만 20명인 경우도 있으며 임기는 의원의 임기와 동일하고, 위원회의 위원장은 군수 또는 의회 의장이 된다.

위원회의 주요 기능은 다음과 같다.

① 의회 전권사항을 제외한 모든 사항에 대한 의결
② 다른 집행기관의 전권사항을 제외한 모든 사상의 집행에 대한 결정
③ 위원회에 포괄적 또는 개별적으로 위임된 사무의 처리
④ 의회의 의결에 대한 거부권 행사

2) 시·읍·면 의회(Gemeinde)

시·읍·면 의회는 시·읍·면의 대표기관이며 의결기관이다. 의원의 임기는 주마다 달라 4년, 5년, 6년이 있고, 의원은 명예직으로서 실비수당만 받는다. 의회의장은 주민의 선거로 선출된 시·읍·면의 장이 겸하는 경우가 있다.

의회의 권한은 법률에 반하지 않는 행정집행에 관한 기본방침 결정과 주요 사항결정, 조례제정권, 예산의결권, 행정감독권 등이다. 의회에는 집행위

원회가 있는데, 의회의 하부기관이 아닌 독립된 기관인 경우에 의결 집행기관의 지위를 갖는다.

지방자치의 근본이념을 실질적으로 구현하기 위해 지역에 따라 특성을 살려 자율적으로 자치방식과 자치형태를 운영하고 있는데 이를 몇 가지 유형으로 구분할 수 있다.

(1) 이사회제도(Magistratsverfassung)

과거 프로이센 게마인데 자치법에 속하는 독일의 전통적인 유형으로서 지방의회와 집행기관의 이중적 구조에 입각한 합의제적 집단지도체제로 되어 있다. 헤센(Hessen) 주와 슐제스비히 - 홀슈타인(Schleswig - Holstein) 주 등이 이 형태를 갖고 있으며, 지방자치제도의 핵심기관은 이사회, 지방의회, 시장이다.

(2) 시장제도(Bürgermeistverfassung)

시장과 지방의회가 지방자치단체의 양대 기관으로 정립되어 있는 '이중적 단원제'에 입각한 제도로서, 라이란트 - 팔츠(Rheinland - Pfalz) 주와 자알란트(Saarland) 주, 슈레스비히 - 홀슈타인주의 농촌게마인데가 이에 해당한다. 자치단체장인 시장이 실질적인 지방의 대표로서 강력한 권한을 행사한다.

(3) 남독일 의회제도(Suddeutsche Ratsverfassung)

자치단체장과 지방의회의원을 모두 주민이 직접 선출하는 제도로서, 주민 직선인 만큼 시장은 행정적 권한뿐 아니라 정치적 역할도 강력한 단일체제이다. 바이에른(Bayern) 주와 바덴 - 뷔르템베르크(Baden - Würtemberg) 주가 해당되며, 특히 통일 이후 구동독지역의 다섯 개 주 모두가 주민직선이라는 민주성을 높이 평가하여 이 제도를 채택하고 있다. 바이에른 단체장은 지방행정을 총괄하며 동시에 지방의회 의장으로서 최종결정권을 갖는다.

(4) 북독일 의회제도(Norddeutsche Ratsverfassung)

행정의 전문성을 지향하는 제도적 장치를 강조하고 있는데, 이 때문에 관리인제도(Direktorialverfassung)라고도 불린다. 즉 지방의회와 단체장 이외에 의회가 임명하는 전문행정인으로서의 게마인데 관리인이 지방자치단체의 행정 업무를 전문적으로 총괄한다. 노르트라인 – 베르트팔렌(Nordrhein – Westfalen) 주와 니더작센(Niede – rsachsen) 주가 이에 해당하며, 지방의회와 관리인이 양대 기관이다.

(5) 도시국가 형태(Stadtstaaten – Verfassung)

세 개의 도시국가(Berlin, Hamburg, Bremen)는 하나의 도시이면서 그 자체가 주로서, 주와 기초자치단체인 게마인데의 기능을 동시에 갖고 있다.

독일은 각 주마다 자율적인 지방자치제도를 채택함으로써 지방제도의 획일성을 타파하고 지역마다 다양한 형태를 지니고 있는데, 이는 독일이 근대의 정치적 통일과정에서 서로 상이한 배경을 갖는 지방의 사회 문제적 배경에 기인한다. 유형의 일반적인 특징을 요약해 보면,

① 기초자치단체인 게마인데에 광범위한 권한이 부여되어 있다.
② 중앙정부의 감독과 통제는 최소한에 그치며 특히 적법성의 감독에 그치고 있다.
③ 주마다 차이는 있으나 지방의회와 집행기관의 역할 분담이 분명하다.
④ 사무는 국가사무와 자치사무로 구분되며 국가사무는 통상 단체장에 위임 처리되고 있으며, 근래에 지시사무의 개념이 등장했다.
⑤ 자치단체에 대한 권한 부여 방법은 '예시주의'에 입각하고 있다.
⑥ 독일의 전통에 입각한 단체자치 논리와 제2차 세계대전 이후 영미계통의 '주민자치'이론이 적절하게 조화되어 합리적 제도를 구축하였다.
⑦ 지방행정에 대한 주민참여의 폭이 매우 넓다.

제5편

지방의회의 연구론

본서는 지방의회에 대한 교과서적인 성격뿐만 아니라 연구서의 성격도 지니고 있다는 점에서, 본 편에서는 전술한 이론 등을 근거로 한 기존 지방의회 관련 연구를 담고자 한다(박용훈, 2008; 김상미, 2005).

제16장 지방의회 사무기구의 인사권 독립을 저해하는 요인에 관한 연구

1. 서론

지난 2006년 6월 29일부로 개정 공포된 「지방자치법」에 따라 의회사무기구 내 별정직·계약직·기능직 공무원에 대한 임용권이 지방의회 사무처장(사무국장, 사무과장)에게 위임되면서 지방의회 사무기구의 인사권 독립에 작은 변화의 바람이 불었다. 그러나 큰 틀 차원에서 바라보면 인사권 독립은 진전된 것이 거의 없는 실정이다. 사무처장 등에게 인사권이 일부 위임된 것은 이양이 아니라는 점에서 그 권한은 여전히 지방자치단체의 장이 가지고 있고, 지방의회 의장의 지휘를 받으면서 위임받은 인사권을 행사하는 사무처장 등의 인사권을 자치단체장이 보유하고 있다는 점에서 인사권 독립은 요원하기만 한 것이다.

이러한 인사권 독립의 정체현상은 로컬거버넌스를 지향하는 세계적 흐름에 역행하는 행태로서, 지방의회의 전문성 제고 등에 부정적 영향을 미치고 있는 것이 사실이다. 물론 1991년 말에 의회사무기구의 직급상승과 인원확대를 골자로 하는 「지방자치법」의 개정이 있었고, 1994년에는 단체장의 지방의회 사무직원의 임명에 지방의회의장의 추천을 받도록 하는 법개정이 이루어지기도 했다(박영강, 2003, 91 - 92). 또한 2005년 개정된 「지방자치법」에서는 지방의원유급제를 전면 실시하도록 하여 무보수 명예직을 유급 전문직으로 전환시키기도 했다.

하지만 의원들을 정책적·행정적으로 지원하는 의회사무기구 직원들의 인사권이 모두 자치단체장에게 있는 상황에서 의원들의 전문성 제고는 한계를 드러낼 수밖에 없는 것이며, 이는 집행부견제 등이 형식화되는 근본적인 문제를 양산하고 있다는 점에서, 중대한 문제인 것이다. 즉 집행부를 견제할 의회가 견제기능을 상실하고, 이로 인해 지방자치에 부정과 비리가 기생하게 되면 그 부담은 고스란히 주민에게 전가돼 민생정치가 골병을 앓게 되는 것이다.

본 연구에서는 지방의회 사무기구의 인사권 독립을 통한 의회직 공무원의 신설을 주장하면서, 이에 대한 근거와 인사권 독립의 정체에 영향을 미치는 요인을 조직 내·외적인 측면에서 다각도로 조명한다. 이를 토대로 인사권 독립을 위한 대안을 제시함으로서 현재의 기형적 인사시스템에 일정부분 시사점을 제시하고자 한다.

아울러, 법적으로 지방자치단체는 지방자치단체의 장과 지방의회로 대별하여 명명하고 있으나, 본 저자는 지방자치단체를 중앙정부에 종속되는 낮은 수준의 용어로 판단하며, 지방자치단체의 장에서 보듯이 지방의회가 자치단체에서 단체장에 이어 두 번째 서열에 있는 듯한 뉘앙스가 있다는 판단 아래, 이후 본 연구에서는 지방자치단체를 지방정부로, 지방자치단체의 장은 집행부의 장으로 명명하고자 한다.

2. 이론적 배경 및 분석틀

1) 지방의회의 유형

지방의회의 유형명칭은 다양하게 정의되고 있으나 본 연구에서는 가장 널리 알려진 기관통합형, 기관대립형, 그리고 절충형을 중심으로 조명하고자 한다.[8](김병준, 2002: 25 – 27 · 280 – 286; 서우선, 1992: 39; 정세욱, 1984:

---

8) 지방의회의 유형명칭은 본 연구에서 언급한 것 이외에 다양하게 사용되고 있는데, 기관통합형은 의회형, 기관대립형은 수장형, 그리고 절충형은 참사회형 등으로 명명되는 것이 그것이다.

377 – 387; Goodman, 1980: 118 – 150; Pohlman, 1992: 212 – 231)

(1) 기관통합형

본 유형은 주민에 의해 선출된 지방의회가 입법 및 의결기능과 함께 집행기능까지 담당하는 경우로서, 독립된 집행기관이 부재한 형태로 미국의 위원회형(commission plan) 등이 이에 해당된다.

이러한 유형은 입법기능과 집행기능이 하나이기 때문에 양 기관의 마찰이나 이로 인한 행정의 낭비 등이 없어서 행정기능을 안정적으로 수행할 수 있고, 의원들이 직접 행정을 담당하기 때문에 행정에 주민의 의사를 충분히 반영할 수 있뇄과 집여러 의원의 의사를 모아 정책 결의 의집행을 수행하므로 정책 전웠형은신중을 기할 수 있는 장점을 가지 행정의. 반 수들이와 균형의 원를 충적용되지 않아 권력남용의 여지 충존재의 담당선거에 의해서 선출된 의원이 전문성을 지니 행정의 낭보장이 없어 행정비효율성의 가능성을 H수행된다. 또한 선거에 의해서 당선된 의원들 사이에 구심점이 없는 경우 행정상 전체적인 조정이 어려울 수 있는 단점을 지니 행정의.

(2) 기관대립형

본 유형은 지방의회와 집행부의 장이 별도의 선출과정에 의해 각각 구성되는 형태로 두 기관이 견제와 균형을 취하도록 하는 유형이라고 할 수 있는데, 우리나라의 지방자치제도나 미국의 시장 – 의회형(mayor – council plan) 등이 이에 해당된다.

이러한 유형은 두 기관이 상호 견제와 균형(check and balance)을 이루면서 권력남용을 방지할 수 있다는 것과 집행기관의 장에게 행정권이 통합적으로 주어짐으로써 부처할거주의를 막고 행정에 대해 명확한 책임을 물을 수 있다는 점이 있다. 아울러 행정권이 통합적으로 이루어짐으로써 행정의 안정성을 도모할 수 있다는 장점도 지니고 있다. 반면 두 기관 사이에 과도한 마찰과 대립을 초래할 수 있고, 집행기관의 장이 행정적 문제보다는 선거 등의 정치적 문제에 더 큰 관심을 가질 수 있음에 따라 행정비효율성을 초래할 수 있다. 또한 행정이 의회보다는 집행기관의 장에 의해서 주도되므로 행정과정에 다양한 주민의사가 충분히 반영되지 못할 수 있는 단점을 가지고 있다.

한편 기관대립형은 규범적 대립성과 기능적 대립성으로 대별하여 설명할 수도 있는데, 전자의 경우 기관대립의 기능과 상관없이 지방의회와 집행부의 장을 대립하게 하는 그 자체가 가장 바람직한 민주적 지방자치체제의 하나로 보고 이의 추구를 지향하는 것이고, 후자의 경우는 하는 쪽이 안 하는 쪽보다 얻는 것이 많다는 것으로 과도한 집행부의 권력독점에 대한 부작용을 지적하고 시정하여 주민들에게 좀 더 나은 자치행정을 제공하는 것이라고 할 수 있는데, 진정한 지방자치는 규범적 대립성과 기능적 대립성이 양립하는 형태라고 할 수 있다.

(3) 절충형

본 유형은 위에서 언급한 두 가지 유형을 절충한 형태로, 의회 – 집행위원회형(council – executive committee plan), 시정관리관형(city manager plan) 등이 그것인데, 이를 중심으로 간략히 살펴보면 다음과 같다.

의회 – 집행위원회형은 지방의회가 그 산하에 소수의 소속의원으로 집행기관의 성격을 지닌 위원회를 별도로 구성하여 이 위원회로 하여금 행정문제를 처리하게 하는 유형이다. 지방의회가 집행권을 갖는다는 점에서 기관통합형과 유사하지만 이러한 집행권을 지방의회 그 자체가 직접 행사하기보다는 별도로 구성된 집행위원회로 하여금 행사하게 한다는 점에서 차이가 있다. 이는 대의제도를 채택하고 있는 의회중심의 국가에서 민의를 보다 폭넓게 반영할 수 있는 제도를 그대로 유지하면서 운영상의 효율성을 높여 보겠다는 의도에서 만들어진 것이라고 볼 수 있다.

한편 시정관리관형은 집행위원회 대신 전문행정인을 관리관으로 임명하여 행정을 처리하게 하는 유형으로서, 지방정부의 운영에 있어 지방의회의 주도권을 그대로 유지하면서 지방의회가 지닌 행정상의 비전문성을 전문인의 영입을 통해 해결하고자 하는 제도이다. 시장은 지방정부의 대표로서 의례적인 기능만 수행할 뿐이고 행정문제의 처리는 시정관리관에게 책임이 있는 것이다. 시정관리관은 지방의회에 의해서 임명되는 것으로 지방의회의 권위 아래 행정을 총괄하는 지위를 갖게 되며 행정을 통한 책임은 주민에게 지는 것이 아니라 일차적으로 지방의회에 지게 된다.

2) 인사권 독립의 의의

지방정부의 인사권 독립은 우리나라가 기관대립형 형태를 취하고 있으면 서도 지방자치 초기부터 지방의회 사무기구의 인사권을 집행부의 장에게 귀 속시키고 있는 기형적인 인사시스템에서 벗어나, 사무기구 모든 직원의 임 용권을 지방의회의장에게 이양시켜 지방의회직을 신설하는 인사개혁을 의미 한다.

인사권 독립[9]에 대한 최근의 논의를 간략히 살펴보면, 안성호(1993)는 1992년 3·4월에 대전광역시의회를 대상으로 한 설문조사에서 시의회와 집 행부와의 사이에 갈등이 생길 경우 다수의 직원이 집행부의 입장에 서는 연 구결과를 밝혔으며, 김순은(1994)은 1994년 부산·경남지역의 기초의원과 교수 및 시민단체대표를 대상으로 한 설문조사에서 지방의회 10대 개선과 제 중 사무기구의 인사권 독립을 1, 2위로 높게 평가한 것을 발표했다. 한 편 김성호(1996)는 인천광역시와 강원도, 그리고 충청북도의 사무처 공무원 과 집행부 공무원을 대상으로 하는 설문조사에서 사무처 공무원의 경우 50%가 의회직 신설을 선호하고 24%가 현행방식을 고수한 반면, 집행부 공 무원의 경우에는 40.2%가 현행방식을 선호하고 28.9%가 의회직 신설이 바 람직하다고 응답하여 대조적인 모습을 보인 연구결과를 발표하였다. 그리고 김원곤(1998)은 전라남도와 광주광역시 의회사무처 직원을 대상으로 한 설 문조사에서 사무직원의 충원방식에 관하여 전체 응답자의 55.3%가 의회직

---

9) 인사권 독립과 관련된 근거법규의 변천을 간략히 살펴보면, 1991년의 구 「지방자치법」 제82조에서 시· 도의회에 사무국을 설치하도록 했고 시·군·자치구의회에는 간사와 약간명의 직원을 둘 수 있도록 규정 하였다. 당시 사무직원은 지방의회의장과 집행부의 장이 협의하여 집행부 장이 임명하도록 명시하였고, 1994년 3월의 「지방자치법」 제83조에서는 사무직원을 지방의회의장의 추천에 의하여 집행부의 장이 임 명하도록 했다(박영강, 2003: 97－98). 2006년도에는 별정직·계약직·기능직 공무원에 대한 임용권을 사무처장에게 위임시키는 개정안(「지방자치법」 제83조)이 의결되기도 했다.

을 신설하는 방안에 찬성했으며 19.3%가 현행방식을 지지하는 것으로 나타
난 연구결과를 발표했으며, 박영강(2003)은 진정한 의미의 지방자치를 위해
지방의회 사무기구의 인사권 독립과 전문성 강화가 절실하다고 밝힌 바 있다.

3) 연구의 분석틀

전술한 이론적 배경 등을 근거로 본 연구에서 분석할 틀을 간략하게 구성
해 보면 <그림 16-1>과 같다.

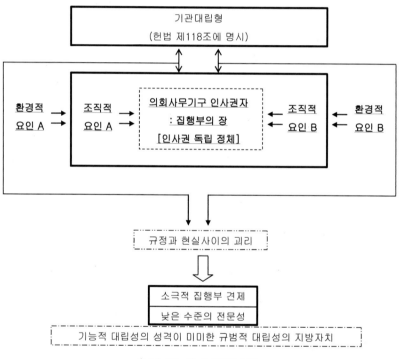

〈그림 16-1〉 분석틀의 구성

기본적으로 우리나라의 지방의회 사무기구의 인사권은 지방의회의장이 아
닌 집행부의 장에게 귀속되어 있음에 따라 헌법 제118조에 명시된 기관대
립형에 충실하지 못한 '규정과 현실 사이의 괴리'를 노출하고 있다. 이에 따

라 지방의회에서는 소극적 집행부 견제, 낮은 수준의 전문성 등이 나타나고 있는데, 이는 시민지향의 자치행정을 제대로 추진할 수 없는 행태, 즉 기능적 대립성이 미약한 규범적 대립성만의 자치행정을 내포하고 있는 것이다.

이러한 점에 착안하여 본 연구에서는 이와 같은 문제점이 나타나도록 유인하는 인사권 독립 정체에 영향을 미치는 요인을 조직적 요인과 환경적 요인[10]으로 대별 분석하여, 인사권독립을 위한 바람직한 대안을 제시하고자 한다.

3. 인사권 독립을 저해하는 요인 분석

먼저 지방의회 사무기구의 인사권 독립의 정체로 인한 역기능을 간략히 살펴보고, 이러한 부작용을 유발시킨 인사권 독립 정체의 요인을 조명하고자 한다.

1) 인사권 독립의 정체로 인한 역기능

인사권 독립의 정체로 인한 역기능은 소극적 집행부 견제와 낮은 수준의 전문성으로서, 이 부분은 지방의회와 지방자치를 상당부분 형식화시킨다는 점에서 문제라고 할 수 있다. 따라서 견제와 전문성을 제고시켜야 하는 것은 정당성의 가치를 지니며, 이러한 부분은 지방의회의 인사권독립을 통해 가능하다고 보는 것이다.

(1) 소극적 집행부 견제

기본적으로 지방의회 사무기구의 공무원에 대한 인사권이 집행부의 장에게 귀속되어 있음으로 인해 사무직원들은 집행부의 눈치를 살필 수밖에 없는 현실이며, 특히 집행부로 회귀하는 일반직 공무원의 경우는 그 정도가

---

10) 본 연구에서 요인은 조직범위에 근거하여 기술되는데, 조직적 요인은 지방정부 자체 내에서 발생하는 변수를 뜻하고, 환경적 요인은 지방정부를 벗어나서 발생하는 변수를 의미한다.

심한 것으로 판단된다. 즉 집행부를 견제해야 할 입장에 서 있는 사무기구 직원들의 인사권이 집행부의 장에게 존재함으로 인해 의원들에게 제공되는 정보 등이 부실하여 집행부 견제에 한계를 드러내고 있는 것이다. 실제로 이러한 현상은 전직 지방의원과의 인터뷰에서도 발견된다.

전직 지방의원 인터뷰

"의정활동을 하던 시절 당적이 집행부의 장과 달랐음에도 불구하고 집행부의 견제가 형식에 그치는 경우가 많았음. 이는 사무기구 직원들이 집행부의 눈치를 보며 적극적인 정책적·행정적 지원이 미미했기 때문으로 판단됨"

[익명의 요구로 성명. 장소 미공개. 2007. 01. 27 대면인터뷰]

(2) 낮은 수준의 전문성

지방의회 사무직원에 대한 인사권이 지방의회의장에게 이양될 경우, 해당 사무기구를 중심으로 순환보직[11]이 이루어지지만, 지금처럼 인사권 독립이 정체되어 있는 경우는 집행부를 중심으로 순환보직이 이루어져 사무기구는 잠시 머물다 가는 자리라는 인식으로 인해 전문성 제고에 상당한 영향을 미치고 있는 것이 사실이다. 특히 고도의 전문성이 요구되는 전문위원의 경우, 1~3년 단위로 집행부 등으로 순환보직이 이루어지는 일반직이 2006년 3월 현재 전체 전문위원 570명 중 83.6%인 477명을 차지하고 있어 현 인사시스템 아래에서 지방의회의 전문성 제고가 요원하기만 한 것이다.[12] 실제로 이러한 현상은 전직 의회사무기구에서 전문위원으로 활동했던 일반직 공무원과의 인터뷰에서도 나타난다.

---

11) 지방의회 사무기구의 인사권이 독립될 경우, 해당 사무기구에서 순환보직이 이루어지거나 연장선상인 타 지방의회 사무기구 또는 국회사무처 등으로의 인사교류가 가능해져 현재의 낮은 수준의 전문성 시스템을 개선시킬 것으로 판단됨.

12) 2006년 3월 현재 전국적으로 지방의회 사무기구의 정원 분포는 일반직 2천734명, 별정직 및 계약직 276명, 그리고 기능직 1천871명 등 총 4천890명에 달한다.

2) 인사권 독립의 정체에 미치는 조직적 요인

(1) 낮은 수준의 승진경로

현재와 같은 지방의회 사무기구의 정원시스템 아래에서 지방의회의장에게 인사권이 이양될 경우, 일반직을 중심으로 승진경로가 좁아질 수 있다. 즉 서울특별시의회 사무기구의 경우 2－3급 정원이 부재하고, 15개 광역의회의 경우 1급과 3급 정원이 배정되지 않는 상황이다. 그리고 기초의회의 경우 시·구의회는 1－3급, 군의회는 1－4급이 부재한 상황이다. 전체적으로 1－4급에 걸친 정원이 배정되지 않아 집행부를 포함한 기존의 1－9급 정원배정에 비해 승진경로가 낮은 수준이다(<표 16－1> 참조).

낮은 수준의 승진경로는 인사적체를 유발하여 급격한 사기저하로 이어져 공직사회 특유의 결속력과 사명감을 저하시킬 수 있으며, 이에 따라 고객지향의 행정을 제대로 펼칠 수 없다는 점에서 문제로 지적된다.

〈표 16-1〉 지방의회 사무기구의 낮은 수준의 승진경로 현황

[2007년 2월 말 기준, 단위: 명]

구 분		1급	2급	3급	4급	5급	6급	7급	8급	9급
지역별 광역의회 사무기구	서울특별시	1	←----	----→	14	26	54	30	4	1
	부산광역시	←-→	1	←-→	2	9	21	24	2	-
	대구광역시	←-→	1	←-→	1	4	12	16	-	-
	인천광역시	←-→	1	←-→	8	10	15	16	1	-
	광주광역시	←-→	1	←-→	6	6	10	13	2	-
	대전광역시	←-→	1	←-→	3	3	15	9	-	-
	울산광역시	←-→	1	←-→	5	5	11	9	2	-
	경기도	←-→	1	←-→	13	10	27	33	-	-
	충청북도	←-→	1	←-→	7	8	14	12	-	-
	충청남도	←-→	1	←-→	3	9	14	15	1	-
	전라북도	←-→	1	←-→	8	10	13	16	3	-
	전라남도	←-→	1	←-→	9	8	13	15	-	-
	강원도	←-→	1	←-→	8	12	8	13	-	-
	경상북도	←-→	1	←-→	7	8	18	20	1	-
	경상남도	←-→	1	←-→	1	5	13	18	1	-
	제주도	←-→	1	←-→	2	8	14	20	-	-
기초의회 사무기구	시(사무국)	←---	----	---→	◎	◎	◎	◎	◎	◎
	군(사무과)	←---	----	----	---→	◎	◎	◎	◎	◎
	구(사무국)	←---	----	---→	◎	◎	◎	◎	◎	◎

[주] 본 표는 집행부의 장에게 인사권이 있으면서 의회사무기구에서 근무하고 있고 정원규모가 제일 큰 일반직 공무원의 정원을 기준으로 작성한 것임. 한편 ←-→는 승진경로 부재직급을 의미하며, ◎는 지역별 기초의회 사무기구의 각각의 정원을 의미함. 아울러 복수직급 정원의 경우 상위직급을 기준으로 작성했으며, 기초의회 사무기구의 정원은 표준정원체계임.
[출처] 해당 지방의회의 홈페이지를 근거로 구성.

따라서 현재의 정원시스템을 가지고 지방의회의장에게 인사권이 이양될 경우, 사기저하 등 여러 가지 문제점이 수반될 수 있다는 점에서 낮은 수준의 승진경로는 인사권 독립을 저해하는 요인으로 작용하는 것이다.[13]

(2) 낮은 수준의 인사교류

지방의회 사무기구에 근무하는 일반직 공무원 등의 인사교류 범위는 집행부의 본청, 직속기관, 사업소, 그리고 읍·면·동뿐만 아니라 15부 2처 18청으로 구성되어 있는 중앙정부까지 그 범위가 확대되어 있다. 하지만 지방

---

13) 실제로 인사권 독립을 반대하는 공무원들의 경우, 승진기회의 제한을 제일 큰 문제로 지적하며 불가입장을 분명히 하고 있다(김성호, 1996).

의회의장에게 인사권이 완전 이양되어 의회직이 신설된다면, 견제의 속성상 본청 등 집행부로의 인사교류가 어렵게 된다. 또한 입법기구에 근무하는 의회직이 부·처·청으로 구성된 중앙정부인 행정부로의 인사교류도 기능성격상 쉽지 않을 수 있다. 즉 최악의 경우 인사권 독립 후 의회직 공무원의 인사교류 범위는 해당 지방의회 사무기구로 한정될 수 있다는 것이다(<그림 16-2> 참조).

낮은 수준의 인사교류는 서로 다른 영역 간 지식이나 정보를 공유하지 못하고 지식기반을 축소할 수 있다는 점에서, 조직 전체의 발전에 활력소가 되지 못하는 것이다.

구 분	지방정부(광역＋기초)					중앙정부 15부 2처 18청
	해당 지방의회 사무기구	해당 및 타 지방정부 본청	해당 및 타 지방정부 직속기관	해당 및 타 지방정부 사업소	기초 지방정부 읍·면·동	
인사권 독립 전 인사교류	◁＝＝＝＝＝	＝＝＝＝＝	＝＝＝＝＝	＝＝＝＝＝	＝＝＝＝＝	＝＝＝＝▷
↓ ↓ ↓ ↓ ↓ ↓ ↓ ↓ ↓						
인사권 독립 후 인사교류	◁＝＝＝＝▷					

[주] 보직순환을 근거로 하는 일반직 공무원을 기준으로 작성한 것임.
[출처] 기존의 여러 자료를 근거로 구성.

〈그림 16-2〉 인사권 독립 전·후의 인사교류 범위 비교[2007년 2월 말 기준]

따라서 현재의 인사교류시스템을 가지고 지방의회의장에게 인사권이 이양될 경우, 조직의 지식기반 축소 등의 문제점이 수반될 수 있다는 점에서 낮은 수준의 인사교류는 인사권 독립을 저해하는 요인으로 작용하는 것이다.[14]

(3) 조직적 차원의 핵심적 영향요인 분석

한편 전술한 조직적 차원의 요인 중에서 가장 큰 영향을 미치는 핵심적 영향요인을 전문가 인터뷰를 통해 살펴본 결과, 낮은 수준의 승진경로가

---

14) 본 사항 역시 인사권 독립을 반대하는 공무원들의 경우, 인사교류의 부재를 두 번째 문제로 지적하며 반대입장을 분명히 하고 있다(김성호, 1996).

60%로 나타난 반면, 낮은 수준의 인사교류는 30%에 그쳤다. 이는 낮은 수준의 승진경로가 핵심적 영향요인으로 작용한 것으로 판단되는데, 기본적으로 승진적체는 여타공무원과 비교하여 사기진작을 저해할 수 있어 낙오될 수 있다는 공감대를 형성하고 있는 것이다(<표 16-2> 참조).

〈표 16-2〉 조직적 차원의 핵심적 영향요인에 관한 전문가 인터뷰15)

낮은 수준의 승진경로	낮은 수준의 인사교류	기타
6명 (60%)	3명 (30%)	1명 (10%)

3) 인사권 독립의 정체에 미치는 환경적 요인

(1) 행정안전부의 의지부족

행정안전부는 지방정부의 인사·조직·재정권 등에 대해서 상당부분 권한을 행사한다는 점에서 지방정부를 통제하고 조율하는 기능을 갖고 있기에 인사권 독립에 대한 입장을 공식적으로 표명할 수 있는 위치에 있다. 또한 지방의회 사무기구의 인사에 대해서 명시하고 있는 「지방자치법」 제83조(사무직원의 정원과 임명) 등을 비롯한 각종 관련 법률에 대한 개정안을 국회에 제출할 수 있는 권한을 소유하고 있다는 점에서 지방의회 사무기구의 인사권 독립에 중요한 키를 쥐고 있는 것이 사실이다.

하지만 행정안전부는 승진적체와 인사교류 부재 등을 주장하며 지방의회 의장에게 인사권이 이양되는 것은 시기상조라는 입장을 내세우고 있다. 실제로 지방의회 사무기구의 인사권 독립문제를 다루었던 국회 행정자치위원회 법안심사소위원회에서 일부 의원이 제기한 의장으로의 완전한 인사권 이양제기에 대해 관련 구 행정자치부 차관 및 팀장 등은 비효율적인 문제를 제기하며 불가입장을 분명히 했다.16)

---

15) 본 인터뷰는 2007년 12월 3일(월)에 실시했으며, 인사권 독립 관련 국회 보좌직원 10명을 대상으로 추진되었다. 한편 익명의 요구로 여타부분은 공개하지 않고자 하며, 본 인터뷰 자료는 환경적 요인에도 활용된다.

16) 행정안전부가 반대하는 실질적인 이유로 지방정부의 인사권에 대한 기득권 수호라는 주장도 있다. 실제로 관련 전직 공무원과의 인터뷰(익명의 요구로 성명, 장소 미공개, 2007. 01. 21 대면인터뷰)에 의하면, 지

따라서 지방정부의 인사권에 상당한 영향력을 소유하고 있는 행정안전부의 의지부족은 인사권 독립을 저해하는 요인으로 작용하고 있는 것이다.

(2) 집행부 장의 기득권

집행부의 장으로 구성된 전국시도지사협의회와 전국시장군수구청장협의회 및 지방의회의장으로 구성된 전국시도의회의장협의회와 전국시군자치구의장협의회는 지방정부의 정책방향을 결정하고, 중앙정부에 잘못된 정책 등을 시정하도록 건의하는 등 지방자치에 중요한 위치를 점하고 있다. 즉 4개 기구가 한목소리로 중앙정부에 시정요구를 건의하게 되면 그 영향력은 높은 수준일 것으로 판단된다.

하지만 의회사무기구에 대한 인사권 독립에 대해서는 시도의회의장협의회[17]와 시군자치구의장협의회[18]만이 독립의 필요성을 주장하고 있을 뿐, 시도지사협의회와 시장군수구청장협의회에서는 그 필요성에 대한 언급이 전혀 없는 상황이다.

방정부의 인사권과 관련하여 문제가 되는 개혁사항은 지방의회 사무기구의 인사권 독립과 지방정부의 3급 이상 공무원에 대한 인사권을 행정자치부가 소유(2007년 1월 1일부터 4급에서 3급으로 시행)하고 있으므로 인한 재량권 축소문제 등인데, 전자가 실행될 경우 후자의 경우도 급속히 이루어져, 지방정부에 대한 행정안전부의 행정통제가 제대로 시행될 수 없어서 이를 반대하는 측면이 있다는 것이다.

17) 2006년 9월 14일 2006년도 제3차 전국시도의회의장협의회에서 '지방의회 인사권 독립 건의의 건' 등을 채택하여 행정안전부 등 중앙정부부처에 건의하기로 하는 등 인사권 독립을 지속적으로 요구하고 있다.

18) 전국 234개 기초의회의 대표기구인 전국시군자치구의장협의회 역시 2006년 12월 14일 제117차 시군자치구의장협의회 대표회의를 갖고 지방의회 사무기구의 인사권 독립을 핵심과제로 채택하여 관련 중앙부처에 건의하는 등 지속적으로 인사권 독립문제를 제기하고 있다.

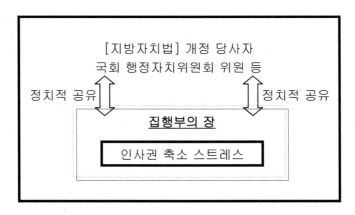

〈그림 16-3〉 집행부 장의 기득권 흐름도

이는 기본적으로 집행부 장의 기득권에서 그 요인을 찾을 수 있다. 광역
지방정부의 경우, 의회사무처, 본청, 직속기관, 사업소 등에 대한 인사권을
집행부의 장이 소유하고 있고, 기초 광역정부의 경우도 의회사무국·과, 본
청, 직속기관, 사업소, 읍·면·동 등에 대한 인사권을 집행부의 장이 가지
고 있어서, 핵심기관인 의회사무기구가 집행부에서 떨어져 나간다면 집행부
의 장은 인사권 축소로 인한 영역상실로 인해 스트레스를 받을 것이 확실하
다는 것이다.

이러한 스트레스는 내부적으로만 그치는 것이 아니라 「지방자치법」의 개
정 당사자인 국회 행정자치위원회 위원 등 국회의원과 인사권 독립의 부당
성 등을 정치적으로 공유하게 된다. 이는 집행부의 장이 국회의원급으로 구
성되어 있어 국회의원들과의 정치적 공유[19]가 보다 쉬울 수 있다는 데 기인
한다(<그림 16-3> 참조).

실제로 의회사무기구 인사권독립을 둘러싼 제258회 임시회 국회 행정자
치위원회 법안심사소위원회 회의와 전직 집행부의 장 인터뷰에서 이러한 사
실이 발견된다.

---

19) 본 연구에서 정치적 공유는 사적·공적인 자리에서 정치권과의 대화를 통해 주장을 호소하는 경로를 의
미한다.

법안심사소위원회 회의에서 김정권, 강창일 위원은 인사권 축소에 대한 집행부 장의 기득권에 대해서 언급하고 있으며, 이인기 위원은 집행부의 장과의 대화를 통해 인사권 독립을 반대하는 입장을 취하고 있다. 또한 전직 집행부의 장 역시 기득권과 정치적 공유에 대한 경험을 토로하고 있다.

따라서 지방정부의 핵심위치에 있는 집행부 장의 기득권은 인사권 독립을 저해하는 요인으로 작용하고 있는 것이다.

(3) 환경적 차원의 핵심적 영향요인 분석

한편 전술한 환경적 차원의 요인 중에서 가장 큰 영향을 미치는 핵심적 영향요인을 전문가 인터뷰를 통해 살펴본 결과, 집행부 장의 기득권이 70%로 나타난 반면, 행정안전부의 의지부족은 30%에 그쳤다. 이는 집행부 장의 기득권이 핵심적 영향요인으로 작용한 것으로 판단되는데, 기본적으로 집행부 장은 정치권과의 유대 등을 통해 기득권 유지차원에서 지방의회 인사권 독립을 저해하고 있는 것이다(<표 16-3> 참조).

<표 16-3> 환경적 차원의 핵심적 영향요인에 관한 전문가 인터뷰[20]

행정안전부의 의지부족	집행부 장의 기득권	기타
3명 (30%)	7명 (70%)	0명 (0%)

4. 인사권 독립의 바람직한 방향

사무기구의 인사권 독립의 정체에 미치는 요인을 근거로 인사권 독립을 위한 바람직한 대안을 단계별로 간략히 살펴보면 다음과 같다.

1) 환경적 차원의 개선방안

(1) 집행부 장의 기득권 포기(1단계)

지방의회 사무기구의 인사권 독립을 위한 「지방자치법」 제83조 등의 개정에 있어 집행부의 장은 비제도권에 위치해 있다. 하지만 반대편에 있는 집행부의 장이 의장협의회와 함께 인사권 독립을 위한 방향을 정하고 관련 법령 개정의 당사자인 행정안전부와 국회의원들에게 건의를 할 경우 중요한 정책 결정자가 될 수 있다.

인사권 독립은 지방정부의 견제와 균형을 명시한 헌법 제118조, 전문가들의 주장,[21] 그리고 국회의원의 법안제출[22] 등을 고려할 때, 시기상의 문제일 뿐 시대적 대세라는 판단 아래 기득권을 과감히 포기하여 지방정부의 의

---

20) 본 인터뷰는 2007년 12월 3일(월)에 실시했으며, 인사권 독립 관련 국회 보좌직원 10명을 대상으로 추진되었다. 한편 익명의 요구로 여타부분은 공개하지 않고자 하며, 본 인터뷰 자료는 환경적 요인에도 활용된다.

21) 2005년 9월 8일 개최된 '지방의원 유급화 시대를 맞이한 지방의회 기능재정립을 위한 공청회'에서 한국지방자치학회에서 인사권 독립을 요구하는 등 전반적으로 전문가들은 지방의회의장에게 인사권 이양을 주장하고 있다.

22) 김성순 민주당 의원이 2003년 6월 17일에 여야 의원 18명의 연서로 지방의회 사무기구의 인사권 독립을 담은 「지방자치법」과 「지방공무원법」 개정안을 발의한 것을 비롯해, 17대 국회에서는 권오을 의원, 이시종 의원 등이 이와 같은 개정안을 발의했다(인터넷 한겨레〈http://www.hani.co.kr〉).

견을 결집할 필요가 있는 것이다. 즉 지방의회의장에게 인사권이 이양되어
도 사무기구 조직 자체의 권한은 집행부의 장에게 존재하는 만큼 대승적 차
원에서 법률 개정당사자에게 결집된 역량을 보여주는 것이 1단계 과제라고
할 수 있는 것이다.

(2) 최고행정관리자의 결단(2단계)

의회사무기구의 인사권 독립에 있어서 승진적체, 인사교류 부재 등의 현
실적인 이유와 시행 후 부작용 등에 대한 책임부담으로 행정안전부 단독으
로 인사권 이양을 결정하기에는 벅찰 수 있다. 이러한 상황에서는 대통령
등 최고행정관리자의 결단이 필요하다. 지방정부의 건의, 전문가 및 정치권
의 찬성입장 등 비제도권의 요구를 적극적으로 검토하여 제도권에서 미래지
향적인 결정이 2단계 과제라고 할 수 있다.

2) 조직적 차원의 개선방안

환경적 차원의 개선방안이 큰 틀 차원의 정책 결정이라면, 조직적 차원의
개선방안은 세부적 추진과제라고 할 수 있다. 우선 상대적으로 비용이 낮은
수준으로 수반되는 인사교류 활성화가 3단계 과제이고, 비용이 수반될 수
있는 조직재정비를 통한 낮은 수준의 승진경로 해소가 4단계 과제라고 할
수 있다.

(1) 3섹션을 통한 인사교류 활성화(3단계)

인사권 독립으로 인한 인사교류 적체를 해소하기 위한 방안으로 광역단위
동일지역 의회사무기구, 타 지역 광역·기초 사무기구, 그리고 국회사무처 등
3섹션을 통한 인사교류 활성화가 있다. 서울특별시의회의 경우, 사무처 직원
을 서울의 24개 자치구의회 사무국과 전직, 전보, 파견 등의 형식으로 인사교
류가 가능하며, 이를 축으로 타 지역 15개 광역의회 사무처 및 210개 기초의
회 사무국·과와 인사교류가 가능할 것으로 판단된다. 더 나아가 직렬상 기능
이 유사한 국회사무처와의 인사교류도 가능하다고 본다(<그림 16-4> 참조).

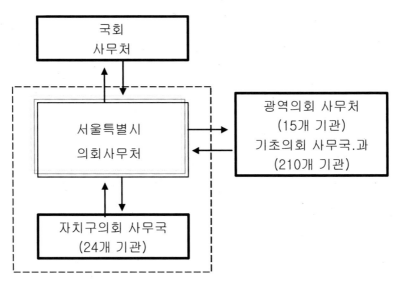

〈그림 16 - 4〉 지방의회 인사교류의 활성화 모형도

이러한 3섹션을 통한 인사교류가 이루어질 때, 인사교류 적체문제와 이로 인한 조직의 지식기반 축소문제가 상당부분 해소될 것으로 판단된다. 아울러 3단계인 3섹션을 통한 인사교류를 통해 시행착오를 최소화한 후 4단계를 신중하게 추진하여야 할 것이다.

(2) 조직재정비를 통한 낮은 수준의 승진경로 해소(4단계)

인사권 독립으로 인한 낮은 수준의 승진경로를 해소하기 위한 방안으로, 조직재정비를 통한 직급신설 등이 있다. 지방의회 사무기구[23]는 지나치게 조직이 간소화되어 의원들의 정책적·행정적 지원이 미비한 상태이다.

---

23) 현재 지방의회 사무기구는 사무처장, 전문위원실, 의정과, 의사과 등으로 구성되어 있다.

<그림 16-5> 인사권 독립 후 바람직한 서울특별시 의회사무처의 승진경로도[24]

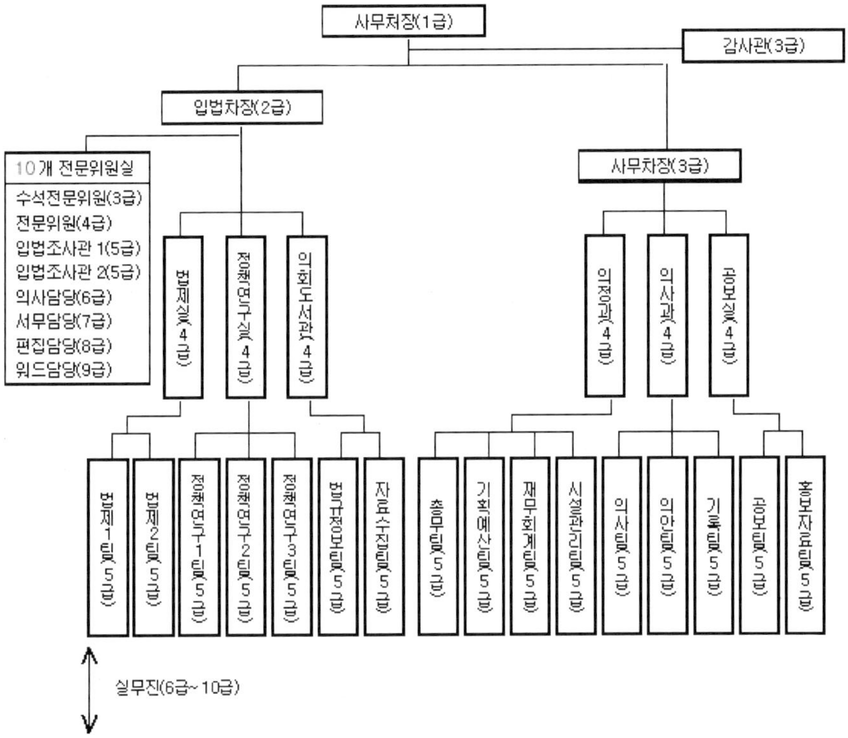

[주] 본 조직도는 서울특별시의회를 표본으로 하여 작성한 것으로, 10개 전문위원실을 운영, 행정자치, 재정경제, 환경수자원, 교육문화, 보건복지, 건설, 도시관리, 교통, 예산결산전문위원실을 의미함. 1팀은 운영, 행정자치, 재정경제, 교육문화위원회 소관이며, 2팀은 보건복지, 건설, 도시관리, 교통, 예결위 소관임. 정책연구3팀은 예결산 분석을 담당하며, 이에 따라 정책연구2팀에서 예결산 분석업무는 생략됨. 한편 직급은 일반직, 별정직, 계약직, 기능직을 포괄하는 의미임.
[출처] 기존의 여러 자료를 근거로 구성.

　　서울특별시 의회사무처를 표본으로 하여 살펴보면, 기존 조직은 사무처장(1급), 전문위원실(4급), 정책연구실(5급), 의정과(4급), 의사과(4급), 그리고 공보실(4급) 등으로 구성되어 있으나, 의정활동을 지원하기에는 다소 부족한 면이 보인다.

　　먼저 정책기능과 행정기능을 구분하여 전문성을 제고시키기 위해 2급의 입법차장과 3급의 사무차장을 설치하는 것이 필요하며, 의원들의 입법활동

---

24) 본 승진경로도는 규모가 제일 큰 서울특별시 의회사무처를 근거로 만든 것으로, 타 지방의회와 크게 차이가 날 수 있다.

을 활성화시키기 위해 현안분석 등을 위한 4급의 정책연구실과 조례작성 등을 위한 4급의 법제실 마련이 요구된다. 또한 기존의 자료실을 의회도서관으로 확대하여 입법정보의 접근성을 제고시키는 것도 필요하다. 이에 따라 기존 정원에서 부재했던 2, 3급 정원이 신설되고 다른 직급도 증가할 수 있는 것이다(<그림 16 - 5> 참조).

이는 비용이 수반될 수 있다는 점에서 신중하게 접근해야 되는 사항이지만 필요한 기구를 토대로 한 단계별 정원신설 등은 지방의회 사무기구의 승진경로를 넓힌다는 점에서 긍정적이라고 할 수 있다. 물론 기구설치에 관한 사항은 집행부 장의 권한사항이므로 긴밀한 협조를 통해 단계별로 추진하여야 할 것이다.

5. 결론

1991년 지방의회가 부활한 이후 16년이 지난 지금 지방정부는 21세기 지방의 세계화시대에 부응하기 위하여 특색 있고 차별화된 발전전략을 추구하며 내재적 성장동력과 경쟁력을 확보하기 위하여 끊임없이 노력해 온 것이 사실이다. 이에 따라 전체적으로 지방정부가 긍정적인 평가를 받고 있지만 한편으로 지방정부의 한 축인 지방의회의 집행부 견제기능과 전문성 제고 등에 문제제기가 있는 것도 현실이다.

이에 본 연구에서는 이러한 부작용을 유발시킨 문제점을 지방의회 사무기구의 인사권 독립의 정체로 보고 이에 대한 요인을 지방정부 내부의 조직적 요인과 외부의 환경적 요인으로 대별하여 분석하였다.

분석 결과, 조직적 요인은 낮은 수준의 승진경로 및 인사교류 등으로 나타났고, 환경적 요인은 행정안전부의 의지부족, 집행부 장의 기득권 등으로 밝혀졌다. 더 나아가, 이를 근거로 인사권 독립을 위한 단계별 개선방안을 조명한 결과, 1단계로 집행부 장의 기득권 포기로 인한 결집과 중앙정부 건의, 2단계로 대통령 등 최고행정관리자의 결단, 3단계로 3섹션을 통한 인사교류의 활성화, 마지막으로 조직재정비를 통한 낮은 수준의 승진경로 해소 방안을 도출하였다.

이렇게 볼 때, 지방의회 사무기구의 인사권 독립을 둘러싼 지방의회, 전문가 등의 찬성론자와 행정안전부, 집행부의 장 등의 반대론자 사이의 첨예한 이해관계로 인한 정체현상은 어느 정도 해결의 실마리가 보일 것으로 판단된다. 즉 낮은 수준의 승진경로, 인사교류적체 등의 근거를 내세워 불가입장을 취하고 있는 반대론자의 주장에 대해 필수조직 확보를 통한 단계별 승진경로 확대, 광역적 인사교류 등이 그 대안이 될 수 있다는 것이다. 아울러 본 연구는 유사사례인 자치경찰제의 인사권 독립 등에 일정 부분 시사점을 줄 수 있다는 점에서도 의의를 찾을 수 있다.

마지막으로 본 연구는 일정부분 한계를 노출하고 있는데, 인사권 독립 정체의 요인을 크게 두 가지로 대별하고 세부적 요인을 4가지만으로 조명한 것은 분석을 지나치게 단순화했다는 점에서 연구의 객관성을 제고하는 데 한계로 작용할 수 있다. 또한 환경적 요인으로 언급한 '집행부 장의 기득권'은 외부 정치권과 공유가 있다는 점에서 조직 외부의 변수로 조작화했으나 그 시작이 조직 내부의 스트레스라는 점에서 요인구분에 다소 한계를 드러냈다고 할 수 있다.

제17장 지방의회의 성과와 정책적 함의에 관한 연구

1. 서론

지방자치를 실시하면서 가장 큰 성과가 지방의회의 구성이라면 학계에서는 이에 대하여 어떻게 인식하고 있는지 살펴보는 것이 중요하다. 지방의회에 대한 관점은 다원주의자에게는 지방정부로서, 마르크시스트에게는 지방국가(local state)로서의 논의가 주류이었다. 다원주의자들은 지방의회가 정치적 참여, 토론, 정치적 교육을 위한 최고의 제도로 지역사회의 문제에 대하여 효과적인 정책 결정을 할 수 있다는 점에서 중시한다. 지방정부라는 용어보다는 지방국가라는 용어를 사용하는 마르크시스트의 전통에서 지방의회는 자본주의 국가의 대리인인 일련의 사회관계임을 강조하므로 자율성은 극히 제한적이다. 지방국가라는 용어를 처음 사용한 Cockburn에 의하면 1952년도의 우리나라 지방의회의 처음 도입 의도는 네오마르크시스트들이 주장하는 면이 많았다고 추측된다.

그러나 1991년 오랜 집권체제를 깨뜨리고 재구성된 275개 지방의회는 다원주의자들이 주장하는 지방 차원에서 민주주의를 구현하려는 시도이었다. 그럼에도 「지방자치법」에는 집행기관과 지방의회를 지방정부가 아닌 지방자치단체로 규정함으로써 지방의회는 지방자치단체의 한 축을 구성하는 하나의 조직에 불과한 것으로 간주되고 있다.

지금까지 지방의회에 대해서는 지방정부나 지방국가, 그리고 지방자치단체의 한 축을 구성하는 조직으로서의 논의가 주류로 1990년대 연구경향인

제도의 관점에서 논의는 간과된 점이 있다. 이에 본고는 지방의회의 정치적 결과에 대한 제도의 중요성을 강조하고자 신제도주의의 제도설계와 제도변화 관점에서 지방의회가 실제 어떠한 성과를 이루었는지의 모습을 A·K시 의회의 회의록을 분석하여 실증적으로 규명해 보고자 한다. 지방의회의 성과라는 과거의 실적을 검토하려는 것은 정치제도로서 지방의회가 만들어진 본래의 목적을 성취할 수 있도록 더 나은 방향을 제시하기 위함이다. 그러한 방향 제시에 신제도주의 이론이 지방의회의 성과에 대한 해석과 성취를 위한 이론적 토대로서 정책적인 시사점을 제공할 수 있을 것으로 기대한다.

2. 이론적 배경 및 분석틀

1) 제도개혁과 지방의회

(1) 중앙정부의 특정 국면에서 제도 도입

우리나라에서 지방의회는 1948년 7월 17일 제정한 법 제97조 제2항에 "지방자치단체에는 각각 의회를 둔다."는 규정에 이어 1949년 7월 4일 법률 제32호 지방자치법의 제정으로 그 근거가 마련되었다. 그러나 지방의회가 구성된 것은 「지방자치법」이 제정된 지 3년 후인 1952년이다. 따라서 지방자치제의 실시 당초부터 지방의회 없는 자치제도를 경험한 것이다.

지방의회 구성을 위한 지방선거의 실시는 이승만 대통령의 다음과 같은 지방선거에 대한 담화에 기인한다.

"지방자치에 관하여 나는 최초로 지방선거를 주장해 왔으나 치안상 관계로 인연해서 다소간 침체하여 오다가 지금은 공비소탕에 착수했으므로 단속한 시일 내에 일일이 소탕될 것이다. 국회의원 보궐선거를 정월 말경에 시행할 수 있을 것을 기대하는 중이나 적시 공비소탕이 완수되어야만 할 것이며 지방자치선거도 치안 형편을 따라가야 할 것인데 1952년 3월 말경에 진행되도록 준비할 수 있을 것이니 이것은 정부 각원들이 다 협의를 가지는 것이므로 선거사무에 관련된 각 도당국은 이 한도 내에서 준비하는 것이 좋을 것이다."

「지방자치법」이 제정·공포된 이래 지금까지 국내·외 정세의 불안정과 국내치안유지를 이유로 지방의회 구성을 연기해 오던 정부가 전쟁 중에, 그것도 피난수도에서 지방의회 구성을 위한 지방선거 실시를 공포하였던 것이다. 지방의회는 출발부터 국가적 혼란 때문에 민주적 절차의 기틀을 연기하였다가 전시하의 수도 부산에서 자치제도를 서두른 만큼 성숙되지 못한 여건에서 실시된 것이다. "자유당 집권시기에는 지방의회 의원을 정치세력화하여 개헌 지지 세력으로 이용하려 의원데 그 실시목적이 있었으므로 지방민주주의를 정착시키려는 의도가 거의 없었던 것으로 판단된다."는 최근의 평가와 같이 이승만은 자기를 지지해 줄 이력한 원외세력의 규합과 정치세력화가 필요하였고 1952년 8월에 있을 대통령 선거에 대비하기 위해 지방의회 제도를 실시한 것이다. 이와 같이 지방의회의 첫 도입은 시민의 요구에 의한 것이 아니었다. 다시 말하면 역사적 주권을 지니고 도입된 것이 아니라 국가의 일부로서 중앙정부의 특정국면에서 채택된 것이다.

(2) 시민의 민주적 요구에 의한 제도도입

이승만 정권 이래 권위주의 정치권력과의 대항세력은 대학생집단에게 한정되었으나 1980년대에는 일반시민들이 가담함으로써 민주화운동의 지평이 확대되었다. 권위주의 정권의 권력기반을 강화하는 데 기여하였던 급속한 경제성장과 높은 교육열이 시민사회의 역량을 성장시켰기 때문이다.

1987년 6월의 시민항쟁은 광범한 계층의 '시민 주도적(citizen-initiated)' 유대가 형성되어 민주화 흐름을 이끌어 내는 데 성공하였다. 이러한 점에서 80년대는 민주주의를 공고화하고 제도화할 수 있는 단계에 섰다고 볼 수 있다. 1987년 4·13호헌조치가 6·10시민항쟁으로 철회된 것이 좋은 예이다. 그 이전까지의 정치 상황으로 본다면 6·10항쟁은 군의 개입을 불러일으킬 만한 대사건이었으나 그 결과는 6·29선언으로 나타났다. 이는 권위주의 정치권력의 자발적 유화정책에 의한 것이 아니라 권위주의를 이완시킬 수밖에 없도록 시민사회의 압력이 가해진 탓이다.

6·10시민항쟁은 밑으로부터의 지방화를 촉발시킨 중요한 계기가 되었다. 당시 노태우 대통령 후보는 5·16 이후 중지되었던 지방자치제의 재실시를 포함한 6·29선언을 발표하여 정치적 위기를 민주주의 새 시대로 여는 기회로 활용하였다. 6·29선언을 통한 지방자치 실시의 천명은 1988년 4월 6일 법률 제4004호로 빛을 보고 이「지방자치법」개정안은 형식적으로는 법률개정이나 실질적으로는 신법 제정이라 할 수 있을 정도로 전문개정이 이루어져 오늘날까지 지방의회의 제도적 기반이 되어 오고 있다. 결국 지방의회가 제도로서 정착되는 과정은 많은 역사적인 힘의 축적과 배경이 토대로 되고 있다.

(3) 제도 개혁의 성과

지방자치제 실시라는 제도 개혁은 지방의회라는 새로운 제도를 도입하였다. 1952년, 1956년, 1961년 그리고 1991년, 1995년, 1998년, 2002년에 지방의회 의원의 선출로 지방의 이익을 위해 주장할 수 있는 정치제도로서 지방의회를 구성하게 된 것이다.

2) 제도 부석의 개념 도출을 위한 이론: 신제도주의론

(1) 합리적 선택 제도주의

사회과학 분야에서 합리적 선택 접근은 미국의 의회 행태에 관한 연구에서 시작되었다. 초기의 이 이론은 의원들의 선호가 다양하고 다루는 문제가 다차원이므로 미국 의회의 입법과정에서는 안정적인 다수가 존재할 수 없을 것이라고 본다. 그러나 현실의 미국 의회 입법과정에는 상당히 안정적인 균형점이 존재하였는데 의회 제도가 안정적인 균형을 유지하는 것은 위원회의 규칙과 절차가 의원들에게 대안과 정보를 제공하는 방식 때문에 안정적인 다수가 존재할 수 있다는 것이다. 이러한 규칙들은 의원들이 상호교류를 통해 이익을 얻는 협상을 하는 데 드는 거래비용을 감소시켜 입법자들이 수시로 직면하는 많은 집합적 행위 문제를 해결하고 안정적인 '구조 도출 균형점'을 유지하게 한다. 거래비용을 감소시키기 위해서는 의원 상호 간에 제도를 필요로 하게 되며 위원회 제도는 그러한 제도의 하나이다.

이들은 제도를 '균형점'으로 정의하는데 이는 합리적 인간들의 상호작용의 과정에서 자신들의 행동·행동계획을 변경해서 더 이상의 변경이 추가적인 이익을 가져다줄 수 없는 상태를 제도로 간주하기 때문이다. 그러나 원자화된 개인을 상정하였기 때문에 사회구조와 사회관계의 영향력을 과소평가한다는 비판이 있다.

(2) 사회학적 신제도주의

사회학에서 신제도주의의 시발점은 Meyer의 '제도로서의 교육의 효과', '제도화된 조직: 신화와 의식의 공식구조'라는 논문 발표 후로 인식되고 있다. 이를 Meyer와 Rowan은 조직은 사회 속에서 합리화되고 제도화된 지배적인 개념이 정의하는 실행과 절차를 채택하는데, 실행과 절차가 가져다주는 즉각적인 효과와 관계없이 그것들이 가져다주는 '정당성'에 의하여 채택된다는 시각에 의해 설명하고 있다. 사회적 정당성이 더 가치가 있기 때문에 특정한 제도를 수용한다는 것으로 이를 Campbell은 '사회적 적합화의 논리(logic of social appropria teness)'라고 함으로써 적절히 이러한 시각을 채택하고 있다.

제도의 합리성이나 효율성보다는 정당성 부여가 생존의 기초가 된다고 주장하므로 정당성 및 생존을 확보하는 데 적절하거나 문제의 소지가 없는 것으로 간주되는 조직 형태 및 구조에 대한 사회적 구성을 강조한다. 제도와 행위와의 상호작용 관계를 강조하지만 결과적으로 반복적인 행위를 통하여 제도가 강화되는 것으로 설명하는 결정론적 시각으로 인해 제도의 형성과 재생산은 설명할 수 있을지 모르겠지만 제도변화는 효과적으로 설명할 수 없다는 문제가 있다.

(3) 역사적 신제도주의

역사적 신제도주의의 공통된 시각은 역사와 맥락을 중시한다. 제도는 역사적 맥락에 의해 형성된 것으로 일단 형성되고 나면 그 형성배경이 되었던 기저의 환경조건이 달라진다고 하여도 잘 변화하지 않고 그대로 지속되는 경향이 있다는 '경로의존성(path dependence)'을 주장한다.

제도는 역사적 환경의 지속적인 특징으로 간주되며, 설정된 '경로'를 따라 역사발전을 주도하는 중심적 요소의 하나로 간주된다. 예를 들어 t시점에서 기능적 필요에 의해 형성된 제도는 사회적 환경이 변화하여 완전히 새로운 기능이 필요한 t＋1시점이 되어도 그 자체가 지속되어 제도변화의 방향과 범위를 제약한다. 바로 시간이라는 변수들이 기존의 제도와 더불어 제도변화의 맥락을 형성한다. Krasner는 이것을 단절된 균형상태(puctuated equilibrium)라고 하면서 급격한 제도변화에 이어 경로 의존적인 변화의 문제를 설명하고 있다. 비록 제도의 안정성과 지속성은 설명하지만 제도화의 원인으로서 외부적 요인에 초점을 둔다는 지적이 있다.

(4) 최근 경향

신제도주의자들 사이에 일반적으로 수용될 수 있는 제도에 대한 개념이 존재하지 않으며, 제안되지도 않고 있다. 이들 간에 제도가 무엇이냐에 관해서는 상당한 거리가 있지만 행위가 제도의 맥락 안에서 발생할 뿐 아니라 행위는 제도적 맥락과의 관계 속에서만 이해될 수 있다고 인식한다는 점에서 동의되고 있는 추세이다. 제도를 중시한다는 면에서 동일한 이름이 사용되지만 그 강조점에 있어 합리적 선택 제도주의, 사회학적 신제도주의, 역사적 신제도주의라는 분파로 분리되어 있어, 서로 공통적인 연구계획이나 방법론을 공유하고 있지 않으며, 신제도주의 공통의 전체적인 이론적 분석틀을 공유하여 시도하고 있지도 않다. 그러나 각 학파의 주요 주장이 자신의 이론체계 내에서 설명할 수 없는 현상을 발견하고 이러한 이론적 딜레마를 해결하기 위해서 상대편의 이론적 내용을 수용함으로써 각 학파의 구분이 수렴되는 경향이 있다.[25] 그 통합의 흐름은 각 학파에 의해서 상호보완적으

---

25) 합리적 선택 신제도주의는 합리적 선택을 강조하던 입장에서 제도를 강조하는 입장으로 바뀌고, 사회학적 신제도주의는 제도형성에 대해서는 설명력이 있지만 제도변화에 대한 설명은 그리 효과적이지 못함을 인식하고 있는 추세이다. 급격한 제도변화에 이어 장기간에 걸쳐 제도가 지속된다는 개념을 강조하는 역사적 신제도주의는 제도변화의 가능성에 대한 아이디어를 제공한다.

로 설명될 수 있는 제도설계와 제도변화가 가장 중요한 관심사로 나타나고 있다. 그러나 각 학파의 제도설계와 제도변화 의미에 차이가 있기 때문에 행위가 제도의 맥락에서 발생하는 한편 그 맥락과의 관계 속에서 이해될 수 있다는 점과 연계하여 제도설계와 제도변화가 어떻게 지방의회의 성과와 관련되는지를 설명하는 데 사용하였다.

3) 연구의 분석틀

(1) 분석 기준

① 제도설계

정치민주주의는 정치제도의 설계에 더욱 의존해 있다는 주장과 같이 제도의 기반이 되는 규칙 및 표준적인 절차들은 정치행위를 구조화시킴으로써 행위자들의 정체성, 권력관계, 행동전략들을 틀 지우기 때문에 정치적 결과에 영향을 미친다.

제도의 규칙 및 절차들이 정치결과에 영향을 미친다면 제도의 공식 설계로서 법규를 살펴보는 것은 중요하다. 잘 설계된 「지방자치법」은 지방의회 제도의 존속을 도울 것이며, 반면 졸렬하게 설계된 「지방자치법」은 지방의회 제도의 몰락에 기여할 것이기 때문이다. 법규에 의한 제도설계들이 지방의회의 구체적인 정치제도의 형태를 만들며 이러한 제도들의 형태는 지방의회의 성패에 중대한 영향을 미치는 요인으로 작용할 수 있다. 따라서 '제도적 세부사항'이 제도의 성패에 중요하다는 점을 전제한다. 지방의회의 제도설계를 파악하려는 것은 우리나라 지방의회 제도 연구에 가장 기본적인 출발점인 동시에 앞으로도 지속적으로 영향을 미치는 하나의 원형으로 볼 수 있다.

- 자치입법기관

헌법 제117조 제1항에는 "……법령의 범위 안에서 자치에 관한 규정을 제정할 수 있다."라고 하여 자치입법권이 헌법에 보장된 것임을 분명히 하

고 있다. 헌법 제117조에 명시된 내용은 「지방자치법」 제15조에 "지방자치
단체는 법령의 범위 안에서 그 사무에 관하여 조례를 제정할 수 있다."라고
구체화하고 있으며, 동법 제58조에서 지방자치단체의 장이 제출하는 조례는
단체장 명의로 제출하나 의원 발의 조례는 발의자 포함하여 재적의원 5분의
1 이상 또는 의원 10인 이상의 연서로 발의하도록 되어 있다.

- 집행기관 견제기관

집행기관 견제에 대하여 1949년 「지방자치법」 제정 당시에는 예산심의,
행정사무감사, 시정질문만 규정하였다. 그러나 1989년 개정된 「지방자치법」
에는 행정사무조사권이 하나 더 추가되어 <표 17 - 1>과 같이 집행기관 견
제에 대한 비중이 증가하고 있다.[26]

<표 17 - 1> 집행기관 견제

구 분	내 용
예산심의권	「지방자치법」 제35조 제2항과 「지방자치법」 제118조에 의하면 시도의 경우는 회계연도 개시 50일 전까지, 시군구의 경우에는 그 40일 전까지 자치단체장이 예산을 편성하여 지방의회에 제출하면 지방의회에서 시도는 회계연도 개시 15일 전까지, 그리고 시군구는 그 10일 전까지 이를 의결하여 확정한다.
행정사무감사 및 조사권	「지방자치법」 제36조에 "지방의회는 매년 1회 당해 지방자치단체의 사무에 대하여 시·도에 있어서는 10일, 시·군 및 자치구에 있어서는 7일의 각 범위 내에서 감사를 실시하고, 자치단체의 사무 중 특정사안에 관하여 본회의 의결로 본회의 또는 위원회로 하여금 조사하게 할 수 있다."고 규정하고 있다. 절차에 대해서는 「지방자치법」 제35조 제1항의 자치단체장에 대한 서류제출요구권, 동법 제37조의 지방자치단체의 장 또는 관계공무원에 대한 출석, 행정사무 처리상황보고 및 질문권, 그리고 동법 시행령 제18조와 제19조에서는 감사결과의 처리 등을 규정하고 있어 외국의 경우 거의 인정하고 있지 않은 지방자치단체의 사무 전반에 대한 감사권을 규정하고 있다.
시정질문권	「지방자치법」 제37조 제2항에 "지방자치단체의 장 또는 관계공무원은 지방의회나 그 위원회의 요구가 있는 때에는 출석, 답변하여야 한다."고 규정함으로써 지방의회 의원의 질문에 대하여 단체장 및 관계공무원이 준비를 해야 하고, 어떤 형태로든 반응을 보여야 한다는 점을 명시하고 있다.

---

26) 1949년의 「지방자치법」 제20조에는 감사권만 인정하였으나 지방자치제도의 중지와 1972년 국회의 국
   정감사권의 폐지 분위기에 따라 1988년 「지방자치법」에서는 지방의회의 감사권을 폐지하고 조사권만을
   인정하였다. 그러다 1989년 「지방자치법」 개정에 따라 감사권이 부활되어 우리나라의 지방의회는 외국
   에서도 그 예를 찾아보기 어려운 행정사무감사권과 조사권을 행사하고 있다.

- 주민의견 수렴기관

헌법 제26조에 모든 국민의 청원권이 보장되어 있으며, 청원법 제9조 4항에도 국민이 지방자치단체를 포함하여 국가기관에 대하여 불만 또는 희망을 개진하고 시정을 구하기 위한 청원을 기본권으로 보장하고 있다. 이에 「지방자치법」 제65조에는 "지방의회에 청원을 하고자 하는 자는 지방의회 의원의 소개를 얻어 청원서를 제출"할 수 있음을 명시하고 있다.

② 제도변화

합리적 선택 신제도주의에서는 제도변화 과정을 이해하기 위해서 역사적 과정에 대한 이해가 필수적임을 인정하고 있다. 사회학적 신제도주의에서 제도변화는 새로운 행위양식이나 조직형태가 확산되는 과정으로, 역사적 신제도주의에서 제도변화는 외적 충격으로 변화하기도 하지만 내부적 요인에 의해 제도변화가 일어날 가능성에 주목하고 있다. 제도변화를 점진적 경로의존적 과정으로 파악하는 것은 신제도주의의 모든 분파의 공통된 특징이라고 할 것이다.

Scott은 제도변화란 완전히 다른 형태의 제도로 전환되는 것이 아니라 기존에 제도를 형성하던 구성요소들이 재결합되는 과정으로 이해하였으며, Orren 등도 이러한 제도의 구성요소 간의 모순이라는 개념에 시간이라는 개념을 추가하여 제도변화를 설명하고 있다. 이러한 측면에서 동일한 단위체로 보는 것이 아니라 다양한 구성요소들이 각기 다른 시기에 특정문제를 해결하기 위해 재결합되는 과정을 제도변화로 본다. 제도는 고정불변의 것이 아니라 끊임없이 변화하여 과거와 현재, 미래를 연결해 주는 진화과정을 구체화하기 때문에 제도의 자기변화를 이해하는 열쇠가 된다.

(2) 측정지표

① 제도설계 측정지표

- 자치입법기관 측정지표

· 자치입법 의지

자치입법 의지란 자치입법기관인 지방의회가 조례를 제정하려는 의지로서 얼마나 관심을 갖고 적극적으로 조례제정에 참여하였는가를 알 수 있다. 자치입법 의지는 조례 입안 주체인 의원과 자치단체장의 조례제정의 건수를 통하여 파악 가능하다.

· 자치입법 수행력

수행력이란 조례안 심의과정에서 지방의회가 얼마나 이를 충실하게 이행하였는지를 파악하기 위한 개념으로 역할 수행력이라는 연구도 있고 활발성이라고 간주하는 학자도 있다. 이의 측정방법으로 의원에 의해 발의된 의안으로 파악하는 방법, 법안통과 수로 파악하는 방법, 법안의 제출, 폐기, 부결, 수정가결, 원안가결별로 난이도에 따라 가중치를 부여해 측정하는 방법 등이 있으나 본고에서는 법안통과 유형으로 파악하였다.

자치입법 의지는 의원들의 조례입안에 의하여 표출되지만, 수행력은 의원들이 단체장보다 조례안을 많이 발의하지 않았다 할지라도 조례안 심의과정에서 집행기관에 영향력을 행사할 수 있는 지방의회만의 전속적인 권한이다. 수행력을 통과유형인 원안가결, 수정가결, 부결, 폐기 및 철회로 구분하여 수정가결 및 부결, 폐기가 많으면 자치입법 수행력이 작동되고 있다고 보았다.

· 자치입법 내용

지방의회의 의결을 통해 확정된 조례의 내용이 무엇을 의미하는가를 파악하는 것은 지방의회 의원들의 관심이 어디에 있는지, 그리고 이들은 지방의회의 주요 기능을 무엇으로 보고 있는지 등을 알 수 있는 기준이 될 수 있다. 이에 자치입법의 내용을 <표 17-2>의 8가지로 분류하였다.

〈표 17-2〉 자치입법의 내용

구 분	내 용
의회운영	「지방자치법」제32조 제2항의 일비와 여비의 지급 기준, 동법 제37조의 지방의회 또는 위원회에 출석·답변할 수 있는 공무원, 동법 제54조의 지방의회의 설치 및 위원회에 관한 사항, 동법 제82조의 의회 사무국 및 간사의 설치, 동법 제83조의 사무직원의 정원과 임명에 대한 규정에 따른 의회의 조직과 운영에 관한 조례를 말한다.
일반행정	「지방자치법」제9조 2항에 예시한 지방자치단체의 구역, 조직·운영에 의한 것으로 주로 지방자치단체 관할 구역 안 행정구역의 명칭·위치 및 구역의 재조정, 산하 행정기관의 조직관리, 산하 행정기관 및 단체의 지도·감독, 소속 공무원의 인사·후생복지 및 교육, 호적 및 주민등록관리 등 행정조직체계에 대한 것이다.
시세, 분담금, 수수료	「지방자치법」제126조에 의하면 "지방자치단체는 법률이 정하는 바에 의하여 지방세를 부과·징수할 수 있다."라고 규정되어 있으며, 동법 제130조에서도 "사용료·수수료 또는 분담금의 징수에 관한 사항은 조례로 정한다."라고 규정되어 법률 또는 조례로 세조례 및 사용료·수수료 또는 분담금을 징수할 수 있다. 아울러 「지방자치법」제35조 제1항 제4호에 의해서도 지방의회는 "법령에 규정된 것을 제외한 사용료, 수수료, 분담금, 지방세 또는 가입금의 부과와 징수를 의결할 수 있어 법정 지방세 이외의 새로운 지방세를 조례로 부과할 수 있다."
재산 및 물품관리	「지방자치법」제134조에 의하면 "지방자치단체의 재산은 법령 또는 조례에 의하지 아니하고는 이를 교환·양여·대여하거나 출자 또는 지급의 수단으로 사용할 수 없다."라고 규정하여 공유재산 및 물품관리와 같은 재산의 관리처분에 관해서는 조례로 정하고 있다.
도시, 건축, 교통	대도시를 중심으로 하는 교통문제가 심각해지면서 각종 교통관리시설의 관리·운영 및 도로확장 등 교통환경의 개선을 위한 조례가 증가 추세이다. 도로에 관하여는 도로관리를 위한 조례 외에 도로점용료징수조례, 유료도로통행료징수조례 등이 있으며, 기타 도시개발과 관련하여 토지구획정리사업시행조례와 주거환경개선지구조례, 상·하수도조례가 있다. 건축관계 조례로서는 주택관리조례 외에 서민아파트시설관리조례 등이 있다.
사회복지, 환경	「지방자치법」제9조 2항에 사회복지시설의 설치·운영 및 관리, 생활곤궁자의 보호 및 지원, 노인·아동·심신장애자·청소년 및 부녀의 보호와 복지증진, 보건진료기관의 설치·운영, 전염병 및 기타 질병의 예방과 방역, 묘지·화장장 및 납골당의 운영 관리, 공중접객업소의 위생개선을 위한 지도, 청소, 오물의 수거 및 처리가 규정되어 있다.
기관의 설치운영	이 분야에 속하는 조례는 주로 「지방자치법」, 「지방공무원법」에 의거하여 지방자치단체의 조직·기구를 확대하기 위한 것으로 그 내용도 각 지방자치단체마다 공통적인 것이 많다. 그 예로 행정기구설치조례, 의용소방대설치조례, 물가대책위원회설치및운영에관한조례, 주민자치센터설치및운영에관한조례 등이 해당된다.
향토, 문화	당해 지방자치단체의 특색 있는 향토색을 반영하는 것으로서 향토문화및유적보호조례, 향토음식기능보유자지정조례, 전통향토음식발굴육성조례가 있으며, 지방자치단체의 문화예술의 보존 및 진흥에 이바지하기 위한 문화재보호조례 등도 여기에 해당한다.

- 집행기관 견제기관 측정지표

· 예산심의 측정지표

· 예산심의 행태

일반적으로 예산심의 행태는 어떤 원리로부터 도출된 질서 정연한 과정이
라기보다는 관련된 사람들에 의해서 이루어진 협상된 현실로 간주된다.
Wildavsky는 각국의 예산심의 행태에 보호자와 주창자라는 공통점이 나타나
예산심의 행태의 예측 가능성을 높여준다고 한다. 보호자란 주민과 정부의
재정부담을 억제하는 역할을 수행하는 자이고, 주창자란 현대 정부의 기능
을 수행하기 위한 각종 사업의 중요성, 정당성과 그에 대한 재정지원이 증
가되어야 한다고 주창하는 자이다.

· 예산심의 결과

예산심의의 결과는 증액 및 삭감액이 기본 값이다. 삭감액과 증액 중에서
어떤 활동이 더 활발하였는가를 평가하기 위해 집행기관 제출 예산안에 순
증감액을 대비시켜 증액률과 삭감률을 구할 수 있다.

· 행정사무감사 측정지표: 감사지적 건수 및 내용

행정사무감사결과 집행기관에게 지적하고 있는 형식은 ……개선방안을
강구하기 바람, ……관리에 철저를 기하기 바람, ……적극 추진하기 바람과
같은 포괄적이고 개략적인 것으로 방향만 제시하는 경우가 많다. 행정사무
감사결과는 시정, 처리, 건의, 문책[27]의 방법으로 처리되므로 이러한 지적
건수를 통하여 견제 정도를 측정할 수 있다. 국회와 상급 지방자치단체 의
회가 직접 감사하기로 한 사무를 제외하고는 기관위임사무까지 포함하므로
제공되고 있는 지방공공서비스의 내용을 분석하였다.

---

27) 시정은 규정과 예산에 위배된 집행으로서 시정이 가능한 분야, 처리는 규정과 예산이 있는데도 불구하고
집행되지 않는 경우를 의미한다. 건의는 조례와 예산보다 하위인 집행영역에 속하는 사항이나 국가 및 상
급 지방자치단체나 다른 행정기관의 사무일 경우 기속력은 없으나 건의에 불과한 결과처리이다. 문책은
감사결과 위법, 부당행위, 부정, 비리행위, 책임을 확보하도록 인사권, 감독권자인 지방자치단체의 장에게
문책을 요구하는 것을 의미한다.

· 시정질문 측정지표: 시정질문 건수 및 내용

시정질문을 누가(who), 무엇을(say what), 누구에게(whom), 어떤 효과(with what effect)를 얻느냐라는 커뮤니케이션 과정으로 간주하면 시정질문 건수를 파악하려는 것은 의원들이(who), 집행기관 관료에게(whom) 압력을 가하여 견제하는 것으로 볼 수 있다. 시정질문의 범위는 '무엇을(say what)'에 해당하는 사항으로 지방자치단체의 행정사무 전반에 해당된다. 시정질문과 답변은 기관위임사무까지 포함되므로 일반행정, 도시계획 및 건설, 지역경제 및 정보, 환경위생, 사회복지, 문화체육 등 지방공공서비스의 분야를 광범위하게 질문할 수 있다.

· 주민의견수렴기관 측정지표: 청원 · 진정 · 건의 · 결의의 건수 및 내용

청원은 대의기관인 지방의회로 하여금 주민의 관심사와 불만을 알게 하고 이를 처리하게 함으로써 주민과 지방의회 간의 신뢰관계를 형성 · 유지할 수 있게 한다. 또한 집단청원일 경우 강력한 투입기능을 하므로 주민발안의 대용물적 성격을 가지며, 대의 민주주의의 결함을 보완하는 직접 민주주의적인 역할을 한다. 진정은 청원의 일환으로 이루어진다고 할 수 있으나 지방의회 의원의 소개를 받지 않는다는 점에서 차이가 있다.

또한 지방의회는 주민대표기관으로서 지역의 문제를 집행기관이나 중앙정부 등에 건의 및 결의할 수 있는바, 이에 대한 내용 및 건수를 분석하였다.

② 제도변화 측정지표

역대의회의 제도변화를 통한 성과를 평가하기 위해 지방의회가 재구성된 1991년을 기준점으로 하여 그 후 두 번째 임기와 세 번째 임기인 제3대 의회까지를 검토대상으로 하였다.

역대 의회의 제도변화를 제1대 의회가 활동한 시기인 1991년 4월에서 1995년 6월까지, 제2대 의회가 활동한 1995년 6월에서 1998년 6월까지, 제3대 의회의 활동 기간 중 1998년 6월부터 2001년 4월까지를 3단계로 구분하여 분석한다. 이 기간은 새로운 제도하에 구성된 초대의회, 그리고 두 번

째의 임기와 세 번째 임기를 포함하게 된다. 즉 제도의 성과에 이르는 길을 지름길이 아닌 10여 년 동안 시간이 축적됨에 따라 어떻게 배우고 적응하였는가를 검토하여 제도의 성패가 주는 의미를 평가한다(<표 17-3> 참조).

〈표 17-3〉 지방의회의 제도변화

구 분	내 용
제1대 의회 (1991. 4. 15.~1995. 6.)	1990년 12월 31일 법률 제4310호로 개정된 「지방자치법」 부칙 제2조에 근거하여 기초의회의 경우 1991년 4월 15일에 광역의회의 경우 동년 7월 8일에 일제히 개원하였다. 이 시기는 기초의회와 광역의회의 선거가 분리 실시되었으며, 집행기관의 장이 중앙정부의 임명에 의하여 운영되어 지방의회는 존재하였으나, 30여 년간이라는 지나친 공백과 경험과 지식의 축적 없이 출범하여 미숙한 일면이 있기도 하였다.
제2대 의회 (1995. 6. 27.~1998. 6.)	1994년 3월 16일 「공직선거및선거부정방지법」이 법률 제4739호로 제정됨에 따라 「지방자치법」 제25조에 의해 공직선거및선거부정방지법 부칙 제7조 제1항에서 "이 법 시행 후 최초로 실시하는 지방자치단체의 장 선거와 임기만료에 의한 지방의회 의원 선거는 1995년 6월 27일 동시에 실시하고, 그 선거에서 당선된 자치구·시·군의회 의원과 지방자치단체의 장 임기는 1995년 7월 1일부터 개시 한다."고 규정하여 지방의회 의원의 임기는 4년임에도 불구하고 제2대의 의회 의원의 임기는 3년으로 단축되었다. 이에 1995년 6월 27일 우리나라 선거 사상 처음으로 시·도지사, 시장·군수·구청장, 시·도의회 의원, 시·군·구의회 의원을 동시에 선출하는 제1회 전국 동시 4대지방선거가 실시되어 지방의회와 집행기관의 장이 주민에 의해 선출되어 구성되는 민선자치시대가 시작되었다.
제3대 의회 (1998. 6. 4.~2002. 6.)	공직선거및부정방지법 제34조 제1항 제3호의 규정에 따라 제2대 의회 의원의 임기가 만료되는 1998년 6월 30일을 기준으로 첫 번째 목요일인 1998년 6월 4일 제2회 전국 동시 4대지방선거로 구성되었다. 제3대 의회는 IMF의 영향으로 중앙정부가 작은 정부를 표방함에 따라 의원정수가 대폭 감소하였다. 즉 1998년 4월 30일 공직선거및선거부정방지법을 개정하여 제3대 의회의 구성은 선거구 조정과 의원정수의 감소로 많은 변화를 가져왔다.

(3) 연구의 분석틀

분석대상으로 기초의회 중 A시의회와 K시의회를 선정하였는데 이는 A시와 K시가 도시의 익명성과 농촌의 단절이라는 폐단이 없는 중소규모의 도시이면서 1986년 동시에 시로 승격되었다는 공통점이 있기 때문이다.

분석기준으로 우선 제도설계는 「지방자치법」 제15조와 동법 제13조 제1항과 제2항의 규정에 따라 자치입법 역할이 선정되었다. 「지방자치법」 제118조의 규정에 의하여 예산심의를 선정하였으며, 「지방자치법」 제36조의 규정에 의하여 행정사무감사를, 「지방자치법」 제37조의 규정에 의해 시정질문이 각각 측정지표로 선정되었다. 또한 「지방자치법」 제65조의 규정에 의하여 주민의견수렴이 선정되었다. <표 17-4>의 제도설계의 5가지 측정지표는 계량적인 정확성이 다소 부족하더라도 「지방자치법」에 근거한 것이므로 그 결과가 타당하게 받아들여질 수 있다.

〈표 17-4〉 제도설계 5가지 측정 지표

제도의 역할	제도설계	측정 지표
자치입법	조례제정 및 개폐	입법의지(총 조례안 발의자 및 제출자별 구분), 수행력(의결유형별 구분), 입법 내용별 구분
집행기관견제	예산심의	예산심의 행태, 예산심의 결과
	행정사무감사	행정사무감사 지적건수 및 감사의 내용
	시정질문	시정질문 건수 및 질문의 내용
주민의견수렴	민의수렴	청원, 진정, 건의, 결의의 건수 및 내용

제도변화는 지방의회를 제1대 의회, 제2대 의회, 제3대 의회의 시기별로 나누어 A시의회의 경우 제1회 임시회부터 제41회 임시회까지(1991. 4. 15.~1995. 5. 31.), 제42회 임시회부터 제67회 임시회까지(1995. 7. 11.~1998. 6. 24.), 제68회 임시회부터 제89회 임시회까지(1998. 7. 11.~2001. 4. 17.), K시의회의 경우 제1회 임시회부터 제33회 임시회까지(1991. 4. 15.~1995. 6. 20.), 제34회 임시회부터 제59회 임시회까지(1995. 7. 15.~1998. 2. 17.), 제60회 임시회부터 제91회 임시회까지(1998. 7. 7.~2001. 4. 21.)로 한정하였다.

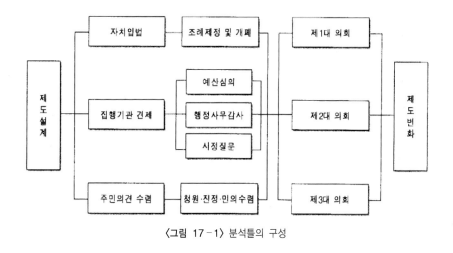

〈그림 17-1〉 분석틀의 구성

3. A·K시의회의 제도적 성과 분석

1) 자치입법기관으로서 성과

(1) 의회의 약한 입법 의지

A·K시의회의 자치입법 의지는 집행기관의 장에 비하여 매우 취약하였다. 이것은 행정국가화 현상에 따른 자연스런 결과로 보인다. 예를 들면, 1대 의회에서 3대 의회까지 A시의회의 조례 발의안이 10%에 불과하고, 90%는 시장이 제출하였다. K시의회도 의원발의는 3%에 그치고, 97%는 시장이 제출한 것이었다. 특히 A시의회보다 K시의회도 의원발의는 3%에 그치고, 97%는 시장이 제출한 것이었다. 특히 A시의회보다 K시의회의 의원발의 비율이 더 낮은 것은 A시의회의 의원정수가 평균 25명인 데 반해 K시의회 의원정수는 평균 7명으로 의원의 정수 차이가 의정활동 결과에도 영향을 미친 것으로 볼 수 있다. A·K시의회의 입법 의지의 취약성은 역대 의회에서도 동일한 현상으로 재생산되고 있어 의회 자체의 문제라기보다는 제도나 구조적인 문제가 그 원인일 수 있다. 전문기술성을 가진 관료들의 보좌를 받는 단체장과 비교하면 의원은 초선의원이 대부분으로 입법지식이 미비하며 생업에 종사하기까지 하므로 시간적 여유도 부족하다. 아울러 조례입안을 지

원해 줄 전문인력 또한 부족하여 나타나는 결과로 이러한 원인이 해결되지 않는다면 위와 같은 결과는 고착화될 것이다.

A·K시의회 모두 1대 의회에서는 학습경험이 없어 개원초기인 91년에는 의원발의 조례가 한 건도 없었다. 그러나 2대 의회 개원 초기와 3대 의회 개원 초기에는 의원발의가 이루어지고 있어 시간이라는 변수가 의원들의 입법에 관한 지식과 경험의 축적에 정의 효과를 주고 있다.

(2) 향상되는 수행력

A·K시의회의 자치입법 수행력은 역대 의회별로 볼 때 향상되고 있어 매우 긍정적이다.

예를 들면, A시의회의 조례안 수정통과율은 1대 의회보다 2대 의회가 15% 증가하였고 3대 의회는 2대 의회보다 7.7% 증가하였다. K시의회도 1대 의회보다 2대 의회가 15% 증가하였고, 3대 의회는 16% 증가하였다. 양 의회의 자치입법 수행력이 공통적으로 증가하고 있다는 것은 원안통과율이 그만큼 감소하고 있음을 의미한다. 따라서 A·K시의회의 원안통과율을 보면 1대 의회는 각 85%와 96%이었으나 3대 의회에서는 62%와 80%로 각각 감소되고 있어 A·K시의회는 자신의 고유역할인 수행력의 행사에서 역대 의회를 거치면서 지속적인 발전에 영향을 주고 있다.

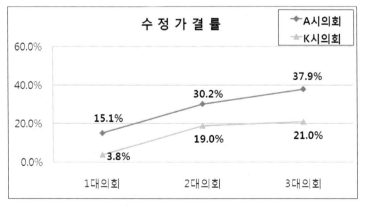

〈그림 17-2〉 A·K시의회의 자치입법 수행력 결과

(3) 자치입법 내용: 집행기관 기구 확대 위주

A·K시의회의 자치입법 내용은 집행기관의 조직이나 기구의 신설 및 확대 위주로 이루어지고 있다.[28] 이러한 결과는 A·K시의회 모두 자치입법 발의의 대부분이 단체장에 의하여 제안되고 있기 때문이다. 그것은 A·K시 모두 1986년 동시에 시로 승격되었다는 면에서 도시규모의 성장에 따른 시 행정의 하부구조 구축에 필요한 내용에 중점을 두었기 때문으로도 볼 수 있다. 의원이 아닌 자치단체장이 현재와 같이 자치입법의 대부분을 제출하게 되는 현실에서는 그 내용도 주민의 생활과 관련한 것이 아닌 집행기관의 조직 확대와 관련된 것이 주류를 이루게 될 확률이 높다. 따라서 집행기관 단체장 위주의 입법이 아닌 주민의 요구에 의한 입법 내용이 가능하기 위해서는 의회 위주의 입법 활동이 활발할 수 있도록 지원체계를 구축할 필요가 있다.

역대 의회별로 비교한다면 A시의회는 기관의 설치나 확대가 여전히 주요 내용이었으나 K시의회는 3대 의회부터 그동안 소홀히 하였던 사회복지·환경에 관한 내용이 증가하여 주민복지를 위한 조례가 앞서가기 시작하고 있어 제도의 특성에 따른 성과 결과의 정도가 다르게 나타난 것으로 보아도 무리가 없겠다. 여기서 제도의 특성이라 함은 A시의회는 자영상공인이나 남성이 과다 대표되는 구조를 지녔으나 K시의회는 성별, 직업별로 K시의 다양한 인구통계학적 대표성을 잘 반영하고 있기 때문에 주민의 의사를 더 반영하려는 것으로 보인다. 또한 K시의회의 경우 경제발전뿐만 아니라 복지, 문화, 환경친화 도시로서 이미지 창조에 역점을 두고 있어 차별화된 복지 도시로서 비전을 달성하기 위한 의도가 자치입법 내용에 반영되어 가고 있다고 볼 수 있다.

---

28) A시의회는 1대 의회(기관의 설치·운영 42%, 시세·부담금·수수료 17.6%, 사회복지·환경 12.2%, 일반행정 9.2%, 의회운영 7.6%), 2대 의회(기관의 설치·운영 34.6%, 일반행정 16.8%, 사회복지행정 16.2%, 시세·부담금·수수료 14.5%), 제3대 의회(기관의 설치·운영 41.7%, 시세·부담금·수수료 19.9%, 사회복지·행정 10.4%)이다. K시의회의 자치입법 내용은 1대 의회(기관의 설치·운영 70%, 시세·부담금·수수료 18%, 사회복지·환경 4.6%), 3대 의회(사회복지·환경 21%, 기관의 설치·운영 20%, 일반행정 16%)이다.

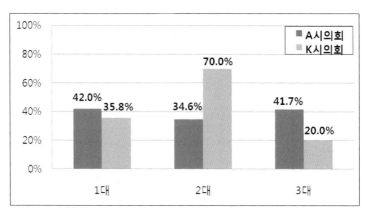

<그림 17-3> A·K시의회의 기관의 설치·운영에 관한 자치입법률

2) 집행기관 견제기관으로서 성과

(1) 삭감 지향적 예산심의

A·K시의회의 예산심의 결과는 삭감 지향적으로 나타나 주민의 조세부담을 억제하려는 '보호자'로서의 역할을 수행하였다. 역대 의회별로 예산심의 원안통과율의 변화과정을 보면 A시의회의 경우 1대 의회 61%→2대 의회 42%→3대 의회 15%로 감소추세에 있다. K시의회의 경우에도 1대 의회는 집행기관의 예산요구액을 그대로 통과하는 심의 행태가 많았으나, 2대 의회에서는 이러한 경향이 감소되다가 3대 의회에서는 더욱 뚜렷해져 집행기관의 예산요구액을 무조건 수용하는 심의 행태에서 탈피하고 있다. 양 의회 모두 3대 의회에서 삭감률이 최고조에 달하고 있는데 당시 IMF라는 환경적 요인도 있었지만 의회의 학습경험의 축적이 예산심의 능력 향상에 긍정적으로 작용하였다고 할 수 있다.

그러나 예산심의의 법적 제한으로 상당한 한계에 부딪히게 된다. 그것은 행정자치부의 예산편성지침이 모든 지방자치단체의 승인·통제·감독 등 규제가 많아 지방의회의 견제권을 사실상 무력화시키고 있다는 요인도 작용한다. 이러한 이유로 역대 의회 예산심의 결과는 A시의회가 평균 6.2%, K시의회는 평균 1.7% 감소시켰으나 감소율에는 6%를 초과하지 않는 일정한 한계가 있다.

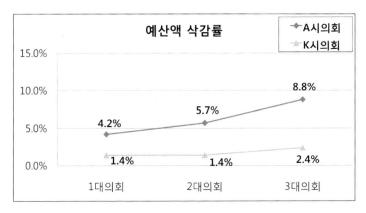

〈그림 17－4〉 A · K시의회의 예산심의 결과

(2) 행정사무감사

① 양적으로 증가세이나 제재조차 없는 감사권한으로 실효성 의문

역대 의회별로 행정사무감사 결과처리 건수는 1대 의회와 비교할 때 양적인 증가세에 있다. A시의회가 1대 의회에서 213건에 달하던 감사 지적 건수가 3대 의회에서는 351건으로 증가하였다. K시의회도 1대 의회에서 94건에 달하던 감사 지적 건수가 3대 의회에서는 150건에 달하였다. 그러나 의회의 의욕적인 감사 활동에 비하여 실질적인 성과는 미지수이다.

그 이유는 「지방자치법」 제36조에 기초의회의 경우에는 7일이라는 단시일의 범위 내에서 감사를 실시하도록 하고 있고, 「지방자치법」 시행령 제19조에서 "지방자치단체 또는 해당기관은…… 시정요구를 받거나 이송받은 사항을 지체 없이 처리하고 그 결과를 지방의회에 보고하여야 한다."고만 언급함에 따라 감사결과의 처리를 강제하는 규정을 마련하고 있지 않기 때문이다. 따라서 행정사무감사 결과의 처리는 집행기관의 장에게 책임이 있는데 집행기관의 장이 해태할 경우에 대한 견제방법이 마련되어 있지 않아서 감사결과의 실효성이 의문시된다. 또한 A · K시의회가 자주 사용한 감사결과처리 방법은 시정과 건의였다. 시정은 어느 정도 집행기관에 대한 기속력이 있다고 할 수 있으나 건의는 기속력이 없다. 건의라는 감사결과처리를 사용할 경우 그 실효성은 더욱 미지수이다.

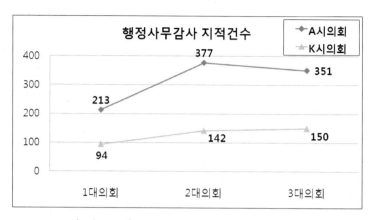

〈그림 17-5〉A·K시의회의 행정사무감사 지적 건수

② 지역경제 부분에 이탈(Exit) 전략 사용

집행기관 견제기관으로서 A·K시의회의 시정, 처리, 건의, 문책의 내용 중에는 지역경제부문에 대한 시정사항이 많이 나타나고 있다. 이로써 지역 경제 부문이 문제가 많았다거나 사건이나 사고가 많았음을 알 수 있다. A· K시의회에서는 이 부문에 대한 지적에서 지역경제발전이라는 지방정치의 준거틀에서 이탈(Exit)이라는 전략적 역할을 중시하였다. A시의회의 주 관심 은 초대의회는 사회복지 부문이었으나 2대와 3대 의회부터는 지역경제와 도시계획 및 건설 분야로 이행하였다. 그러나 K시의회의 주 관심 분야는 지 역경제 문제로 일관되고 있다. A시의회는 지역산업 육성의 근간이 되는 생 산기반시설 확충, 지역성장 잠재력이 높은 산업 선택, 첨단 지식산업의 외자 유치 등 생산의 정치를 통한 지역 스스로의 경제성장에 대한 관심으로 이어 졌다면, K시의회는 초대 의회로 지역경제의 재원마련에, 2대 의회에서는 지 역경제의 효과적 실행을 위한 적용 예산의 확보에, 3대 의회에서는 지역의 경제성장을 위한 관리에 경쟁의 원리를 강조하거나, 주민 여론의 반영을 증 진하기 위해 그들의 권한을 사용하는 양상이 많았다. A·K시의회에서 행정 사무감사의 지적 내용에 지역경제 부문이 많이 차지하는 것은 도시에서 주 민의 삶에 영향을 주는 주요한 요소로 경제가 차지하는 비중이 그만큼 많을 것이고 이에 대해 의회는 이탈(Exit) 전략을 선택함으로써 지역경제 발전을 위해 공정한 경쟁으로 지역 주민 누구에게나 이익이 갈 수 있도록 광범위한 지지를 유도한 것으로 간주할 수 있다.

(3) 시정질문

① 시정질문에 대한 비중 감소

A·K시의회의 역대 의회별 시정질문자 수는 1대 의회에서 비중을 많이 두고 있으나 3대 의회에서는 그 비중이 감소하고 있다. 이는 시정질문 형식이 모두(冒頭)질문과 답변이 지배적이어서 나타나는 결과로 보인다. 모두질문은 포괄적으로 질문하고 포괄적으로 답변하는 것이어서, 집행기관 관료의 답변 준비의 편의성과 시간을 단축한다는 장점이 있는 반면 원활한 의사소통은 기대하기 어렵다. 따라서 토론을 중시하는 시정질문과 답변이 형식적으로 흐를 수 있으며, 시정답변을 관료들이 이행하도록 강제하는 규정이 없어 이에 대한 비중이 적어지는 것으로 여겨진다.

② 도시의 자체발전(Self Development)전략 사용

A·K시의회의 시정질문 내용은 도시계획 및 건설 분야가 가장 많은 비중을 차지하였다. A시의회의 경우 도시계획 및 건설 분야에 대한 비중이 가장 높았다(1대의 경우 45.9%, 2대는 31.3%, 3대는 27.2%). K시의회의 경우 역시 동일하였다(1대 50.6%, 3대가 40%). A·K시의회 모두 초창기에 도시 자체발전(Self Development)을 위한 시정질문 비중이 높았는데 이는 집행기관의 도시시설 확충을 통해 도시의 부가가치를 높이려는 의도에 대해 견제 역할을 수행하는 한편 주민들의 의사도 반영하였다고 할 수 있다. 특히 그 중에서도 도로, 교통문제에 대한 질문이 우위를 점하는 것으로 보아 그의 해결에 주력한 것으로 보인다.

3) 주민의견수렴기관으로서의 성과

(1) 청원절차의 엄격성으로 저조한 실적

주민의견수렴기관으로서 A · K시의회의 수행 결과는 법적으로 보장되어 있는 권한인 청원은 감소상태에 있다. A시의회의 경우 1대 의회에서 1건, 2대 의회에서 1건, 3대 의회에서 1건으로 평균 1년에 1.1건이 신청되었다. 특히 K시의회의 경우 3대 의회에서는 청원을 한 건도 신청하지 않고 있었는데 이것은 청원제도의 절차상 비효율성 때문일 수도 있을 것이며, 의회를 통하여 그들의 고충을 덜어주는 역할에 대한 실망 때문이었을 수도 있다.

즉 주민들은 청원을 신청하더라도 「지방자치법」 제65조에 의하여 의원의 소개를 받아야 하는 번거로움이 있으며 그 처리결과도 자치단체의 장에게 이송되는 것이 타당한 청원일 경우 자치단체장에게 처리의 책임이 있으므로 주민들은 지방의회를 거칠 필요 없이 집행기관의 민원으로 신청하여도 가능하기 때문이다. 지방의회는 주민과 가까이에서 주민들의 일상생활과 직접 관련되는 사항을 다룬다는 데 그 존재 가치가 있다고 할 수 있다. 이러한 결과를 볼 때 주민들의 의회 접근이 더 용이하도록 하여야 할 것이다.

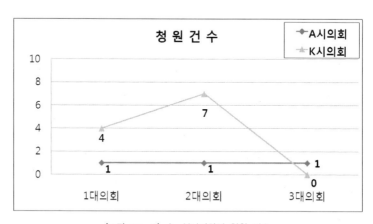

〈그림 17-6〉 A · K시의회의 청원 건수

(2) 도시 자체발전(Self Development)과 주민의견대변(Voice)전략 사용

주민의견수렴기관으로서 A · K시의회의 청원, 진정, 건의, 결의 결과는 도시계획 및 건설과 사회복지 문제에 집중되었다. A시의회가 역대 의회별로 주민 의사를 대변하고 있는 분야는 도시 자체발전(Self Development)을 중시하는 도시계획 및 건설 분야였으나 의회의 시기별로 그 내용에 차이가 있다. 1대 의회에서는 도시개발 과정에서 지역 주민 개개인의 이익이나 권리보장 문제를 대변하는 데 집중되었다면 2대 · 3대 의회에서는 '수도권지정 폐기물 공공처리장 설치', '교정시설 관내이전' 등 중앙정부와의 갈등문제에 지역의 반대의사를 표명하여 전체 지역주민 의사를 대표하는 역할로 변화하고 있다. 이는 중앙정부의 결정을 지방에서 집행하여야 하는 2원적 역할 수행에서 중앙정부와 지방의 집행기관 간 갈등 시 A시 전체의 이해를 대변하는 역할로 변화하고 있음을 암시한다.

그러나 K시의회의 경우 1대 의회는 도시계획 및 건설 분야에 대한 비중이 26%로 가장 높았으나 2대와 3대 의회부터는 환경위생 및 사회복지 분야에 대한 비중이 53%와 39%로 높아지고 있다. 이것은 주민의견수렴기관으로서 K시의회가 의회의 경험이 축적됨에 따라 도시의 자체발전(Self Development) 전략에서 주민의견대변(voice)을 위한 전략을 강화하는 것으로 변경되고 있다는 것을 의미한다. 이는 지역 주민의 실업률이나 빈곤과 같은 지역사회 문제에 관심을 지니기 시작하였다는 것으로, 예를 들어 노점상, 공공근로자, 노인 등 K시 주변부에 있는 주민들의 이해와 관심을 반영하려는 역할을 더 중시한 것으로 해석할 수 있다.

4. 결론

본고는 지방의회 성취를 위한 핵심 변수를 찾아내고자 제도설계와 제도변화를 기준으로 A · K시의회의 성과를 분석하였다. 이상의 분석에서 확인할 수 있는 사실은 A · K시의회의 성과에 제도는 자신의 궤적을 남겨 제도 연

구를 도외시하고서는 성과에 대한 올바른 이해가 불가능하다는 것이다. 먼저, A·K시의회는 효율적인 성과를 생산하지 못하였는데 그것은 제도설계의 비적절성에서 찾을 수 있었다. 자치입법의지 면에서 성과는 지방의회 의원이 아닌 자치단체장 중심으로 발의(A시의회 90%, K시의회 97%)되고 있어,[29] 그 내용도 주민생활과 관련된 것이 아닌 집행기관의 조직과 기구의 확대에 관한 것이 대부분이다. 또한 주민의 의견수렴기관으로서 역시 주민청원 과정상의 복잡성으로 인하여 성과의 문제로 제기된다(평균적으로 A시의회 3년 1건, K시의회 1년에 1건). 이러한 현상은 제도변화와 관계없이 역대 의회 동안 반복되어 제도설계에 따른 구조적인 것으로 보인다.

지방의회 성과와 제도설계의 함수관계를 제도는 사회적 정당성에 의하여 채택된다는 사회학적 신제도주의자들의 논리에서 그 해석점을 찾을 수 있다. 지방의회라는 제도를 만들 당시부터 정권의 정당성 획득을 위한 수단이 된다거나 제도를 집행하겠다는 의도가 아주 미약한 상태 또는 민주주의 상징이라는 사회적 정당성 획득을 위한 상징적 목적으로 설계될 경우 형식주의 제도가 될 소지가 많다. 이는 제도 생성의 가치를 집행하려는 목적보다도 지방의회라는 정치제도의 존재만으로서 상징적 목적이 달성되기 때문에 나타나는 것을 의미한다. 이 경우에는 제도 취약성 내지는 실패의 원인이 될 가능성이 높다. 또한 중앙정부에 의한 제도 설계는 합리적 선택 신제도주의의 합리적 행위자의 자기 이익 추구에 따른 동기부여의 부산물로도 해석할 수 있을 것이다. 이 경우에는 규칙을 창출해 내는 자들의 기본적인 목적은 다른 행위자와의 관계에 있어 전략적 우위를 차지하고자 하는 것으로 이 역시 제도 취약성 내지는 실패의 원인이 될 가능성이 높다.

---

29) 그 이유는 조례안 발의가 양 기관에 동일하게 부여된 점과(「지방자치법」 제58조) 의원의 겸직과 비전문성을 보좌할 지원체제의 미흡에서 연유되어 나타나는 제 상황이기 때문이다.

〈표 17-5〉 A·K시의회의 제도적 성과 I : 제도설계

성과 기준	제도의 역할	측정지표	성 과
제도설계	자치입법	자치입법의지	실패
		자치입법내용	취약
	집행기관 견제	예산심의	△
		행정사무감사	취약
		시정질문	취약
	주민의견수렴	주민의견수렴(청원)	실패

　그러나 지방의회의 제도변화(제1대 의회, 제2대 의회, 제3대 의회)는 A·K시의회의 경험과 학습이 축적됨에 따라 효율적인 제도변화를 생산하는 데 긍정적인 영향을 주었다. 그것은 자치입법기관으로서 수행력의 조례안 통과율과 예산심의 정도에서 발견되었다. 조례안 수정 통과율은 1대 의회에 비교하여 2대 의회와 3대 의회에서 각각 증가한 점(A시의회가 15%, 22.7%, 그리고 K시의회가 15%, 16%)과 예산심의 역시 원안통과율은 감소하는 반면 예산액 삭감률은 증가한 점이다(1대, 2대, 3대의회의 예산액 삭감률은 A시의회 4.2%, 5.7%, 8.8%, K시의회 1.4%, 2.4%이다). 특히 삭감 지향적인 예산심의 결과는 제3대 의회에서 최고조에 달하고 있어 의회의 역사성이 제도적 성과와 정의 관계에 있음을 가정하여 볼 수 있다. 이는 A·K시의회가 제도변화를 통하여 느리지만 지속적으로 자기성장을 위한 변화과정을 겪고 있는 것을 의미하는 것이기도 하다. 제도가 정치를 제약하고 굴절시키지만 결코 결과의 유일한 원인은 아니라는 역사적 신제도주의자들의 견해에 따르면 제도의 영향을 잘 인식하고 있지만 바로 그러한 면이 제도에 대한 투쟁이 이루어질 수 있다는 점에서 제도의 구성요소들인 지방의회 의원들에 의해서 이루어진 지속적이고 전략적인 투쟁의 결과로도 해석할 수 있을 것이다.

성과 기준	제도의 역할	측정지표	성 과
제도변화	자치입법	자치입법수행력	○
	집행기관 견제	예산심의	○
		행정사무감사	이탈(Exit)
		시정질문	자체발전(Self Improvement)
	주민의견수렴	주민의견수렴	민의수렴(Voice)

　한편 회의록을 통해 추출된 제도변화의 내용은 의심할 바 없이 A·K시의회가 중점을 두는 방향과 관련된다. 결국 제도변화가 함의하는 활동의 내용은 지방의회가 어떠한 지방공공서비스를 중시하는가와 관련되는 것으로 보이는데, A·K시의회는 행정사무감사에서는 이탈(Exit)전략을, 시정질문에서는 도시 자체발전(Self Improvement)전략을, 주민의견수렴에서는 자체발전(Self Improvement)과 민의수렴(Voice)전략을 중시하였다. 이는 지방의회 구성으로 시장주의적 이탈(Exit) 전략과 좌파의 민의수렴(Voice)전략, 그리고 자체발전(Self Improvement)전략이 혼재됨으로써 그동안 온정주의적 관료제의 지방공공서비스의 제공에서 탈피하려는 정책 결정을 하였음을 알 수 있다.

　분석결과 그동안 기존연구에서 밝힌 바 있던 지방의회 성과의 토대가 의원의 자질이나 속성보다는 제도가 중요함을 강조할 수 있겠다. 즉 지방의회의 성과를 설명하는 데 있어서 신제도주의의 상이한 대답들을 통해 제도설계와 제도변화가 독립변수 내지는 개입변수로 작용하고 있음을 밝히는 데 유용하였다는 것이다. 따라서 제도적 성과의 장점을 확대하고 약점을 제거하기 위해서는 제도설계에서 나타나는 제도 실패 내지는 취약성을 극복하여야 한다는 것이 앞으로의 정책적 과제로 제기된다. 그 정책적 권고는 지방의회가 이루고자 하는 민주정신에 다다르기 위해서 중앙정부가 마음대로 제도 설계할 수 없도록 지방의회 관련 행위자들의 보다 많은 참여와 자치권 확보라는 전제하에 관계 법률이 재설계되어야 한다는 것이다.

부록 – 지방의회 관련 자료

(2008년 말 기준, 단위: 건)

구 분		2007년말 보유①	운영총계 (②+③+④)	제정②	개정③	폐지④	증감 ②-④	2008년말 보유⑤
총계		66,984	19,206	4,340	13,782	1,084	3,256	70,240
조례	소계	45,711	13,487	3,344	9,429	714	2,630	48,341
	광역	4,074	1,646	420	1,105	121	299	4,373
	기초	41,637	11,841	2,924	8,324	593	2,331	43,968
규칙	소계	21,273	5,719	996	4,353	370	626	21,899
	광역	1,950	781	136	570	75	61	2,011
	기초	19,323	4,938	860	3,783	295	565	19,888

1-1. 재의요구 현황(2008. 12 현재)

연도별	구·분	총계	발 의		유 형			사 유		
			단체장	의원	자체	상급기관 지시		이의	법령 위반	공익 위반
						시·도지사	장관			
합 계	계	740	316	424	289	362	89	95	590	55
	시·도	130	25	105	34	7	89	11	109	10
	시·군·구	610	291	319	255	355	–	84	481	45
2008	계	48	22	26	30	16	2	11	35	2
	시·도	5	–	5	3	–	2	2	3	–
	시·군·구	43	22	21	27	16	–	9	32	2
2007	계	43	18	25	24	16	3	11	30	2
	시·도	10	1	9	7	–	3	1	9	–
	시·군·구	33	17	16	17	16	–	10	21	2
2006	계	35	17	18	16	16	3	8	22	5
	시·도	7	2	5	4	–	3	1	5	1
	시·군·구	28	15	13	12	16	–	7	17	4
2005	계	81	20	61	12	59	10	4	74	3
	시·도	11	3	8	1	–	10	–	10	1
	시·군·구	70	17	53	11	59	–	4	64	2
2004	계	60	30	30	16	30	14	9	49	2
	시·도	14	5	9	–	–	14	–	14	–
	시·군·구	46	25	21	16	30	–	9	35	2
2003	계	40	22	18	17	18	5	5	32	3
	시·도	8	3	5	3	–	5	–	7	1
	시·군·구	32	19	13	14	18	–	5	25	2
2002	계	22	10	12	9	11	2	3	16	3
	시·도	3	–	3	1	–	2	–	2	1
	시·군·구	19	10	9	8	11	–	3	14	2
2001	계	44	27	17	17	24	3	10	30	4
	시·도	4	2	2	1	–	3	–	4	–
	시·군·구	40	25	15	16	24	–	10	26	4
2000	계	46	26	20	19	24	3	6	38	2
	시·도	4	1	3	1	–	3	1	3	–
	시·군·구	42	25	17	18	24	–	5	35	2

연도별	구·분	총계	발 의		유 형			사 유		
			단체장	의원	자체	상급기관 지시		이의	법령 위반	공익 위반
						시·도지사	장관			
1999	계	44	16	28	24	16	4	5	32	7
	시·도	5	1	4	1	–	4	–	5	–
	시·군·구	39	15	24	23	16	–	5	27	7
1998	계	75	42	33	31	41	3	3	68	4
	시·도	5	–	5	2	–	3	–	5	–
	시·군·구	70	42	28	29	41	–	3	63	4
1997	계	61	13	48	22	33	6	3	56	2
	시·도	10	2	8	4	–	6	1	9	–
	시·군·구	51	11	40	18	33	–	2	47	2
1996~ 1995	계	141	53	88	52	58	31	17	108	16
	시·도	44	5	39	6	7	31	5	33	6
	시·군·구	97	48	49	46	51	–	12	75	10

1-2. 재의요구에 대한 조치결과(2008. 12 현재)

구 분		재의 요구 건수	단체장 제출 조례						의원 발의 조례					
			소계	재의결	수정 의결	부결	폐기	계류	소계	재의결	수정 의결	부결	폐기	계류
합계	계	740	316	60	20	197	36	3	424	127	22	171	92	12
	시·도	130	25	13	3	6	3	–	105	42	9	26	27	1
	시·군·구	610	291	47	17	191	33	3	319	85	13	145	65	11
2008	계	48	22	3	–	19	–	–	26	9	2	8	–	7
	시·도	5	–	–	–	–	–	–	5	2	2	–	–	1
	시·군·구	43	22	3	–	19	–	–	21	7	–	7	–	7
2007	계	43	18	2	–	14	–	2	25	13	1	7	–	4
	시·도	10	1	–	–	1	–	–	9	6	–	2	–	1
	시·군·구	33	17	2	–	13	–	2	16	7	1	5	–	3
2006	계	35	17	3	–	9	4	1	18	9	1	3	4	1
	시·도	7	2	1	–	–	1	–	5	3	–	–	2	–
	시·군·구	28	15	2	–	9	3	1	13	6	1	3	2	1

구 분		재의요구건수	단체장 제출 조례						의원 발의 조례					
			소계	재의결	수정의결	부결	폐기	계류	소계	재의결	수정의결	부결	폐기	계류
2005	계	81	20	4	3	9	4	-	61	5	6	41	9	-
	시·도	11	3	2	-	-	1	-	8	-	1	5	2	-
	시·군·구	70	17	2	3	9	3	-	53	5	5	36	7	-
2004	계	60	30	14	5	9	2	-	30	15	3	3	9	-
	시·도	14	5	4	1	-	-	-	9	3	1	-	5	-
	시·군·구	46	25	10	4	9	2	-	21	12	2	3	4	-
2003	계	40	22	2	4	13	3	-	18	6	-	5	7	-
	시·도	8	3	-	2	1	-	-	5	2	-	1	2	-
	시·군·구	32	19	2	2	12	3	-	13	4	-	4	5	-
2002	계	22	10	1	1	3	5	-	12	3	1	1	7	-
	시·도	3	-	-	-	-	-	-	3	2	-	-	1	-
	시·군·구	19	10	1	1	3	5	-	9	1	1	1	6	-
2001	계	44	27	7	1	16	3	-	17	6	1	5	5	-
	시·도	4	2	-	-	2	-	-	2	1	-	-	1	-
	시·군·구	40	25	7	1	14	3	-	15	5	1	5	4	-
2000	계	46	26	2	3	19	2	-	20	5	2	7	6	-
	시·도	4	1	-	-	1	-	-	3	1	2	-	-	-
	시·군·구	42	25	2	3	18	2	-	17	4	-	7	6	-
1999	계	44	16	2	-	12	2	-	28	13	-	13	2	-
	시·도	5	1	-	-	1	-	-	4	-	-	4	-	-
	시·군·구	39	15	2	-	11	2	-	24	13	-	9	2	-
1998	계	75	42	2	2	38	-	-	33	4	4	18	7	-
	시·도	5	-	-	-	-	-	-	5	-	2	1	2	-
	시·군·구	70	42	2	2	38	-	-	28	4	2	17	5	-
1997	계	61	13	3	-	3	7	-	48	4	-	41	3	-
	시·도	10	2	1	-	-	1	-	8	2	-	6	-	-
	시·군·구	51	11	2	-	3	6	-	40	2	-	35	3	-
1996	계	93	26	7	-	15	4	-	67	26	-	14	27	-
	시·도	33	2	2	-	-	-	-	31	16	-	5	10	-
	시·군·구	60	24	5	-	15	4	-	36	10	-	9	17	-
1995	계	48	27	8	1	18	-	-	21	9	1	5	6	-
	시·도	11	3	3	-	-	-	-	8	4	1	1	2	-
	시·군·구	37	24	5	1	18	-	-	13	5	-	4	4	-

(1991. 4~2008. 12)

연도별	구 분	제소건수	제 소 결 과				
			무 효	유 효	소취하	각 하	계 류
합 계	계	119	82	12	11	2	12
	시·도	50	32	5	7	1	5
	시·군·구	69	50	7	4	1	7
1991년 ~ 1997년	소 계	65	56	3	6	–	–
	시·도	26	19	3	4	–	–
	시·군·구	39	37	–	2	–	–
1998년	소 계	2	1	1	–	–	–
	시·도	2	1	1	–	–	–
	시·군·구	–	–	–	–	–	–
1999년	소 계	8	5	1	–	2	–
	시·도	3	2	–	–	1	–
	시·군·구	5	3	1	–	1	–
2000년	소 계	7	3	3	1	–	–
	시·도	1	1	–	–	–	–
	시·군·구	6	2	3	1	–	–
2001년	소 계	6	4	2	–	–	–
	시·도	1	1	–	–	–	–
	시·군·구	5	3	2	–	–	–
2002년	소 계	1	1	–	–	–	–
	시·도	–	–	–	–	–	–
	시·군·구	1	1	–	–	–	–
2003년	소 계	4	3	–	1	–	–
	시·도	2	2	–	–	–	–
	시·군·구	2	1	–	1	–	–
2004년	소 계	6	5	–	1	–	–
	시·도	5	4	–	1	–	–
	시·군·구	1	1	–	–	–	–
2005년	소 계	4	2	–	2	–	–
	시·도	2	–	–	2	–	–
	시·군·구	2	2	–	–	–	–
2006년	소 계	3	2	1	–	–	–
	시·도	2	2	–	–	–	–
	시·군·구	1	–	1	–	–	–
2007년	소 계	8	–	1	–	–	7
	시·도	6	–	1	–	–	5
	시·군·구	2	–	–	–	–	2
2008년	소 계	5	–	–	–	–	5
	시·도	–	–	–	–	–	–
	시·군·구	5	–	–	–	–	5

□ 2003년(4건)

시·도	조례 명(안)	발의	의결 일자	요구자 (지시자)	재의요구 재의결일	사유 및 결과	제소일	추진상황
전북	전라북도의회의정활동비 등 지급에 관한 조례 중 개정 조례	의원	03.4.3	도지사	03. 4.16 / 03. 9. 4	비회기 중 회의참석 등 수당 지급은 위법 →재의결	03. 9.17	전북지사 대법원제소 →무효(04.7.22)
전북	전라북도공기업사장 등의 임명에 관한 인사청문회 조례	의원	03.7.25	장관	03. 8. 7 / 03. 9. 4	인사권 침해 등 「지방자치법」위반 →재의결	03. 9.17	전북지사 대법원제소 →무효(04.7.22)
전북	익산시 학교급식비 지급 조례	의원	04.9.2	시장	03. 9.18 / 03.12.17	WTO협정위반, 교육감·교육위원회권한 침해→재의결	04. 1.14	익산시장 대법원제소 →수정의결(04.2.11) 소 취하(04.2.19)
경북	구미시의회행정사무감사 및 조사에 관한 조례 중 개정 조례	의원	03.5.9	시장	03. 6. 2 / 03. 6.24	「지방자치법」§ 15, 동시행령§ 19, 「지방공무원법」§ 69 위반→재의결	03. 7. 1	구미시장 대법원제소 →무효(03.9.23)

□ 2004년(6건)

시·도	조례 명(안)	발의	의결 일자	요구자 (지시자)	재의요구 재의결일	사유 및 결과	제소일	추진상황
서울	서울특별시건축조례 중 개정 조례	의원	03.12.19	장관	04.1.7 / 04.2.16	행정규제기본법 및 건축법위반→재의결	04.3.19	서울시장 대법원제소 →무효('04. 6. 11)
광주	광주광역시 공직자 소환에 관한 조례	주민	04.4.29	장관	04.5.17 / 04.7.1	의원과 단체장의 소환·자격박탈은 헌법, 자치법, 선관위법 위반→재의결	04.7.12	광주시장 대법원제소 →무효('04. 10. 28)
전남	전라남도 공직자 소환에 관한 조례	의원	04.4.29	장관	04.5.17 / 04.7.7	도지사·의원에 대한 소환·자격박탈은 헌법, 자치법, 선관위법 위반→재의결	04.7.26	전남지사 대법원제소 →무효('04. 10. 28)
경남	창녕군 하천골 재채취 군직영사업운영관리특별회계설치조례 개정 조례	의원	03.12.26	군수	04.1.13 / 04.2.16	골재채취법§ 14·§ 22 위반 →재의결	04.2.26	창녕군수 대법원제소 →무효('04. 6. 11)
서울	문화재보호조례 중 개정 조례	의원	04.9.13	장관	04.9.23 / 04.10.19	영향성검토지역변경시 문화재청장 협의 위반→ 재의결	04.11.2	서울시장 대법원제소 →무효(06. 3. 10)
경기	학교급식 지원 조례	주민	04.9.10	장관	04.9.24 / 04.10.14	WTO/GATT협정 위반 → 재의결	04.11.24	행자부장관 직접제소 →소취하('08. 3. 24)

□ 2005년(4건)

강원	평창군 행정기구설치 조례 개정 조례	군수	05.3.24	도지사	05. 4. 8 / 05. 4. 8	「지방자치법」 제102조, 행정기구규정 제6조1항 위반→재의결	05. 4.19	강원도지사 대법원제소 →무효(05.9.29)
광주	북구 행정기구설치조례 개정 조례	의원	05.4.27	구청장	05. 5.10 / 05. 5.19	한시기구 여유기구 전환 행정기구규정 위반→ 재의결	05. 5.30	북구청장 대법원제소 →무효(05.8.19)
충북	학교급식 지원에 관한 조례	도지사	05.4.26	장관	05. 5.16 / 05. 6.22	WTO/GATT협정 위반→재의결	05. 8. 1	행자부장관 직접제소 →소취해('08.6.24)
서울	학교급식 지원 조례	주민	04.12.23	장관	04.12.27 / 05. 2.24	WTO/GATT협정 위반→재의결	05. 8. 1	행자부장관 직접제소 →소취해(08.4.21)

□ 2006년(3건)

강원	정선군 세 자녀 이상 세대 양육비 등 지원에 관한 조례	의원	06.4.25	군수	06.5.16 / 06.6.28	과도한 비용부담, 집행불가능한 예산 포함→재의결	06.6.28	정선군수 대법원제소 →유효(06.10.12)
제주	제주특별자치도 주요업무 자체평가에 관한 조례	의원	06.4.21	도지사	06.5.12 / 06.6.20	정부업무평가기본법 위반, 권한배분위반 →재의결	06.7.27	도지사 대법원제소 →무효(07.2.9)
제주	제주특별자치도 여객 자동차운수사업에 관한 조례	도지사	06.4.21	건교부장관	06.5.12 / 06.6.20	임시영업 및 차량반 환기간축소 위법→ 재의결	06.7.27	건교부장관 대법원제소 →무효(07.12.13)

□ 2007년(8건)

서울	서울특별시 중구 영유아 보육 조례 일부개정조례	의원	07.9.12	구청장	07.10. 2 / 07.10.16	개별법령 근거 없이 보육시설종사자 정년규정 위법→재의결	07.10.23	중구청장 대법원제소 →계류
인천	인천광역시 공항고속도로 통행료 지원 조례	의원	07.3.9	시장	07.10. 8 / 07.11. 1	국가사무에 대한 조례 제정은 위법 → 재의결	07. 5. 4	인천시장 대법원 제소 →유효('08.6.12)
인천	인천광역시 외국인투자유치 및 지원 조례	의원	07.9.18	시장	07.10. 8 / 07.11.10	외국인투자기업범위와 분류, 협의회 구성 및 운영 등 법령 근거 없이 규정→ 재의결	07.11.19	인천시장 대법원제소 →계류
인천	인천광역시의회 운영에 관한 조례	의원	07.9.18	시장	07.10. 8 / 07.11.10	지방직영기업의 재산취득 시 별도로 의회의결 얻도록 한 것은 지방공기업법 위반 → 재의결	07.11.19	인천시장 대법원제소 →계류
인천	인천광역시 민간투자사업심의위원회 운영 조례	의원	07.9.18	시장	07.10. 8 / 07.11.10	지역개발사업에 관한 법령 근거 없는 의회관여 위법→ 재의결	07.11.19	인천시장 대법원제소 →계류

인천	인천광역시세 감면 조례	의원	07.9.18	시장	07.10. 8	외국인 양도·임대 시 위임 없는 지방세 감면 특례 위법→ 재의결	07.11.19	인천시장 대법원제소 →계류
					07.11.10			
인천	인천광역시 경영사업수익용지매각 등에 관한 조례	의원	07.9.18	장관	07.10. 8	경영사업용지매각계획 의회보고, 수의계약대상규정 등은 공기업법 위반→ 재의결	07.11.19	인천시장 대법원제소 →계류
					07.11.10			
경북	문경시 결산검사위원선임 및 운영에 관한 조례 일부 개정 조례안	의원	07.7.20	도지사	07. 8.10	결산검사의견서에 추징 환수, 변상, 공무원징계 등 지시 및 시장의 조치결과 보고규정은 단체장 권한 침해 → 재의결	07.10. 5	문경시장 대법원제소 →계류
					07. 9.17			

□ 2008년(5건)

강원	원주혁신 및 기업도시 편입지역 주민지원조례	의원	08.2.22	도지사	08.3.14	타 공익사업에 따른 협의취득 수용대상자 차별 및 협의취득절차에 따른 주민 차별→ 재의결	08.7.17	원주시장 대법원제소 →계류
					08.6.30			
서울	중구 관악단 설치 및 운영에 관한 조례 폐지조례	의원	08.8.2	구청장	08.8.20	지방의회 권한남용으로 문화예술진흥법 제3조에 위배→ 재의결	08.11.2	중구청장 대법원제소 →계류 ※ 유효('09.2.17)
					08.11.3			
인천	중구 지하수 개발·이용 주민지원 조례안	의원	08.10.27	구청장	08.11.16	지하수법, 「지방재정법」 등에 저촉→ 재의결	08.12.15	중구청장 대법원제소 →계류
					08.11.25			
서울	중구 행정기구 설치 조례 일부 개정조례	구청장	08.11.3	구청장	08.11.10	행정기구조직관리는 지방자치단체장의 고유권한 사항으로 의회의 적극적 개입은 위법함 → 재의결	09.1.6	중구청장 대법원제소 →계류
					08.12.18			
서울	중구 지방공무원 정원 조례 일부 개정조례	구청장	08.11.3	구청장	08.11.10	〃	09.1.6	중구청장 대법원제소 →계류
					08.12.18			

□ 학교급식법 개정

○ 개정 배경

- 경기도 등 일부 자치단체에서 제정 추진한 '국내 농산물' 구입을 의무화하는 학교급식지원조례안 내용이 WTO 협정상의 내국민대우(GATT 제3조)에 위반되어 재의요구 및 대법원 제소

※ 행안부의 대법원 직접 제소: 경기('04. 11. 24), 서울('05. 4. 4), 충북('05. 8. 1)도 교육감이 제소: 전북('03. 12. 24⇒무효판결('05. 9. 9), 경남('04. 6. 11)

- 자치단체장이 학교급식의 실시에 소요되는 식품비를 지원할 수 있는 근거 및 '우수농산물'에 대한 학교급식 지원 근거를 시행령에서 마련하게 되었으며 이후 법률 개정의 계기가 됨

○ 주요 개정 내용

- 학교급식법 시행령 개정

  제7조 제5항에 자치단체장이 학교급식에 '우수농산물'이 사용되도록 식품비를 지원할 수 있는 근거 마련('03. 12. 30)

- 학교급식법 개정

  제8조 및 제9조에서 학교급식의 실시에 필요한 지방자치단체의 지원근거를 마련하고, 저소득층, 도서·벽지 및 농산어촌지역과 모·부자가정 등의 학생들에게 우선적으로 지원되도록 함

- 제10조～제12조에서 학교급식에 관한 식재료 품질관리기준을 마련하여 학교급식에 품질이 우수하고 안전한 식재료를 사용하도록 하되 그 품질관리기준, 영양관리기준 및 위생·안전관리기준을 교육인적자원부령

으로 정하도록 함('06. 7. 19)

□ 주민소환에 관한 법률 제정

○ 제정 배경
- 광주광역시 공직자소환에 관한 조례안 대법원 무효판결('04. 10. 28) 및 전라남도 공직자소환에 관한 조례안 대법원 무효판결('04. 10. 28)
- 단체장 및 의원의 위법·부당, 직권남용, 직무유기 등에 행위에 대하여 소환요구, 투표 및 신분상실을 조례로 규정한 것은 헌법 제118조 제2항(지방자치단체의 조직에 관한 사항)에 의하여 법률로 정하도록 한 것을 위임근거도 없이 조례로 정한 것으로 위법

○ 제정 내용
- 선출직 지방공직자인 지방자치단체의 장 및 지방의회의원의 위법·부당행위, 직무유기 또는 직권남용 등을 통제하고 주민의 직접 참여를 확대하는 주민소환제도를 도입함으로써 지방자치행정의 민주성·책임성을 제고하고, 주민복리의 증진을 도모하기 위하여 「주민소환에 관한 법률」 제정

□ 기타 조례의 제정을 계기로 법령 개정된 사례

○ 「음반및비디오물에관한법률」 개정(1995)
- 부산광역시는 비디오방 영업 등록 조례 제정을 추진하여 퇴폐 비디오방 영업 단속 관련, 등록 및 준수사항 위반자에 과태료 부과를 추진하였으나 법률의 위임이 없으므로 제정 불가하다는 유권해석으로 제정 중단('94)
- 이후 '95년 전문개정된 「음반및비디오물에관한법률」 제7조에서 비디오 감상물실업을 등록업으로 규정하고 동법 시행규칙에서 시설기준을 정하여 법령 보완

○ 「수상레저안전법」 제정(1999)

- 강원 인제군은 래프팅투어 사업 등록 조례를 제정, 의결('96)하였으나, 사업자에 영업등록 및 하천 정화활동 의무 부과, 위반 시 과태료 부과 내용에 대한 법률의 위임이 없어 군수의 재의요구로 의회에서 재의결 시 부결됨

- 이후 「수상레저안전법」 제정('99. 2. 8)되어 수상레저사업자 등록제 등 도입

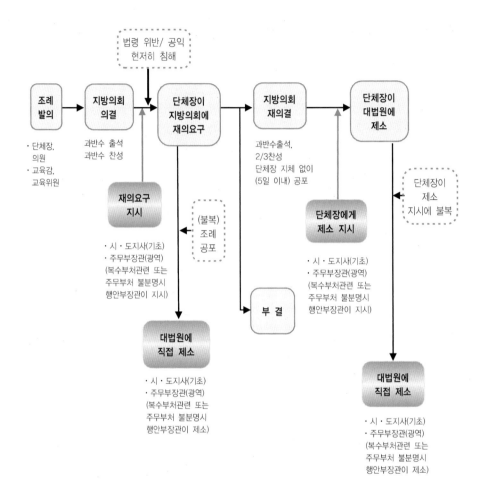

법령 위반/ 공익
현저히 침해

조례
발의

지방의회
의결

단체장이
지방의회에
재의요구

지방의회
재의결

단체장이
대법원에
제소

· 단체장,
 의원
· 교육감,
 교육위원

과반수 출석
과반수 찬성

과반수출석,
2/3찬성
단체장 지체 없이
(5일 이내) 공포

단체장이
제소
지시에 불복

재의요구
지시

(불복)
조례
공포

단체장에게
제소 지시

· 시·도지사(기초)
· 주무부장관(광역)
(복수부처관련 또는
 주무부처 불분명시
 행안부장관이 지시)

· 시·도지사(기초)
· 주무부장관(광역)
(복수부처관련 또는
 주무부처 불분명시
 행안부장관이 지시)

부 결

대법원에
직접 제소

대법원에
직접 제소

· 시·도지사(기초)
· 주무부장관(광역)
(복수부처관련 또는
 주무부처 불분명시
 행안부장관이 제소)

· 시·도지사(기초)
· 주무부장관(광역)
(복수부처관련 또는
 주무부처 불분명시
 행안부장관이 제소)

구 분	제26조에 의한 재의요구	제107조·제108조에 의한 재의요구 및 제소	제172조에 의한 재의요구 및 제소
	제3장(조례규칙)	제6장(집행기관), 제1절(단체장), 제3관(의회와 관계)	제9장(국가의 지도감독)
재의대상 요건	조례안	지방의회의 의결	좌 동
재의 요건	지방자치단체의 장이 이의가 있을 때	▶ 지방자치단체의 장이 월권, 법령 위반, 공익을 현저히 해친다고 인정되는 때(제107조) ▶ 예산상 집행 불가능한 경비 포함, 의무적 부담 경비와 응급복구비를 삭감하는 경우(제108조)	주무부장관(시도지사)이 법령위반, 공익을 현저히 해친다고 판단되는 경우
재의요구권자	지방자치단체의 장	좌동	주무부장관(시도지사)의 요구에 따라 지방자치단체의 장
재의요구기간	조례안을 이송받으면 20일 이내	의결사항을 이송받은 날부터 20일 이내	재의요구를 받은 지방자치단체의 장은 의결사항을 이송받은 날부터 20일 이내
재의 회부 기간	재의 요구서가 도착한 날부터 10일 이내(시행령 제71조)	좌동	규정 없음
일부 또는 수정 재의요구	불허	불허(시행령 제71조)	규정 없음
재의결 정족수	재적의원 과반수 출석, 출석의원 2/3 이상 찬성	좌동	좌동
대법원 제소	규정 없음	재의결사항이 법령에 위반된다고 인정되면 재의결된 날부터 20일 이내 지방자치단체의 장이 대법원 제소	▶ 재의결사항이 법령에 위반된다고 판단되면 재의결된 날부터 20일 이내 지방자치단체의 장이 대법원 제소 ▶ 지방자치단체의 장이 제소하지 않을 경우 주무부장관(시도지사)이 제소지시 또는 직접 제소
집행정지	규정 없음	집행정지결정 신청 가능	좌동

구 분		한 국	일 본
헌법상 근거		**법령의 범위 안**에서 자치에 관한 규정을 제정할 수 있다(제117조).	**법률의 범위 내**에서 조례를 제정할 수 있다(제94조).
자치법상 근거		**법령의 범위 안**에서 지방자치단체 사무에 관하여 조례를 제정할 수 있다(제22조).	**법령에 위반되지 않는 한** 지방자치단체 사무에 관한 조례를 제정할 수 있다(제14조 ①항).
조례 제정 범위	법적 한계	**법령의 범위 안**에서(제22조)	**법령에 위반되지 않는** 한 (제14조 ①항)
	사항적 한계	지방자치단체 사무에 관한 것 (제22조)	지방자치단체 사무에 관한 것 (제14조 ①항)
	기타	▶ 시군구 조례는 시도 조례를 위반해서는 안 됨 (제24조) ▶ 단체장 및 집행기관의 전속적 권한에 속하지 않는 것(법 취지)	▶ 시정촌 및 특별구 조례는 도도부현 조례를 위반해서는 안 됨(제2조 ⑩항) ▶ 단체장 및 집행기관의 전속적 권한에 속하지 않는 것(법 취지)
의무부과 및 권리 제한		**법률의 위임**이 있어야 한다(제22조 단서).	법령에 특별히 정한 경우를 제외하고는 **조례에 의하지 않으면 안 된다**(제14조 ②항).
벌칙 규정 (형벌)		벌칙을 정할 때에는 **법률의 위임**이 있어야 한다 (제22조 단서).	조례를 위반한 자에 대해 2년 **이하의 징역 또는 금고, 100만 엔 이하의 벌금, 구류, 과료 또는 몰수형** 규정을 둘 수 있다(제14조 ③항).
과태료 규정 (행정질서벌)		조례 위반 행위에 대해 조례로써 **1천만의 이하**의 과태료를 정할 수 있다(제27조 ①항).	조례를 위반한 자에 대해 **5만엔 이하의 과태료**를 과하는 규정을 둘 수 있다(제14조③항)
조례안	이송	의결된 조례안은 **5일 이내**에 단체장에게 이송 (제26조 ①항)	의결된 조례안은 **3일 이내**에 단체장에게 이송 (제16조①항)
	사전 보고	제정·개정·폐지 시 이송 5일 이내 행정안전부장관(또는 시도지사)보고(제28조)	규정 없음
	공포	이의가 없는 경우 20일 이내 공포 (제26조 ②항)	이의가 없는 경우 20일 이내 공포 (제16조②항)
재의 요구	일반 규정	≪**조례안**에 대해≫ 이의가 있을 때 **20일 이내**에 재의요구(제26조)	≪**조례안·예산에 관한 의결**≫ 이의가 있을 때 **10일 이내**에 재의 요구(제176조 ①항)
	특별 규정	≪의회의 의결사항에 대해≫ ▶ 월권, 법령위반, **공익을 현저히 해친다고 인정**되는 때(제107조) ▶ 예산상 집행 불가능한 경비 포함, 의무적 부담 경비와 응급복구비를 삭감하는 경우(제108조)	≪의회의 의결사항에 대해≫ ▶ 월권, 법령위반이라고 인정되는 때(제176조 ④항) ▶ 예산상 집행 불가능한 경비 포함, 의무적 부담 경비와 응급복구비·**전염병 예방비**를 삭감하는 경우(제177조 ① ②항)
재의 요구 지시	일반 규정	규정 없음	규정 없음
	특별 규정	주무부장관 또는 시도지사가 법령위반, 공익을 현저히 해친다고 판단되는 경우 재의요구 지시 (제172조 ①항)	규정 없음

재의 결과	일반 규정	출석의원 2/3 이상 찬성으로 재의결시 조례안 확정 종료(제26조 ④항)	출석의원 2/3 이상 찬성으로 재의결시 조례안 확정 종료(제176조 ② ③항)
	특별 규정	재의결이 법령에 위반 시 **20일 이내 제소** 가능(제107조 ③항)	▶ 재의결이 월권, 법령위반이라고 인정되는 때 **총무대신 또는 도도부현 지사에 21일 이내 심사 청구**(제176조 ⑤항) ▶ 예산상 집행 불가능한 경비 포함, 의무적 부담 경비의 삭감 시는 **원안집행**(제177조 ① ② ③항) ▶ 응급복구비·전염병 예방비를 삭감하는 경우 자치단체장에 대한 **불신임 의결로 간주**(제177조 ④항)
제소	특별 규정	재의결이 **법령에 위반 시 20일 이내 제소** 가능(제107조 ③항)	▶ **총무대신 또는 도도부현 지사의 재정(裁定)**에 불복하는 경우 **60일 이내** 제소 가능(제177조 ⑥ ⑦항)
제소 지시	특별 규정	단체장이 제소하지 않을 경우 주무부장관 또는 시도지사가 제소를 지시 하거나 직접 제소(제172조 ④항)	규정 없음
주민조례 제·개폐 청구		▶ 선거권자의 **1/100(시도)**, 1/50 이상(시군구) 연서로 청구(제15조 ①항) ▶ 청구수리 **60일 이내** 의회에 부의(제15조 ⑧항) ▶ 청구 제외: 지방세·분담금·사용료·수수료 사항, 법령위반사항, **행정기구 설치 및 공공시설 설치 반대**(제15조 ①항)	▶ 선거권자의 1/50 이상 연서로 청구(제12조 ①항, 제74조 ①항) ▶ 청구수리 **20일 이내** 의회에 부의(제74조 ③항) ▶ 청구 제외: 지방세·분담금·사용료·수수료 사항, 법령위반사항(제74조①항)

참고 9	주민조례 제·개폐 청구 절차도

주민 총수 공표	• 자치단체장은 전년도 12월 31일 현재 주민등록표에 의하여 조사한 19세 이상의 주민총수를 산정하여 매년 1월 10일까지 공표 ※ 주민등록법상의 규정에 의한 주민등록표에 의거

청구인 대표자 증명 및 서명권 요청권 위임	• 청구인대표자는 인적사항과 조례청구의 취지 및 이유 등을 기재한 조례 제정·개폐 청구서 및 청구취지에 따라 작성한 조례안을 첨부하여 자치단체장에게 대표자증명서 교부 신청 • 자치단체장은 청구인대표자가 조례청구권자인지 여부를 확인 후 대표자증명서를 교부하고 그 사실을 공표 • 청구인대표자는 19세 이상 주민에게 서명요청권을 위임하고자 할 때에는 단체장에게 신고 – 단체장은 수임자가 조례청구권자인지 여부를 확인 후 서명요청권 위임신고증을 교부

서명 및 청구인 명부 작성	• 대표자 또는 수임자는 서명요청 기간 동안 자격 있는 주민을 대상으로 청구인명부에 서명을 요청(대표자 공표일부터 시도는 6개월 이내, 시군구는 3개월 이내, 단 선거 기간은 불산입) • 서명자는 청구인명부에 성명·주민등록번호·주소·서명일자·서명(또는 날인) • 청구인명부는 읍·면·동별 및 시·군·자치구별로 작성

청구인 명부 제출· 확인 및 공표	• 청구인대표자는 서명요청 기간이 만료되는 날부터 10일(광역) 또는 5일(기초) 이내에 자치단 체장에게 청구인명부를 제출 • 자치단체장은 대표자 성명·청구취지 및 이유, 연서주민 수, 청구인명부 열람 기간·장소, 이 의신청방법 등을 공표

| 청구인
명부
열람
및
이의
신청 | • 자치단체장은 청구인명부 사본을 10일간 공개된 장소에 비치·열람
• 열람 기간 내 서명에 이의 있는 자는 단체장에게 이의신청
• 열람 기간이 종료된 날로부터 14일 이내 이의신청을 심사·결정하고, 이를 즉시 청구인대표자와 이의신청인에게 통지
• 단체장은 정당한 서명자가 아니거나 누구의 서명인지 확인하기 어려운 경우 조례·규칙심의회의 심의 후 무효로 결정하고, 청구인명부를 수정한 후 대표자에게 통보
• 이의신청 및 유효서명의 확인에 따른 심사결정으로 청구 가능 주민 수에 미달하는 경우 청구인명부 보정 기간 부여(시·도는 5일 이내, 시·군·구는 3일 이내) |

| 청구
수리
최종
결정
및
지방
의회
부의 | • 조례·규칙심의회 심의 후 수리 또는 각하(요건미달)
※ 각하하는 경우 청구인대표자에게 의견제출 기회 부여
• 각하 시 단체장은 그 사유를 공표, 청구인대표자에게 통지
• 수리 시 단체장은 조례안에 대해 의견이 있는 경우 이를 첨부하여 지방의회에 부의(청구를 수리한 날부터 60일 이내) |

참고 10	조례 제·개폐 청구 조례 중 대법원 제소 현황

구 분	추 진 상 황	비 고
인 천 부평구	• 청구일: '01. 8. 30 • 의회의결: '01.12. 18 • 재의요구: '02. 1. 5 • 재의결: '02. 1. 29 • 직접제소: '02. 2. 15(인천광역시장)	'02. 4. 26, 무효판결
광 주	• 청구일: '04. 2. 23 • 의회의결: '04. 4. 29 • 재의요구: '04. 5. 18 • 재의결: '04.7. 1 • 제소: '04. 7. 12(광주광역시장)	'02. 10. 28, 무효판결
경 기	• 청구일: '04. 3. 30 • 의회의결: '04. 9. 14 • 재의요구: '04. 9. 30 • 재의결: '04. 10. 20 • 직접제소: '04. 11. 24(행자부장관)	국내농산물 사용 의무화 규정은 WTO협정 위반
서 울	• 청구일: '04. 3. 30 • 의회의결: '04. 12. 2 • 재의요구: '04. 12. 27 • 재의결: '05. 2. 24 • 직접제소: '05. 4. 4(행자부장관)	국내농산물 사용 의무화 규정은 WTO협정 위반
충 북	• 청구일: '04. 7. 13 • 의회의결: '05. 4. 26 • 재의요구: '05. 5. 16 • 재의결: '05. 6. 22 • 직접제소: '05. 8. 1(행자부장관)	국내농산물 사용 의무화 규정은 WTO협정 위반

참고 11	조례 제·개폐 청구 운영 현황(2000. 03~2008. 12)

구분	계	결 과						진행중
		원안의결	수정의결	부결	각하	철회	폐기	
계	165	29	56	23	15	8	33	1
시·도	20	3	9	–	3	–	5	–
시·군·구	145	26	47	23	12	8	28	1

참고 12	자치입법권 관련 헌법 및 법률조항

헌 법 등	지 방 자 치 법
제117조 ①지방자치단체는 주민의 복리에 관한 사무를 처리하고 재산을 관리하며, <u>법령의 범위 안에서</u> 자치에 관한 규정을 제정할 수 있다.	**제22조(조례)** 지방자치단체는 법령의 범위안에서 그 사무에 관하여 조례를 제정할 수 있다.
제37조 ②국민의 모든 자유와 권리는 국가안정보장·질서유지 또는 공공복리를 위하여 필요한 경우에 한하여 <u>법률로써 제한</u>할 수 있으며, 제한하는 경우에도 자유와 권리의 본질적인 내용을 침해할 수 없다.	다만, 주민의 권리제한 또는 의무부과에 관한 사항이나 벌칙을 정할 때에는 법률의 위임이 있어야 한다.
제12조 ①모든 국민은 신체의 자유를 가진다. 누구든지 <u>법률</u>에 의하지 아니하고는 체포·구속·압수·수색 또는 심문을 받지 아니하며, <u>법률과 적법한 절차</u>에 의하지 아니하고는 처벌·보완처분 또는 강제노역을 받지 아니한다. **[죄형법정주의]**	**제27조(조례위반에 대한 과태료)** ①지방자치단체는 조례로써 조례위반 행위에 대하여 1천만 원 이하의 과태료를 정할 수 있다.
〈형법〉 제1조(범죄의 성립과 처벌) ①범죄의 성립과 처벌은 행위 시의 <u>법률</u>에 의한다. 제41조(형의 종류) 형의 종류는 다음과 같다. 　1. 사형 2. 징역 3. 금고 　4. 자격상실 5. 자격정지 　6. 벌금 7. 구류 8. 과료 9. 몰수	※ 과태료: 벌금이나 과료(科料)와 달리 형벌의 성질을 가지지 않는 법령위반에 대하여 과해지는 금전벌(金錢罰)

참고 13	조례 제출 및 발의 절차도

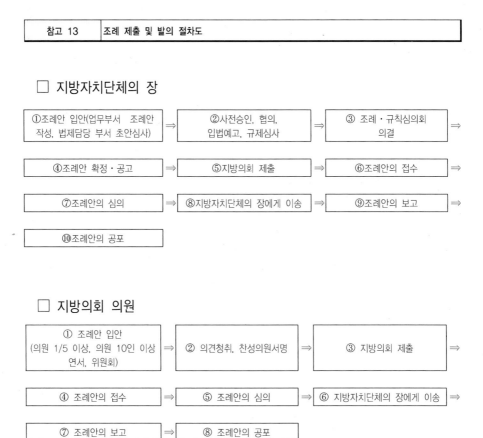

□ 지방자치단체의 장

①조례안 입안(업무부서 조례안 작성, 법제담당 부서 초안심사) ⇒ ②사전승인, 협의, 입법예고, 규제심사 ⇒ ③ 조례·규칙심의회 의결 ⇒

④조례안 확정·공고 ⇒ ⑤지방의회 제출 ⇒ ⑥조례안의 접수 ⇒

⑦조례안의 심의 ⇒ ⑧지방자치단체의 장에게 이송 ⇒ ⑨조례안의 보고 ⇒

⑩조례안의 공포

□ 지방의회 의원

① 조례안 입안 (의원 1/5 이상, 의원 10인 이상 연서, 위원회) ⇒ ② 의견청취, 찬성의원서명 ⇒ ③ 지방의회 제출 ⇒

④ 조례안의 접수 ⇒ ⑤ 조례안의 심의 ⇒ ⑥ 지방자치단체의 장에게 이송 ⇒

⑦ 조례안의 보고 ⇒ ⑧ 조례안의 공포

참고문헌

1. 국내서적

김기옥(1994), 「지방자치행정론」, 법영사.

김동훈(1995ㆍ2002ㆍ2004), 「지방의회론」, 박영사.

김병준(2002), 「한국지방자치론」, 법문사.

김상미(2005), "제도의 관점에서 본 지방의회의 성과와 정책적 함의 - A, K시의 회의 회의록(1991~2001년)을 중심으로", 한국정책학회보, 14(1).

김영종(1997), 「지방자치론」, 수신사.

김원곤(1998), "지방의회 사무처의 심리적 갈등 분석", 창원대학교 석사학위논문.

김유남(2000), 「의회정치론」, 삼영사.

김성호(1996), "지방의회의 의정효율성 제고 방안", 한국지방행정연구원 연구보고서, 205.

김홍대(1999), 「지방자치입법론」, 박영사.

문병기 외(2008), 「지방의회의 이해」, 박영사.

문재우(2007), 「지방의회행정론」, 대영문화사.

박영강(2003), "지방의회 사무기구의 인사권 독립과 전문성 강화 방안", 지방의회 연구, 12.

박재창(2003), 「한국의회정치론」, 박영사.

박용훈(2008), "지방의회 사무기구의 인사권 독립을 저해하는 요인 분석", 한국정책연구, 8(1).

정세욱(1984), 「지방행정론」, 법문사.

안병만(1990), 「한국정부론」, 다산출판사.

안성호(1993), "지방의회 사무기구의 개혁방향", 지방의정, 17.

이달곤(2004), 「지방정부론」, 박영사.

이청수(2008), 「지방의회론」, 지오넥스커뮤니케이션.

임경호(1991), 「지방의회론」, 대영문화사.

서우선(1992), 「지방의회운영 방법론」, 법문사.

서울시정개발연구원(2002), "서울특별시의회의 자치 및 시민의식 선도기능의 적
　　　　　　　　극적 수행방안", 서울시정개발연구원.
＿＿＿＿＿＿＿＿＿(1998), "서울시의회 입법활동의 활성화 방안", 서울시정개
　　　　　　　　발연구원.
정재길(2001), 「지방의회론」, 박영사.
최근열 외(2001), 「지방의회론」, 학현사.
최봉기·이성복·이종열(1992). "지방의회와 집행기관간의 관계에 관한 평가",
　　　　　　　　한국행정학보, 26(3).
최요환(1990), 「의회정치의 이론과 실제」, 박영사.
최인기·이봉섭(1993), 「지방의회론」, 법문사.
최인기(2001), 「지방자치론」, 법문사.
하연섭(2003), 「제도분석」, 다산출판사.
한배호(1987), 「비교정치론」, 법문사.
행정안전부(2009), 「자치입법제도 실무: 조례 재의·제소 및 주민 조례 제·개폐
　　　　　　　　청구제도 중심」

2. 국외서적

Etzioni, A.(1969), "The Fallacy of Decentralization", *The Nation*, August 25.
Goodman, J.(1980), *The Dynamics of Urban Government and Politics*, New York:
　　　　　　　　Macmillan Publishing Co., Ltd.
Hamm, K. E & Harmel. R. & Thompson. R.(1983). "Ethnic & Partisan Minorities
　　　　　　　　in Two Southern State Legislatures", *Legislative Studies Quqrterly*, 8.
Hamn, K. E. & Robertson, R. D.(1981), "Factors Influencing the Adoption of
　　　　　New Method of Legislative Oversight in the U. S. States", *Legislative Studies
　　　　　Quqrterly*, 6.
Pohlman, M. D.(1992), *Governing the Post－industrial City*, New York: Longman.
Pulzer, P.(1967), *Political Representation and Elections*, New York: Praeger.
Weingast. B. & Marshall, W.(1988). "The Industrial Organization of Congress."
　　　　　　　　Journal of Political Economy, 96(1).
Wildavsky, A.(1986), *Budgeting: A Comparative Theory of Budgetary Processes*, 2nd
　　　　　　　　Rev. ed, New Brunswick: Transaction Books.

3. 웹사이트

국회 회의록 <http://likms.assembly.go.kr/record>
법제처 <http://www.moleg.go.kr>
서울특별시의회 <http://www.smc.seoul.kr> 관련 지방의회 홈페이지
연합뉴스 <http://www.yonhapnews.co.kr>
인터넷 한겨레 <http://www.hani.co.kr>
행정안전부 <http://www.mopas.go.kr>

색인

진두생(陳斗生)

▌약력

배재대학교 행정학사
한양대학교 지방자치대학원(행정학 석사)
건국대학교 행정대학원(행정학 석사)
건국대학교 대학원(행정학 박사)

배재대학교 행정학과 겸임교수(현)
지방의회론, 한국정부론 등 강의(현)
제6대 서울특별시의회 의원
서울특별시의회 환경수자원위원회 위원장
제7대 서울특별시의회 의원(현)
서울특별시의회 정책연구위원회 위원장
서울특별시의회 운영위원회 위원장(현)
전국 시·도의회 운영위원장협의회 회장(현)

jds5112@hanmail.net
http://blog.naver.com/jds5101

지방의회론

초판인쇄 | 2010년 2월 24일
초판발행 | 2010년 2월 24일

지은이 | 진두생
펴낸이 | 채종준
펴낸곳 | 한국학술정보㈜
주　소 | 경기도 파주시 교하읍 문발리 파주출판문화정보산업단지 513-5
전　화 | 031) 908-3181(대표)
팩　스 | 031) 908-3189
홈페이지 | http://www.kstudy.com
E-mail | 출판사업부 publish@kstudy.com
등　록 | 제일산-115호(2000. 6. 19)

ISBN　978-89-268-0798-9 93350 (Paper Book)
　　　978-89-268-0799-6 98350 (e-Book)

내일을여는지식 █은 시대와 시대의 지식을 이어 갑니다.